《汉文化研究丛书》编辑委员会

主　　任　黄荣杰　王利亚
副 主 任　卢志文　刘明阁
委　　员　李文安　邵书峰　谢冰松　曹天杰　阚云超　马良泉
　　　　　　孟静雅　刘太祥　张保同　苏新留　何　军　徐永斌
　　　　　　刘剑利
主　　编　郑先兴

汉文化研究丛书

HANDAI SIXIANGSHI ZHUANTI LUNGAO

汉代思想史专题论稿

郑先兴　著

河南大学出版社
中国·郑州

图书在版编目(CIP)数据

汉代思想史专题论稿/郑先兴著. —2版. —郑州:河南大学出版社,2016.12

(汉文化研究丛书)

ISBN 978-7-5649-2646-5

Ⅰ. ①汉… Ⅱ. ①郑… Ⅲ. ①思想史－研究－中国－汉代 Ⅳ. ①B234.05

中国版本图书馆 CIP 数据核字(2016)第 320514 号

责任编辑　范　昕
责任校对　朱彦会
封面设计　马　龙

出　版	河南大学出版社
	地址:郑州市郑东新区商务外环中华大厦 2401 号　邮编:450046
	电话:0371－86059701(营销部)　网址:www.hupress.com
排　版	郑州市今日文教印制有限公司
印　刷	开封智圣印务有限公司
版　次	2016 年 12 月第 2 版　　印次　2016 年 12 月第 2 次印刷
开　本	690mm×960mm　1/16　　印张　14.75
字　数	234 千字　　定价　37.00 元

(本书如有印装质量问题,请与河南大学出版社营销部联系调换)

目 录

序 一 …………………………………………………… 朱绍侯（ 1 ）
序 二 …………………………………………………… 郑先兴（ 1 ）
绪 论 …………………………………………………………（ 1 ）
礼治思想专题
贾谊的礼治思想体系 …………………………………………（ 7 ）
《礼记》以礼为核心的政治思想体系 ………………………（ 50 ）
《白虎通》对礼学的神学解释 ………………………………（ 75 ）
论中庸 …………………………………………………………（ 84 ）
经济思想专题
贾谊的经济思想 ………………………………………………（103）
晁错的经济思想 ………………………………………………（113）
桑弘羊的经济思想 ……………………………………………（121）
盐铁会议的思想趋向 …………………………………………（135）
王充思想专题
王充的社会思想研究 …………………………………………（147）
王充的理想人格观及其文论 …………………………………（167）
王充的教育思想研究 …………………………………………（176）
其他思想专题
论谶纬 …………………………………………………………（183）
荀悦思想述论 …………………………………………………（193）

论汉文化精神 …………………………………………（207）
参考文献 ……………………………………………（218）
后　记 ………………………………………………（220）

序　一

朱绍侯

南阳师范学院汉文化研究中心要推出一套"汉文化研究丛书",郑先兴同志请我作序,我非常高兴。因为,作为专门从事秦汉史研究的学者,最高兴的就是看到新人新著的涌现;而且,这一套丛书的作者,大多是我的学生,或者是多年来一直跟随我学习研究秦汉史的教师;更何况,这套丛书的三审都是由我来进行的。我想谈以下三个问题。

第一,关于汉文化研究的学科性质。

如果把汉文化研究作为学科来看,大概有两个层面的含义。从一个层面来说,汉文化研究属于断代史,即属于汉史的研究范畴。汉代是中国统一集权制国家形成后,出现的第一个文化高峰。汉代人所创造的政治、经济、军事、教育、科学等方面的成就,可谓博大精深,永远是中国历史、中国文化史研究中的重点问题。但汉文化研究也有地域广狭的区分,有南阳汉文化、河南汉文化、中国汉文化,当然也由江苏汉文化、四川汉文化等等。本书的重点是研究南阳汉文化、河南汉文化。从另一个层面说,汉文化又属于专门史的性质,如汉人、汉族、汉语、汉字、汉经济、汉政治等都有极其重要的研究价值。无论是作为断代史、专门史或地域史来研究,汉文化都具有永久定性的特点和永远传承的特点,都是永远不变的定性文化,也是被中国与世界华人、华裔和国际学术界永远关注的问题。

第二，南阳汉文化研究的优势。

南阳学者所进行的汉文化研究，可谓是占尽了天时、地利、人和。所谓天时，有两个重要的含义。一是在"文化大革命"之后，在学术界普遍兴起了历史文化的研究热潮。如中华文化、长江文化、黄河文化、姓氏文化以及各地区的区域文化和各种专题文化等等，不论是什么文化，汉文化都必然是它研究的主要内容之一。二是在进入新世纪之后，党和政府日益重视传统文化在现代化中的作用，提倡人文社科的研究，希望从传统中吸取优秀的文化精神。河南省教育厅为推进这一方针的实施，在全省高校先后建立"河南省人文社会科学重点研究基地"。南阳师范学院汉文化研究中心就是在这样的环境中建立起来的。中心的建立，凝聚了研究方向，整合了全校的研究力量，为全面扎实地研究提供了组织和财力的保证。所谓"地利"，就是南阳是汉代经济、文化最发达的区域，特别是在东汉，南阳是开国皇帝刘秀的故乡，向有"帝乡""南都"之美称，皇亲国戚不可胜数，名人辈出，文物古迹遍布城乡，汉冶铁遗址就有6处，汉画像石、画像砖无论从数量、质量来看，都居全国之最。由此，南阳的汉文化研究资源异常丰富。所谓"人和"，是说这里的文化研究人气很浓。经过长期的积累和传承，南阳师范学院已经拥有着一批在学术界颇具影响的汉文化研究者，而且学校的历届领导班子都把汉文化研究作为学科建设的重点来扶持；通过《南都学坛》"汉代文化研究"专栏，与全国的汉文化研究者经常保持着十分密切的学缘关系，使得全国著名的秦汉史学者都非常关注汉文化研究中心的发展；通过秦汉史和汉画研讨会，增进了学术交流，提升了南阳师范学院的学术地位和影响。

第三，汉文化研究的意义。

汉文化研究所拥有的巨大的学术和文化建设的意义，自是非常繁富。这里我只谈三点。

从历史发展来说。如前所述，汉代是中国统一中央集权制国家形成后所出现的第一个文化高峰。依照德国著名的历史哲学家雅斯贝尔斯的轴心期理论，汉代应属于后轴心时代，即相对于春秋战国的文化经典诞生的轴心时代，汉代则是将之前的文化经典加以实践并予以整理传承，使之得以定型流传。因此，要充分了解中国文化，汉文化可以说是最基本的切入点。最近，年轻的秦汉史研究学者彭卫先生又提出，中国历史研究的"根节"在于"文明的起源、王制向帝制的转变和近代化","而王制向帝制的转变正是挑起历史两头的那根扁担"。可以说,这一说法非常形象地说明了汉文化研究的重要性。在我看来,王制向帝制转变的关键就是秦汉之际所推行的军功爵制,它用功绩的大小重组社会关系,改变了原来的只以血缘纽带建构社会关系的现象,从而推进了社会由王制向帝制的转变。这用唯物史观来表述,就是阶级的变化推进了社会制度的变革。因此,无论是从学术史或者政治制度史的角度,汉文化研究都是了解中国历史的必不可少的环节。

从地域文化观念来说。回顾5000年的中国文明辉煌史,其中近4000年都有河南的主体参与,只是在南宋之后的近1000年以来,河南才逐渐被边缘化。检讨边缘化的原因,查漏补缺,固然是很有必要的。但检讨文明辉煌的因子,将其发扬光大,更是再造辉煌的乐观途径。中原文化作为中国传统文化的主体,其辉煌的因子非常之多。但就其整体性和完整性而言,汉文化则更具有吸收和汲取的价值。因为第一,汉文化是中原文化中比较重要的一个阶段。汉代是继承夏、商、周、秦之后的又一个统一时期,是汉民族形成的最为关键的时期。她所形成的政治体制、思想精神和文化传统,相沿成习,至今不变。第二,汉文化是中原文化中比较重要的一个环节。中原文化对中国文化的贡献主要体现在河南省许多地方,都有自己的特色文化,如周口的伏羲文化、新郑的炎黄故里、洛阳的河洛文化、安阳的殷墟文化、开封的宋都文化等等,而南阳则因汉光武发祥于此,即以"帝乡""帝都"等名义而著称于世;同时又因东汉建都于洛阳,与中原文化的关系更为密切。第三,汉文化在中原文化中占有重要的地位。汉文化的开辟疆土、驰骋沙场的开拓情怀、包容一切的恢弘气势、研习经传的探索精神以及献身国家匹夫有责的爱国思想等等,都构成了中原文化的丰富内涵。由此,全面深入细致地研究汉文化,是实现思想解放、发展跨越和当今中原文化崛起的基本途径。

从大学办学特色来说。大学教育的目的就是传承文明、修性养德和培育科学探索的精神和理念,然而具体到如何办好一所大学,中外教育家的共识就是特色办学。所谓特色办学就是在学科建设上能够有自己独到之处。而我们知道,构成特色学科的因素主要是研究的对象、研究的理念和研究的方法。一般来说,研究理念和方法固然非常重要,但它毕竟要受到研究对象的制约。可以说，只有研究对象是经常主导学科特色从而决定学校的地位的。就此而言，南阳师范学院以其地域文化优势，选择汉文化研究作为自己的特色学科来加以建设，而且屡经几代领导坚持不改，终于形成了涵盖全校诸如历史、中文、美术、音乐、体育、政治、经济等文科教师在内的强大的研究队伍，并在全国秦汉史学界和汉画学界占有重要的席位，成为一支不可忽视的力量。这种以学科优势所造就的办学特色，其他一些高校是难以企及的。

综上所述，可以想见，"汉文化研究丛书"的问世，其学术价值和实际功用以及所展示的南阳师范学院的科研实力和办学特色，将是多么有意义的事情。让我们表示衷心的祝贺吧。

是为序。

2008 年 8 月 26 日

序 二

郑先兴

河南省普通高校人文社会科学重点研究基地南阳师范学院汉文化研究中心于2005年8月得到河南省教育厅的正式下文成立,到今天已经整整十个年头了。十年来,中心同仁坚持学术至上的信念,潜心研究,以"汉文化研究丛书"为标志性的成果,先后推出了十三部专著。为纪念中心的十年庆典,河南大学出版社准备将其修订后整体推出。作为中心的负责人,丛书的策划者,其内心的喜悦和兴奋,可以说是无以言表的。考虑到该套丛书的专业研究性质,其学术价值自有业内学者评判,而其文化建设功用则可通过社会实践予以验证,在这里,我只想从学术管理方面谈几点意见,谨向丛书的出版表示诚挚的祝贺!

丛书的出版问世,可以说是党中央弘扬优秀传统文化、提高国家文化软实力发展战略的贯彻和落实。全面挖掘民族传统文化的精华,总结中华民族的文明发展经验,可以说是中国共产党人一直的追求和努力。毛泽东曾经指出:"从孔夫子到孙中山,我们应当给以总结。承继这一份珍贵的遗产。"新近以来,中共中央总书记习近平同志两次谈到总结历史文化遗产的重要性。

在第十八届中央政治局的第12次集体学习会议上,习近平总书记指出:

"提高国家文化软实力,要努力展示中华文化独特魅力。在5000多年文明发展进程中,中华民族创造了博大精深的灿烂文化,要使中华民族最基本的文化基因与当代文化相适应、与现代社会相协调,以人们喜闻乐见、具有广泛参与性的方式推广开来,把跨越时空、超越国度、富有永恒魅力、具有当代价值的文化精神弘扬起来,把继承传统优秀文化又弘扬时代精神、立足本国又面向世界的当代中国文化创新成果传播出去。要系统梳理传统文化资源,让收藏在禁宫里的文物、陈列在广阔大地上的遗产、书写在古籍里的文字都活起来。要以理服人,以文服人,以德服人,提高对外文化交流水平,完善人文交流机制,创新人文交流方式,综合运用大众传播、群体传播、人际传播等多种方式展示中华文化魅力。"

在第十八届中央政治局的第13次集体学习会议上,习近平总书记再次指出:

"要讲清楚中华优秀传统文化的历史渊源、发展脉络、基本走向,讲清楚中华文化的独特创造、价值理念、鲜明特色,增强文化自信和价值观自信。要认真汲取中华优秀传统文化的思想精华和道德精髓,大力弘扬以爱国主义为核心的民族精神和以改革创新为核心的时代精神,深入挖掘和阐发中华优秀传统文化讲仁爱、重民本、守诚信、崇正义、尚和合、求大同的时代价值,使中华优秀传统文化成为涵养社会主义核心价值观的重要源泉。要处理好继承和创造性发展的关系,重点做好创造性转化和创新性发展。"

在这里,"要努力展示中华文化独特魅力","要讲清楚中华优秀传统文化的历史渊源、发展脉络、基本走向,讲清楚中华文化的独特创造、价值理念、鲜明特色",必须深入探究中国历史,尤其是中国历史上的秦汉时期。因为秦汉时期是中华文明的后轴心时期,它不仅承继、凝聚了远古以来中华文明的精华,而且也开启了之后中华文明的发展道路。据此,汉文化研究中心依托南阳区域文化和汉画像的历史资源,广纳贤才,凝神聚力,全面展开汉文化的研究,不断推出研究性的成果,为中华文化魅力的展现和优秀文化传统渊源的揭示,仅露尖尖一角,略展学术之风采。

丛书的出版问世,可以说是打造特色学术平台的必然结果。高校的存在和发展,除了狠抓学科建设、人才培养以及日常的教学、科研管理与机制之外,别无他途。为此,校党委和行政制定了"质量提升,内涵带动"的发展战略,并根据所在地域的文化特点与经济社会建设的需要,设置相应的科研与教学平台。一方面促进科学研究与课堂教学紧密结合,另一方面也促进高校的教学科研与本地社会经济文化建设紧密结合。南阳的地域文化优势在于汉代历史文化,东汉光武帝刘秀生长、起事于南阳,其军功大臣二十八宿也大多出生在南阳;即使此前西汉刘邦政权的建立,也得益于南阳地方豪绅的鼎力支持,才有了可靠的根据地而取得政权;汉代南阳的冶铁、水利、中医药与天文地理等科学技术跻身于世界文化最先进的水平;还有现在依然大量存在的汉画像,作为中国美术史上瑰丽的宝藏,珍藏着汉代民众真实而又平凡的社会生活和精神风貌。为充分挖掘南阳文化的精髓,实验、训练并提升教师的科研能力,打造学术品牌,我们凝聚全校文科的学术研究方向,以汉画像为主题,成立了汉文化研究中心。中心的成立,既为教师的学术研究指明了方向,也得到了省教育厅的大力支持,成为河南省人文社会科学重点研究基地。几年来,中心在项目申报、论文论著的撰写与发表、重点学科建设等等方面,都取得了卓越的成绩;尤其是在学术交流和为社会经济文化建设服务方面,中心成功承办了大型的国际学术会议,如"中国汉画学会第十届年会暨学术研讨会(2006)"、"东汉史研究国际论坛(2009)"、"中国秦汉史研究会第十三届年会暨国际学术研讨会(2011)"等。这些会议的成功举办,不仅加强了我校与学术界的交流,提升了我校的知名度,更重要的是展示了我校教师的研究实力和学术风貌。中心研究人员积极参加了南阳卧龙岗文化产业聚集区建设、南阳相关的企事业文化建设、南阳农运会端午节龙舟竞赛高峰论坛、南阳刘秀研究会以及诸葛亮躬耕地问题讨论,等等,这些活动,既促进了教学与科研的紧密结合,又为教学和研究提供了更广阔的视野。总之,我校的汉文化研究中心已经成为秦汉史学界、汉画学界国内外知名的学术研究重镇,成为南阳社会经济文化建设领域内有关汉代历史文化方面不可忽视的咨询机构。本次出版的十三种汉文化研究专著,就是这个学术研究平台十年研究计划的重要的学术成果之一。当然,我们期望着更高层次的研究成果的继续涌现。

丛书的出版问世和项目的完成,也是汉文化研究中心的研究人员的长期辛勤、扎实治学的结晶。孔子说:"人能弘道,非道弘人。"再好的理念和政策,再好的平台和基地,如果没有人们踏踏实实地践行,予以付诸实践,是很难切实收到实效,取得成绩的。令人骄傲的是,我们南阳师范学院的广大教职员工,确实有一批求真务实的人。在这样一个比较浮躁的年代,他们能够沉下气来,专心地教书育人,精心地做学术研究,实属难能可贵,非常令人敬佩。以汉文化研究为例,从上个世纪改革开放以来,就已经形成了一支专业的研究队伍。他们身处教学和科研一线,在完成自己的教学任务的同时,选择南阳的区域文化尤其是秦汉史和汉画像作为自己的研究对象,互相切磋,互相鼓励,在研究课题、撰写论文和申报项目方面,互相支持,在秦汉史学界和汉画像学界已经形成了自己的学科特色和学术优势。汉文化研究中心成立之后,又以中心为平台,制定了编著"汉文化研究丛书"的十年计划,试图打造自己的学术优势,占据汉画像研究和秦汉史尤其是东汉史学研究的制高点。从已经出版的论著的影响看,其原始的意愿已经基本实现了。可以说,前期的成果为后来的研究提供了基础和方向,但自然地也增加了难度。如何超越自己,如何将汉文化研究提升到更高的层次?我想,这是汉文化研究中心的同志们可能要花费很长时间予以思考和践行的问题。至于能否实现超越,就需要学术界的专家同仁予以引领和雅正了。

本丛书的十三种专著中,可以分为两个系列。

一是汉文化研究系列,共八本,主要探究秦汉时期社会历史的发展及其本质特征。郑先兴教授完成了《汉代思想史专题论稿》与《汉代史学思想史》,前者是其阅读汉代元典的心得,以礼治思想、经济思想、王充思想以及其他思想(包括谶纬、汉文化精神、荀悦政治思想)等四个专题,揭示并阐述了汉代的政治思想、经济思想与社会思想;后者则是其长期的历史教学与研究成果的积淀和积累,是对汉代优秀的学术思想文化遗产的发掘和梳理。刘太祥编审完成的《张仲景中医药文化研究》与《汉代政治文明》,前者是其对医圣张仲景在中医药药理、诊治、用方、医德等方面贡献的挖掘和阐释;后者则是其对汉代政治文明的成就比如治国理念、方略、机制的梳理和阐述,寻绎汉代政治文化中的进步和积极因素。冯建志教授等人完成的《汉代音乐文化研究》,主要描述了汉代音乐的内容、类型、发展及其美学思想。曾祥旭教授完成了《西汉后期的文学和儒学》,是其博士论文《论西汉前期的文学和儒学》的延续,阐述了西汉后期文学的发展及其与儒学的关系。杨运秀教授完成了《南阳汉画像与汉代经济研究》，以南阳区域为研究对象，分为两个部分，第一部分是以南阳汉画像为主题，从经济学的角度阐释了汉画像中的经济因素；第二部分是以汉代南阳区域经济为主题，叙述了南阳的农业、水利、手工业、货币、商业等经济状况。高二旺博士完成的《两汉魏晋南北朝人质现象研究》，是以其学位论文修订增补的，以古代人质现象为话题揭示汉代到南北朝时期所普遍存在的人伦和法制真相。

二是汉画像系列，共五种，主要是挖掘和阐释汉画像的内容及其社会意象。其中郑先兴教授完成了《汉画像的社会学研究》和《民间信仰与汉代生肖图像研究》，前者是以远古婚姻进程为线索，透视汉画像中神树、螺女、弓弩、伏羲女娲、西王母、傩等画面的社会历史内涵，后者则是以生肖为线索，阐释汉画像中生肖图像的社会历史意蕴。牛天伟、金爱秀二位完成的《汉代神灵图像考述》，则是从考古学、民俗学的角度，对汉画像中的伏羲女娲、西王母、气象天文、镇宅守墓、祥禽瑞兽以及传说的蚩尤、桑蚕农神等图像予以了阐释。季伟教授完成的《汉代乐舞百戏考述》，是以乐舞百戏为话题揭示汉画像中大量存在的乐舞图像的社会历史内涵，挖掘古代历史中优秀的乐舞文化遗产。徐永斌教授等人完成的《南阳汉画装饰艺术》，描述了南阳汉画像装饰艺术的题材内容、构成风格、技法类型、审美特征，及其在中国传统装饰艺术上的价值等。

毋庸讳言，"汉文化研究丛书"虽然推出了十三种，但与原本的初衷和社会的要求还是有距离的。希望汉文化研究中心的同志们更加努力，拿出更多的成果，拿出更丰富更深刻更具有影响力的汉文化研究论著。

让我们期待着吧！

2015 年 5 月

绪　　论

思想对于历史的重要，正如灵魂对于人。人无灵魂，不堪为人；历史无思想，也难以成为历史。英哲柯林伍德说："一切历史都是思想史。"①这句话的意思有两个层面：对于历史发展的主体来说，思想是主宰历史进程的内在的核心因素；对于从事历史研究的学者来说，思想就是指学者对于影响和制约历史进程诸因素的看法。

拥有五千年文明史的中华民族，之所以能够生生不息、绵延不绝，其关键的因素，正是基于宗法之上礼与仁的思想。中国古代思想史的发展，如果说先秦诸子和宋明理学是两个高峰的话，那么，汉代思想史则属于两个高峰之间承接先秦诸子的思想并予以总结和发扬光大的阶段。这用雅斯贝尔斯的话说，先秦诸子当是"轴心时代"的精髓，汉代思想史就是"后轴心时代"的精华。由此，相对于春秋战国时代的诸子思想，汉代思想史起着承上启下、引领发凡的作用。所以，汉代思想史的研究，一直是备受学术界青睐和关注的热点问题。

大致说来，学术界对于汉代思想史的研究，主要是从以下三个方面展开的。

一是在通史的视野中研究汉代思想史。这有两种情况，一种是直接以"思想史"为名进行研究的，如侯外庐先生主编的《中国思想通史》第

---

① ［英］R.G.柯林伍德：《历史的观念》，何兆武、张文杰译，中国社会科学出版社1988年版，第244页。

二卷(人民出版社1957年版),葛兆光先生的《中国思想史》第一卷第三编(复旦大学出版社1998年版)。另一种情况则是在"哲学史"的名义下的研究,如冯友兰的《中国哲学史新编》第3册(人民出版社1985年版,《三松堂全集》第七册、第九册,河南人民出版社2000年版),任继愈主编的《中国哲学发展史》秦汉卷(人民出版社1985年版),张岱年主编的《中国哲学大纲》(中国社会科学出版社1982年版),其中所谈到的"宇宙论"、"天人合一论"和"致知论"都涉及汉代思想。

二是在断代史的范围内研究汉代思想史。这方面的专著主要有:徐复观的《两汉思想史》(台湾学生书局1974年版,华东师范大学出版社2001年版),金春峰的《汉代思想史》(中国社会科学出版社1987年初版,1997年修订版,2006年增补第三版),周桂钿的《秦汉思想史》(河北人民出版社2002年版)和《秦汉哲学》(武汉出版社2006年版),于首奎的《两汉哲学新探》(四川人民出版社1988年版),熊铁基、赵国华主编的《秦汉思想文化研究》(希望出版社2005年版),龚鹏程的《汉代思潮》(商务印书馆2005年版),汪文学的《汉晋文化思潮变迁研究》(贵州人民出版社2003年版)。

三是在历史人物评传基础上研究汉代思想史。应该说,这方面是汉代思想史研究的热点。由匡亚明先生主编、南京大学出版社所出版的《中国思想家评传丛书》共200种,其中遴选的汉代思想家就有21人凡16种。其中有王兴国的《贾谊评传》附《陆贾晁错评传》(1992年版),王青的《扬雄评传》(2000年版),王永祥的《董仲舒评传》(1995年版),张大可的《司马迁评传》(1994年版)和《张良、萧何、韩信评传》(2002年版),庄春波的《汉武帝评传》(2001年版),卢央的《京房评传》(2001年版),王云度的《刘安评传》(1997年版),晋文的《桑弘羊评传》(2005年版),徐兴无的《刘向评传》(2005年版),陈其泰的《班固评传》(2002年版),许结的《张衡评传》(1999年版),钟肇鹏、周桂钿的《桓谭、王充评传》(1993年版),刘文英的《王符评传》(1998年版),张作耀的《曹操评传》(2001年版),余明侠的《诸葛亮评传》(1996年版)。

以上三种研究,对于汉代思想史来说,无论是泛泛的了解,还是更深入的探究,无疑都有着重要的作用,是我们进一步研究的基础。

正确把握学术发展的趋势是继续研究的起点。我们感觉到,近些年来,汉代思想史的研究大约有以下两个发展趋势。

其一，对汉代思想家的原典阐释。回归原典是学术发展的基础，也是20世纪80年代后期学者所提出的学术发展方向。这方面的论著较多，其中较为著名的有李振宏先生主编的《元典文化丛书》，涉及汉代的有黄宛峰的《礼乐渊薮——〈礼记〉与中国文化》，邓鸿光的《史家绝唱——〈史记〉与中国文化》，曾振宇、范学辉的《天人衡中——〈春秋繁露〉与中国文化》，杨有礼的《新道鸿烈——〈淮南子〉与中国文化》，等等；李宗桂所主编的《大思想家与中国文化丛书》，涉及汉代的有《董仲舒与中国文化》、李维武的《王充与中国文化》，等等。除此之外，尚有很多介绍古典文献的论著也都或多或少地牵涉到汉代原典。

其二，对汉代思想史的专门研究。这有两个方面，一是对于思想史的专题研究，熊铁基先生的《秦汉新道家》（上海人民出版社2001年版）是作者在《秦汉新道家略论稿》基础上撰写成的一部全面系统论述新道家形成、发展及历史作用与影响的专题著作，与之相关的研究有陈丽桂的《秦汉时期的黄老思想》（台湾文津出版社1997年版）、萧登福《周秦两汉早期道教》（台湾文津出版有限公司1998年版）和《先秦两汉冥界及神仙思想探原》（台湾文津出版有限公司1990年版）。许健的《汉代礼法结合综治模式的确立及其影响》（中国政法大学2006年博士学位论文）探究了汉代礼法结合综治模式，揭示其特征为"重教化综合为治"，"它区别于其他国家宗教与法律相结合的治国模式，是中国原创型的治国模式"。雷戈的《秦汉之际的政治思想与皇权主义》（山东古籍出版社2006年版）则重点研究皇权主义的形成。郜积意的《刘歆与两汉今古文学之争》（复旦大学2005年博士学位论文）则主要揭示汉代经学转型特征。姚圣良的《先秦两汉神仙思想与文学》（山东大学2006年博士学位论文）探讨文学中的民俗思想。巫鸿的《武梁祠——中国古代画像艺术的思想性》（柳扬、岑河译，生活·读书·新知三联书店2006年版），许大海的《汉代艺术设计思想要义》（苏州大学2005年度博士学位论文），汪小洋的《汉画像石宗教思想研究》（南京艺术学院2004年度博士学位论文），赵晨的《汉代画像艺术的"叙事性"研究》（中央美术学院2007年度博士学位论文）等论文则借助于丰富的汉画像来论析汉代的艺术思想。此外，施昌东的《汉代美学思想述评》（中华书局1981年版）和廖其发的《先秦两汉人性论与教育思想研究》（重庆出版社1999年版）分别论析汉代的美学思想和教育思想。

二是对汉代思想家的专门研究。这方面的研究，与思想家评传的研究多关注思想家的生平事迹有所不同，而是更多关注思想家的学术成就，相对来说学术味更浓，研究性更强。如关于董仲舒研究的，有汪高鑫的《董仲舒与两汉史学思想》（北京师范大学2002年度博士学位论文），崔涛的《董仲舒政治哲学发微》（浙江大学2004年度博士学文论文），刘国民的《董仲舒的经学诠释及天的哲学》（首都师范大学2003年度博士学位论文）；而周桂钿的《董学探微》（北京师范大学出版社1989年版）更是这方面较有影响的论著。另外，关于王充的研究一直是学术界的热点。如关峰的《王充哲学思想研究》（上海人民出版社1957年版），田昌五的《王充——古代战斗唯物主义论者》（人民出版社1973年版），徐敏的《王充哲学思想探索》（生活·读书·新知三联书店1979年版），陈正雄的《王充学术思想述评》（台湾文津出版社1987年版），邓红的《王充新八论》（中国社会科学出版社2003年版）。还有关于班固研究的，如王珏的《班固与汉代的文学思想》（辽宁大学2007年度博士学位论文）。

细究起来，以上两个方面是互相关联的。经典阐释是在专题研究基础上展开的，而专题研究必须以经典为依据。正是基于这样的考虑，这本册子的撰写，试对汉代思想史上的一些专门问题做些探究。其中主要是以下几个方面。

一、汉代的礼治思想。主要探究贾谊、《礼记》和《白虎通》的礼治的思想，以及作为礼治方法论的中庸。

二、汉代的经济思想。主要探究贾谊、晁错和桑弘羊以及盐铁会议所致力的时代经济问题的主张。

三、王充的思想主旨。主要探究王充作为思想家在社会学、文学和教育学上的贡献。

四、其他思想问题。主要探究汉代所流行的谶纬思潮、荀悦的基本思想贡献以及汉文化精神旨趣。

上述四点，是笔者在阅读经典的同时在专题探究方面所作的努力，虽然片鳞只爪，但却是一种在汉代思想史研究方面的尝试，真诚期待专家同仁的批评。

礼治思想专题

汉代的政治思想是以礼学为核心的。礼学在汉代的发展经历了三个主要的环节。第一个环节是大思想家贾谊首开其例,在全国范围率先提出了礼制的政治思想。第二个环节是大礼学家"二戴",他们集古今礼学之大成,将礼学思想予以系统化、学术化、知识化,并将礼学作为知识进行传授,使礼制精神在社会文化中发扬光大。第三个环节是在东汉章帝时召开的白虎观会议,会议结集《白虎通》。对礼学给予了神化的哲学式的解释,体现了当时社会谶纬迷信的时代特点,从而使礼学蒙上了一层神秘的面纱。

贾谊的礼治思想体系

冯友兰先生说:"贾谊是汉朝初年最大的哲学家、思想家和杰出的政治家。"①

贾谊思想极为丰富,内容涉及政治、经济、文学、历史多个方面,但贾谊的政治思想核心是礼。礼治思想是贯穿贾谊政治思想的主线。

礼治思想由孔子系统地提出,孟子、荀子又予以发展和完善,贾谊则予以扬弃,使之成为中国皇帝制度下有关皇帝政治理论的最基本的思想观念。

一、贾谊的生平、著作和研究概况

贾谊生于汉高祖七年(公元前200年),卒于汉文帝前元十二年(公元前168年),洛阳(今河南洛阳)人。贾谊年少即博览先秦诸家学说,加上他本人才思敏捷,十八岁时,就"以能诵诗书属文称于郡中"。当时,河南郡守吴公很赏识贾谊,将他"召置门下,甚幸爱"。文帝即位后,"闻河南守吴公治平为天下第一,故与李斯同邑,而尝学事焉,征以为廷尉"。不久,廷尉吴公就把贾谊推荐给文帝,"文帝召以为博士"。这时

---

① 冯友兰:《中国哲学史》第3册,人民出版社1985年版,第21~22页。

的贾谊可说是少年得志,"是时,贾生年二十余,最为少。每诏令议下,诸老先生不能言,贾生尽为之对,人人各如其意所欲出。诸生于是乃以为能不及也。孝文帝说之,超迁,岁中至太中大夫"。这时,汉政权逐渐稳定下来,各种制度建设则刚刚开始,贾谊凭着自己的卓识和政治敏感提出来了很多可行的建议,受到了文帝的重用。司马迁在介绍到这里时说:"贾生以为汉兴至孝文二十余年,天下和洽,而固当改正朔,易服色,法制度,定官位,兴礼乐,乃悉草具其事仪法,色尚黄,数用五,为官名,悉更秦之法。孝文帝初即位,谦让未遑也。诸律令所更定,及列侯悉就国,其说皆自贾生发之。"贾谊对汉政权立下了这么大的功劳,理应受到奖励。但事不遂人愿,当文帝准备进一步提升贾谊时,反而遭到陷害。"于是天子议以为贾生任公卿之位。绛、灌、东阳侯、冯敬之属尽害之,乃短贾生曰:'洛阳之人,年少初学,专欲擅权,纷乱诸事。'于是天子后亦疏之,不用其议,乃以贾生为长沙王太傅。"这对贾谊来说,真是当头一棒!多才聪敏而又年轻善感的他受到了极大的伤害。当他又听说长沙气候潮湿不利于健康时,那颗受伤的心更加冰寒了。"贾生既辞往行,闻长沙卑湿,自以寿不得长,又以适(谪)去,意不自得。"但是,贬谪长沙虽扼杀了贾谊的仕途,却并没滞涩他那洞察一切的思绪和多愁善感的艺术思维。在奔赴长沙的途中,经过湘水,他想起了为楚国强大而力主改革却遭到小人毁谤的诗人——屈原。他感慨万千,挥笔写就《吊屈原赋》,抒发了愤懑之情:"阘茸尊显兮,佞谀得志;贤圣逆曳兮,方正倒植。"当一只象征不祥的鸟突然有一天飞临宿舍时,善感的贾谊心中掀起了无限的愁思:宇宙是什么?社会是什么?人生又是什么?这无限的愁思就凝固成了不朽的《鹏鸟赋》。司马迁说这是贾谊"乃为赋以自广"。文帝前元七年(公元前173年),离别了四年之久的文帝突然又想起了才思敏捷的贾谊。于是将他召回京师,促膝夜谈后,感到贾谊仍然是那么的真诚和有才。"上因感鬼神事,而问鬼神之本。贾生因具道所以然之状。至夜半,文帝前席。既罢,曰:吾久不见贾生,自以为过之,今不及也。"对贾谊的赏识可说是溢于言表。于是调任贾谊去做他喜爱的儿子梁怀王刘揖的太傅。没有想到这却害了贾谊。文帝前元十一年(公元前169年),梁怀王刘揖因上朝时不慎,坠马身亡。虽然文帝没有责怪贾谊,但贾谊自认为没有尽到职责,悲痛欲绝,经常啼哭,一年以后,忧郁而死,年仅33岁。

贾谊一生著作甚丰。司马迁写《史记》时,曾在《秦始皇本纪》、《陈涉世家》收录了《过秦论》,在《屈原贾生列传》收录了《吊屈原赋》和《鹏鸟赋》。刘向整理经传诸子诗赋,才比较完备地把贾谊的著作编纂成书。刘向称未校定的书为"故书",已校定的为"新书"。这样,贾谊的著作就被称为《贾谊新书》或称《贾子》。《汉书·艺文志》记有:"贾谊五十八篇","贾谊赋七篇"。这里的"贾谊五十八篇"可能说的就是《贾谊新书》。《新书》在传录中又不断地散佚和残缺,也不断地经人整理。现存的《新书》有五十八篇,其中《问孝》和《礼容上》有目无文,实只有五十六篇。在五十八篇篇目中,被分为"事势"、"连语"和"杂事"三类。"事势"有32篇,是贾谊谈论当时政治的文章和奏疏;"连语"有18篇,大概是贾谊与人谈话的记录;"杂事"有8篇,是贾谊谈论历史的文章。阴法鲁先生在《北京大学学报》1962年第5期上发表《贾谊思想初探》论文。文中将《新书》的内容分为五类:(1)奏疏——针对当前重大问题提出的见解和对策;(2)政治理论;(3)哲学思想;(4)别人记录整理的贾谊言论;(5)贾谊搜集或讲述的历史文献。不管对《新书》的内容怎样划分,有一点是明确的,即《新书》作为贾谊思想的载体,鲜明地表明了贾谊的礼治思想。这正如阴法鲁先生所说的:"全书的内容有统一性,都鲜明地阐述一个主题思想,即如何积极地建立长治久安的社会秩序。文字风格也有统一性,如丁宁周至,笔锋常带感情等。"

"贾谊赋七篇",现传下来的只有五篇:《吊屈原赋》、《鹏鸟赋》、《惜誓》、《旱云赋》和《虡赋》。前两篇见于《史记》、《汉书》,肯定是贾谊的作品。《惜誓》最早见于东汉王逸《楚辞章句》,《旱云赋》和《虡赋》最早见于唐人编纂的《古文苑》。因此,后三篇是否为贾谊所作,解释仍有分歧。

据刊登在《北京大学学报》1961年第3期《关于贾谊〈新书〉版本的初步调查》调查考证,贾谊《新书》最早的文本是南宋淳熙八年(公元1181年)的程漕使本,以后一直到清末共有刻本二十多种。其中最著名的版本有三家:(1)明何梦春的《贾太傅新书订注》,是就通行本的目次及篇段重新调整,改动较大,并收入贾谊赋五篇,增《审取舍》(内容与《大戴礼记·礼察篇》同)一篇。(2)清卢文弨的抱经堂校定本《贾子》,是根据宋建本、潭本,明沈颉本、李空同本、陆良弼本、程荣本、何允中本等众本校勘,调动了个别段落,校改或删除了一些文字,影响很大,但多有主观武断之处。(3)清王耕心的《贾子次诂》,又重新调整了目次及篇段,文字上也有改动,并将《汉书》所录贾谊疏议全部收入,作为《外篇》,有严重的重复杂乱的弊病。目前最好的版本当推1976年上海人民出版社编辑出版的《贾谊集》。它收录了贾谊现存的著作《新书》五十篇、赋七篇和一些散见于其他书籍中的文章,校点出版。此外还附有《新书》的著录,为研究贾谊提供了丰富翔实的资料。

贾谊去世后至今2000余年来,历代学者都有对其思想进行研究的。综观这些研究,可以概括为三个方面。

一是《新书》的真伪问题。这个问题最早提出的是宋人陈振孙。他在《直斋书录解题》"儒家类"中说:"《汉志》五十八篇。今书首载《过秦论》,末为《吊湘赋》,余皆录《汉书》语,且节略'谊本传'于第十一卷中。其非《汉书》所有,书辄浅驳不足观,此决非谊本书也。"这就是说,凡《汉书》所载是真的,不载的都是假的。由此,人们开始怀疑《新书》。《四库提要》折中调和,说:"其书不全真,亦不全伪。"但又说:"其书多取谊本传所载之文,割裂其章段,颠倒其次序,而加以标题,殊瞀乱无条理。……疑谊《过秦论》《治安策》等本皆为五十八篇之一,后原本散佚,好事者因取本传所有诸篇,离析其文,各为标目,以足五十八篇之数,故饾饤至此。"这就是说,《新书》的大部分是后人从《汉书》中辑凑而成的。姚鼐讲《新书》是伪书更明白。他在《惜抱轩文集》卷五《辨贾谊新书》中说:"贾生书不传久矣。世所有云《新书》者,妄人伪为者耳。班氏所载贾生之文,条理贯通,其辞甚伟。及伪为文者分析,不复成文。而以陋辞联厕其间,是诚由妄人之谬,非传写之误也。"由此可见,说《新书》是伪书者,主要原因是《新书》"浅驳不足观","瞀乱无条理","陋辞联厕其间",不像《汉书》所载贾谊文章"条理贯通,其辞甚伟",于是就推测《新书》是后人依据《汉书》辑录纂编成的。可见,问题关键是《新书》与《汉书》究竟是什么关系,是《新书》抄录《汉书》还是《汉书》抄录《新书》?

说《新书》抄录《汉书》虽论证不足,但影响所及,却严重制约了对贾谊著作的整理和研究。如有的据《汉书》而删改《新书》,有的则借口《新书》为伪书而不加以研究。实际上,关于《新书》与《汉书》的关系,近人余嘉锡在其《四库提要辨证》一书中经过考证已指出,《汉书》是抄《新书》的,"其间斧凿之痕,有显然可见者。"他批评一些人不认真考证而武断下结论,"而曾无人肯为细心推寻,亦可怪也"。循着余氏思路,影响最大的是魏建功、阴法鲁等人在1961年第5期《北京大学学报》上发表的《关于贾谊〈新书〉真伪问题的探索》。该文将《新书》与《汉书》载文详加对照分析,然后指出,"关于《汉书》与贾谊原书的关系,这里说明三个问题:第一,《汉书》载文的本源是贾谊原书,而且陈政事的数次上疏组成了原书的主要内容;第二,传中所录仅是五十八篇中'切于世事者',班固是有选择的;第三,载文只是叙其'大略',班固是作了剪裁加工的,不全是原义。总之,正如王应麟所说:'班固作《传》,分散其书,参差不一,总其大略。'这是贾谊原书与《汉书》的关系……具体说,就是今本这一部分的绝大多数篇章不仅思想内容可靠,而且语文形式也比《汉书》引文更接近原貌,它基本上保存了原本的样子。"这样,正如王兴国在《贾谊评传》中说,这一考证结论,"可以说基本上了结了一场长达数百年的关于《新书》真伪争论的公案,它可以使我们比较放心地引用《新书》中的文字进行学术研究,而不致作茧自缚地局限于班固《汉书》中所引用的个别篇章。"①

二是贾谊思想的归属问题。贾谊思想应属于哪种派别,历代论者有不同的看法。据统计,有五种看法:一是法家说。持此种看法的有汉司马迁,王夫之,清人丁泰,文革时期以梁效为首几乎形成全国一致的法家说。二是儒家说。持此种看法的是汉刘歆、班固和历代正史作者。三是道家说。持此看法的是宋人黄震和近人顾实云。四是纵横家说,这是南宋朱熹提出的。五是折衷说。持此种说法是王兴国,他在《贾谊评传》中说,贾谊不是纵横家,也不是道家,"我以为论其为法家和儒家者根据更多一些,但是贾谊既非纯粹的法家也非纯粹的儒家。"②从《新书》的内容看,我们认为说贾谊是儒家是切合实际的。因为贾谊的思想核心是礼治,是对先秦以来儒家礼治思想的总结。

三是贾谊思想的核心问题。作为一个思想家,贾谊的思想是极为丰富的,人们可以从各个方面去加以研究和探索。从近年来研究看,人们多偏重于贾谊的政治思想、哲学思想和文学思想的研究,如揭示贾谊的民本思想、辨证思想。但是贾谊思想的核心是什么,论者却极少。令人欣喜的是,一些学者在对贾谊研究的不断深入中,已开始认识这一点。

---

① 王兴国:《贾谊评传》,南京大学出版社,1992年版,第54页。
② 王兴国:《贾谊评传》,南京大学出版社,1992年版,第325页。

于传波说：贾谊"认为礼治最高明"，"礼治比法治高明，完美"，"贾谊是个一心要礼治的人，脑子里总是撇不开礼的顽固念头，他把一些较深切的爱民思想统统叫做礼。"[①]这分明已看到了贾谊思想的核心是礼治。其实，关于贾谊的礼治思想，已有不少学者做了一些探讨。金春峰先生在其《汉代思想史》已单列出"贾谊的礼治思想"一节，马育良的《汉初政治与贾谊的礼治思想》[②]和华友根的《试论贾谊的礼学观》[③]两篇论文则专门探讨贾谊礼治思想，王兴国先生在其《贾谊评传》中也列出了"礼法结合，以礼为主的礼治思想"一章。这些论著对贾谊的礼治思想已做了富有启发性的探讨，但其不足在于，一是没有把礼治思想作为贾谊思想的核心，因而不能把礼治作为契机或关键去把握贾谊思想。二是对礼治思想体系的认识不够全面，因而没能全面系统地揭示贾谊的礼治思想的内容。有感于此，本文在采纳前人研究成果的基础上，试图把礼治思想作为贾谊的思想核心，并从礼治思想体系出发来探讨和论述贾谊的思想，错误之处在所难免，恭请各位老师指正批评。

二、贾谊礼治思想提出的前提

贾谊一生对刘汉最大的贡献是建议制定了各项礼仪制度，用礼作为政治统治的主要方式去指导并进行刘汉王朝的统治。那么，这里就提出了一个问题，即贾谊是怎么想起要用礼治来进行政治统治呢？换句话说，贾谊礼治思想的思想前提是什么呢？

读《新书》，我们知道贾谊礼治的思想基础是很复杂的。大体上，可以从客观和主观两方面看。从客观上看，贾谊礼治思想的提出，既是对先秦以来孔、孟、荀礼治思想的继承和发扬，又是对汉初叔孙通、陆贾礼治建设的升华。从主观上讲，是贾谊知识和智能的体现，是贾谊对历史经验的总结、现实问题的思考和统治者的自身素质考察的结果。

---

① 于传波：《试论贾谊的思想体系》，《中国哲学史研究》1987年第3期。
② 《试论贾谊的思想体系》，《中国哲学史研究》1987年第3期。
③ 《江海学刊》1996年第3期。

(一)客观前提:贾谊对礼治思想的继承和总结

据王国维先生考证,礼源于卜辞中的"豐"字,意思是两串玉珠放在器皿中以奉神,是奉神之器。金文中无发现有"礼"字。但《诗·周颂·丰年》篇有"为酒为醴"的话,可见"礼"字从"酉"而非从"示"。王国维推断说,礼作为奉神之器,后来"推之而奉神人之酒醴亦谓之醴,又推之而奉神人之事,通谓之礼"①。由此可知,礼源于对神(天或祖先)的祭祀。

礼作为奉神之器,有尊、彝、鼎、爵。在日常生活中,成为贵族专享之物,一般庶民百姓是没有资格使用的。这就是所谓"礼不下庶人"、"礼所以别贵贱"、"礼者别贵贱序尊卑者也"。由此,"礼是一种特别的政权形式"。据侯外庐先生说,"周公营洛邑以后,尊、爵、彝器的神物,才脱化出礼制"②。这就是说,尊、彝、鼎、爵等器物体现了周代的社会政治制度。易言之,周代的政制存在于器物之中。"唯名与器不可假人"就是不能把政治权利随便丢掉。

春秋后期,社会动荡,"礼坏乐崩",周代的礼制社会秩序被破坏了。"礼乐征伐自诸侯出"、"自大夫出"、"陪臣执国命"已取代了"礼乐征伐自天子出";弑君、弑父取代了"君臣之义"、"父子之亲"。对此,孔子挺身而出,试图挽狂澜于既倒。他以恢复周礼为己任,奔走呼号,言传身教,提出了系统的礼学思想。在孔子看来,推行礼治,就是要明定礼制,即确定政治制度。用孔子的话讲即"正名"。只有"正名"即制定各项制度,言行才有所依据和根本。《论语·子路》:"名不正,则言不顺;言不顺,则事不成;事不成,则礼乐不兴;礼乐不兴,则刑罚不中;刑罚不中,则民无所措手足。故君子名之必可言也,言之必可行也。君子于其言,无所苟而已矣。"在这里,孔子所强调的"正名",自然是恢复周礼。他曾经说:"郁郁乎文哉,吾从周。"礼制的确立只是礼治的初步,更重要的是人们要遵循礼制。孔子意识到了这一点。特别强调礼的行为规范,号召人们用礼来约束、指导自己的行为。为此,孔子特别提出了"仁"的概念。"仁"就是礼的行为规范的外在体现,又是礼制社会的内在境界。

---

① 《观堂集林》卷六《释礼》。
② 《中国思想通史》第 1 卷,人民出版社 1957 年版,第 78~79 页。

作为前者，仁就是爱人，就是推己助人，"老吾老以及人之老，幼吾幼以及人之幼"；仁是尊重人，所谓"己欲达而达人，己欲立而立人""己所不欲，勿施于人"。总之，仁是按照礼的规定去做，不符合礼的就不听、不说、不做。而作为后者，只要贯彻礼制，按照礼的要求去做，那么就会达到一种和合欢乐的仁爱境界："一日克己复礼，天下归仁焉"。可见，引仁注礼只是孔子实施礼制的一个重要设想，其实质就是希图依靠人的道德自觉重建礼制的社会秩序。为此，孔子还特别重视教育，试图用教育贯彻礼治主张。他汲取了"德"的概念，要求统治者以身作则："道之以德，齐之以礼，有耻且格。"只要统治者以自身的修养教育感化民众，用礼来制约民众，那么民众不仅有荣耻之心，而且会主动地追求实现礼的要求。孔子不赞同用刑罚的方式去管理民众。"导之以政，齐之以刑，民免无耻。"用功绩引导民众，用刑罚惩治民众，民众就没有了荣耻之心，社会就会混乱。可见，引德注礼的目的是教育唤起民众遵守礼制的自觉性，从而实现社会的有序。综上所述，"正名"，引仁注礼，引德注礼就构成了孔子礼学思想的基本内容，是孔子对上古以来礼治思想的总结发扬，奠定了中国礼文化的基础。

战国中期，群雄逐鹿，周礼已荡然无存。孟子继承了孔子的礼学思想，仍然主张用礼治重建社会秩序，但对礼治又提出了一些新的看法。孟子同孔子一样强调礼的行为规范的作用，强调人的自觉性，同时又对人们的遵循礼制的自觉性加以升华，提出了人性善的观点，指出礼的道德要求源于人自身的善良本性。《孟子·尽心上》："君子所性，仁义礼智根于心。"《孟子·公孙丑上》："恻隐之心，仁之端也；羞恶之心，义之端也；辞让之心，礼之端也；是非之心，智之端也。人之有是四端也，犹其有体也。有是四端而自谓不能者，自贼者也；谓其君不能者，贼其君者也。凡有四端于我者，知皆扩而充之矣。"人的本性是善的，都有恻隐、羞恶、辞让、是非之心，由此，人人都可以按照礼制的要求去做，都可以做到仁、义、礼、智。孟子这样讲的目的，显然是批判和谴责当时社会的统治者不行礼治的错误做法。孟子强调人们遵循礼制，但与孔子不同的是，孟子认为礼并不是纯然正确的，礼也有是非，人们应遵循正确的礼，错误的礼则可以摒弃不用。《孟子·离娄上》："非礼之礼，非义之义，大人弗为。"至于哪些礼正确，哪些礼错误，在孟子看来，一切以是否符合人的生存和发展为标准，凡是符合生存和发展的言行都是正确的，是合礼的。《离娄上》所讲的行权援嫂，《万章上》所讲的舜娶妻不告父母都说明了这一点。这实际是对孔子"中庸"思想的继承和发扬，是对贯彻礼治原则性和灵活性的进一步说明。

战国末年，天下统一的大势已日趋明显，怎样来适应这一新的形势即如何实现统一或者说统一之后怎样进行统治，是当时思想学术界迫切需要解决的问题。荀子提出了自己的礼学思想。在荀子看来，礼是一种社会制度，其目的是使社会有序。《劝学篇》："《礼》者，法之大分，类之纲纪也。故学至乎《礼》而止矣。夫是之谓道德之极。"作为制度的礼实际上就是一个国家的根本大法。要使社会有序，只要人人遵守礼制就可以了。《大略篇》："人无礼不生，事无礼不成，国家无礼不宁。"由此，荀子同孔孟一样，主张礼的自觉性："王者，先仁而后礼。"但与孔孟相比，荀子过分地强调了礼的约束作用。也就是说，在把礼作为政治统治工具的同时，荀子更看重的是礼的法制的一面。为此，荀子一改孔孟人性善之说，提出了人性恶的思想，并指出礼的目的正是要节制人的欲望。《礼论篇》："人生而有欲。欲而不得，则不能无求。求而无度量分界，则不能不争。争则乱，乱则穷。先王恶其乱也，故制礼义以分之：以养人之欲，给人之求。使欲必不穷乎物，物必不屈于欲。两者相持而长，是礼之所起也。"可见，礼是一个强有力的限制手段，目的是制止"争""乱""穷"。显然，"制礼义以分之"的提法与孔子的"正名"思想本质上是一致的。但就具体内容而言，孔子"正名"是要恢复周礼，荀子的"制礼义"则是要重新制定符合新形势的礼制。这是荀子对于孔子礼学思想的新贡献。

综上所述，礼学思想经过孔孟荀的发展已经形成了系统的思想。贾谊礼学思想正是对孔孟荀礼学思想的总结和发展。据《史记·贾谊传》记载，吴公"与李斯同邑而尝学事焉"。吴公做河南守时，听说贾谊很有才，即召贾谊为学生，"闻其秀才，召置门下，甚幸爱"。又《李斯传》记载，李斯"乃从荀卿学帝王之术"。由此可见，贾谊应是荀子的三传弟子。其师承关系为：荀子——李斯——吴公——贾谊。又据唐人陆德明所撰《经典释文序录疏证》载："左丘明作《传》以授曾申。申传卫人吴起，起传其子期。期传楚人铎椒。椒传赵人虞卿，卿传同郡荀卿名况。况传武威张苍，苍传洛阳贾谊。"据近人吴承仕在《经典释文序录疏证》中指出，陆德明的这段话，是根据所引刘向《别录》。由此可见，贾谊又是荀子的再传弟子。其师承关系是：荀子——张苍——贾谊。贾谊确实继承了孔孟荀的礼治思想。从礼治的本质看，贾谊同孔孟荀一样主张要明定礼制，另一方面主张礼的行为规范作用，同时，贾谊特别注重人的社会地位，社会存在即势对礼的行为的影响。引势注礼，这是贾谊对礼的重要发展。从礼治方式看，贾谊更明确了仁治、法治，这是贾谊对礼的又一重要发展。

贾谊礼治思想的提出也是对汉初儒学思想的继承、总结和升华。其中最著名的是叔孙通和陆贾。

汉刘邦及其群臣多崛起于平民闾里，并不懂礼仪法规。刘邦称帝之初，朝堂之上，群臣饮酒争功，狂呼乱叫，拔剑击柱，甚为混乱。征得刘邦的同意，原秦博士叔孙通召集鲁地诸生三十余人，采古礼与秦代礼仪制定出一套朝仪。高帝七年（前200年）长乐宫建成，诸侯群臣采用刚制定出的礼仪入宫朝贺。天尚未明，宫中侍卫、仪仗已罗立廷中。"于是皇帝辇出房，百官执职传警，引诸侯王以下至吏六百石以次奉贺"。群臣按事先排演好的次序，依官阶高低进入奉贺。朝宴时，以职位高低向皇帝依次敬酒。全部过程庄严肃穆，皇帝的威严，臣属之恭顺，莫不使人肃然起敬。刘邦也高兴，说："吾乃今日知为皇帝之贵也。""乃拜叔孙通为太常，赐金五百斤"。① 从此朝仪就这样确定下来。

有汉之初，陆贾建议刘邦要马下治天下。为此，他提出仁义的主张，认为仁义是政治的根本。《新语·道基》："夫仁者，宽博浩大，恢廓密微，附远宁近，怀来万邦。故圣人怀仁仗义，分明纤微，忖度天地，危而不倾，佚而不乱者，仁义之所治也。"在陆贾看来，仁义一方面是圣人依据自然法则而提出的合乎规律的主张："天气所生，神灵所治，幽闲清净，与神浮沉，莫不效力为用，尽情为器。故曰圣人成之，所以能统物通变，治情性，显仁义也。"另一方面，仁义也是历史实践经验的总结。《新语·辅政》说尧舜能使天下大治是实行仁义的结果。"是以圣人居高处上，则以仁义为巢"，"故高而不坠，危而不仆者，尧以仁义为巢，舜以禹、稷、契为杖"。而秦王朝的速亡，则是不行仁义。《新语·无为》："事愈烦天下愈乱，法愈滋而奸愈炽，兵马益设而敌人逾多。秦非不欲为治，然失之者，乃举措暴众而用刑太极故也。"由此，陆贾认为，《春秋》、

---

① 《史记·刘敬叔孙通列传》。

《诗》、《乾坤》、《八卦》、《书》、《礼》、《乐》都是宣扬仁义的。《新语·道基》:"仁者道之纪,义者圣之学。学之者明,失之者昏,背之者亡。"最可贵的是,陆贾还把仁义看作是最高的社会政治理想。《新语·至德》:"老者息于堂,丁壮者耕耘于田。在朝者忠于君,在家者孝于亲,于是赏善罚恶而润色之,兴辟雍庠序而教诲之。然后贤愚异议,廉鄙异科,长幼异节,上下有差,强弱相扶,大小相怀,尊卑相承,雁行相随,不言而信,不怒而威。岂恃坚甲利兵,深刑刻法,朝夕切切而后行哉!"这显然是陆贾理想的政治生活画面。然而这又无疑是将仁义进一步地升华到礼制的境界,尽管陆贾没有说出礼治的话语。

叔孙通制定的朝仪和陆贾的仁义政治主张构成了贾谊礼治思想的时代背景。贾谊与叔孙通、陆贾的关系,《史记》无载,不得而知。但贾谊的老师张苍曾"以列侯居相府,领主郡国上计者",后为淮南王相,"十四年,迁为御史大夫","苍与绛侯等尊立代王为孝文皇帝。四年,丞相灌婴卒,张苍为丞相"①。张苍作为汉初政府的大臣,与叔孙通、陆贾同朝为官,对两人的作为有很深的印象。又据清代学者王中在贾谊《年表》中指出:"《经典序录》云《左氏传》阳武张苍授洛阳贾谊。据《百官公卿表》,张苍于高后八年由淮南丞相入为御史大夫,明年而文帝即位,贾生受学于苍必在其时矣。"由此,我们猜测,是不是张苍把叔孙通、陆贾的事迹讲授给贾谊。贾谊的另一位老师吴公任廷尉前,曾任"河南守",对汉初的政治亦必有很深的了解,有可能会把叔孙通、陆贾的事迹告诉贾谊。这样,贾谊通过两位老师而熟悉了汉初的政治文化建设,并在此基础上,形成了他的礼治主张。贾谊继承了叔孙通的礼仪主张,在《容经》中对皇帝言行做了规定,但同时又强调了礼的行为规范作用,强调仁的伦理道德作用。贾谊继承了陆贾的仁义政治主张,同陆贾一样认为秦王是不施仁义,但与陆贾不同的是,贾谊将仁义纳入礼的范围,把仁义看作是礼的行为规范的作用,同时特别强调礼的作用。这样,贾谊礼治思想的渊源有可能接续到叔孙通和陆贾这里。

---

① 《史记·张丞相列传》。

（二）主观前提：贾谊对历史、现实和统治者的研究

1. 对历史经验的总结

贾谊同古代的知识分子一样，在考虑现实的社会政治问题时往往借助于历史学，即借助于对过去政治经验和教训的总结来进行分析和认识的。贾谊所处的时代是距轰轰烈烈统一中国又呼啦啦似大厦之既倾的秦王朝不远的西汉初年，秦的强大和不可一世与其虚弱和落花流水给当时的统治者和知识分子留下了极为深刻的印象。贾谊对历史的总结顺理成章的是对秦王朝的总结：秦为什么会强大统一中国，又为什么会虚弱很快地灭亡？贾谊认为，秦的强大与商鞅的变法密切相关，而秦的速亡也与商鞅的变法密切相关。因为商鞅变法使秦的政治和社会丧失了礼义。《时变》："商君违礼义，弃伦理，并心于进取。行之二岁，秦俗日败。秦人有子，家富子壮则出分，家贫子壮则出赘。假父耰锄杖彗耳，虑有德色矣；母取瓢椀箕箒，虑立谇语。抱哺其子，与公并踞；妇姑不相说，则反唇而睨。其慈子耆利而轻简父母也，虑非有伦理也，其不同禽兽仅焉耳。然犹并心而赴时者，曰功成而败义耳。"商鞅变法使秦丧失礼义，但同时也为秦的后继者推行礼义提供了一个绝好的机会。《过秦论》："夫寒者利短褐而饥者甘糟糠，天下嚣嚣，新主之资也。"但是后继者秦二世胡亥并没把握这个天赐的良机，一味推行暴政，最终导致秦的灭亡，这不能不使人遗憾。"向使二世有庸主之行而任忠贤，臣主一心而忧海内之患，缟素而正先帝之过"；"建国立君以礼天下，虚囹圄而免刑戮，去收孥污秽之罪，使各反其乡里"；"约法省刑，以持其后，使天下之人皆得自新；更节循行，各慎其身，塞万民之望，而以盛德与天下。天下息矣！即四海之内，皆欢然各自安乐其处，惟恐有变，虽有狡害之民，无离上之心。则不轨之臣无以饰其智，而暴乱之奸弭矣。"只可惜"二世不行此术，而重以无道，坏宗庙与民，更始作阿房之宫；繁刑严诛，吏治刻深，赏罚不当……"不灭亡才怪呢！

2. 对现实的思考

贾谊在现实的政治生活中深深地感觉到不符合礼制的问题太多了，而这些问题都直接地损害着刘汉政权。为此，贾谊可说是忧心忡忡，他"痛惜"，他"流涕"，他"长太息"。在贾谊看来，现实违礼的问题主要有

三个方面。

一方面,是百姓的违礼。汉初由于二三十年的休养生息,人民生活逐渐稳定繁荣起来,而由于汉政府的清静无为,在人民生活中却养成了一股奢靡的风气,风气所至,原本就缺乏礼义的社会更加无礼了。《孽产子》:"民卖产子,得为之绣衣经履,偏诸缘,入之闲中,是古者天子后之服也。后之所以庙而不以燕也,而众庶得以衣孽妾。白縠之表,薄纨之里,緁以偏诸,美者黼绣,是古者天子之服也。今富人大贾召客者得以被墙。……且帝之身,白衣皂绨,而糜贾奢贵,墙得被绣;后以缘其领,孽妾以缘其履。"这种服饰的攀比违礼导致了风气之奢靡。《时变》:"今俗奢靡,以出伦逾等相骄;以富过其事相竞。今世贵空爵而贱良,俗靡而尊奸;富民不为奸而贫为里骂,廉吏释官而归为邑笑;居官敢行奸而富为贤吏,家处者犯法为利为材士。故兄劝其弟,父劝其子,则俗之邪至于此矣。"奢靡的结果使人们的价值观发生变化,善恶倒置,美丑移位。"行惟狗彘也,苟家富财足,隐机盱视而为天子耳;唯告罪昆弟,欺突伯父,逆于父母乎?然钱财多也,衣服循也,车马严也,走犬良也。矫诬而家美,盗贼而财多,何伤?"由此,就造成了趋炎附势、不择手段追求财富和权势的社会心理。"欲交,吾择贵宠者而交之;欲势,择吏权者而使之。取妇嫁子,非有权势,吾不与婚姻;非贵有戚,不与兄弟;非富大家,不与出入。"这样就直接侵害了刘汉政权。《俗激》:"俗流失,世坏败矣,因恬弗知怪,大故也。"又说,"夫邪俗日长,民相然席于无廉丑,行义非循也。岂为人子背其父,为人臣因忠于君哉?岂为人弟欺其兄,为人下因信其上哉?陛下虽有权柄事业,将何寄之。《管子》曰:'四维,一曰礼,二曰义,三曰廉,四曰丑。''四维不张,国乃灭亡。'"忘记了礼仪廉丑,一个政权就会灭亡。而现实的汉政权正是这样。作为统治者,岂不警惕?"今世以奢靡相竞,而上无制度,弃礼义,捐廉丑,日甚,可谓月异而岁不同矣。逐利乎否耳,虑非顾行也。今其甚者,到大父矣,贼大母矣,踝妪矣,刺兄矣;盗者虑探柱下之金,掇寝户之帘,攓两庙之器,白昼大都之中剽吏而夺之金;矫伪者出几十万石粟,赋六百余万钱,乘传而行诸侯,此其无行义之尤至者已;其余猖獗而趋之者,乃豕羊驱而往。是类管子谓'四维不张'者与!窃为陛下惜之。"

二方面,是诸侯的违礼。刘汉政权建立之初,分封了一批异姓功臣为诸侯王,也分封了一批同姓诸侯王。到文帝时,除一个吴姓的长沙王,其他异姓王都相继被剪灭,而只余刘氏同姓王了。这些诸侯王与皇帝一样享有至尊的权力,损害了天子独尊的儒家礼制。在《等齐》篇里,贾谊对此作了全面的考察。贾谊指出,诸侯王的违礼,第一是与皇帝平起平坐,"埒至尊"。"诸侯王所在之宫卫,织履蹲夷,以皇帝所在宫法论之;郎中谒者受谒取告,以官皇帝之法予之;事诸侯王或不廉洁平端,以事皇帝之发罪之。曰:一用权法。事诸侯王乃事皇帝也,是则诸侯王乃埒至尊也。"第二是与皇帝的官职和法制等同。"天子之相,号为丞相,黄金之印;诸侯之相,号为丞相,黄金之印,而尊无异等,秩加二千石之上。天子列卿秩二千石,诸侯列卿秩二千石,则臣已同矣。人主登臣而尊,今臣既同,则法恶得不齐?"第三是与皇帝的衣饰、器物相同。"天子车曰乘舆,诸侯车曰乘舆。乘舆等也。"第四是与皇帝的称号也一样。"天子之言曰令,令甲令乙是也;诸侯之言曰令,令仪令言是也。天子卑号皆称陛下,诸侯卑号皆称陛下。"如此等等,诸侯王与皇帝一样,不遵礼制,这样就很难区别尊卑主臣。"所谓主者安居,臣者安在?"上下关系不能区别,也就很难进行政治统治了。"君臣同伦,异等同服,则上恶能不眩其下?""沐渎无界,可为长太息者此也。"贾谊的慨叹不仅是诸侯王违礼与皇帝之相同的表面现象,更主要的是他看到了诸侯在尽力发展自己的势力,尾大不掉。《大都》:"天下之势,方病大瘇,一胫之大几如要,一指之大几如股,恶病也。"贾谊还指出了诸侯王都具备篡逆之心。《亲疏危乱》:"诸侯王虽名为人臣,实皆有布衣昆弟之心,虑无不宰制而天子自为者。擅爵人,赦死罪,甚者或戴黄屋。汉法非立,汉令非行也。"而且,贾谊看到诸侯王现在的实力是足可以与中央政府相抗衡的。《权重》:"诸侯势足以专制,力足以行逆。"但是现在没有反乱是因为他们还年幼。"然天下当今恬然者,遇诸侯之俱少也。"

三方面,是匈奴的违礼。匈奴是汉代初年最头痛的问题,高祖刘邦曾亲率军队征伐,差一点丧命。此后,对匈奴采取和亲称臣的政策。但匈奴还不时地骚扰。这在贾谊看来,无疑是天朝大国极大的耻辱。《解悬》和《威不信》两篇载有这样的话:"天子者,天下之首也。何也?上也。蛮夷者,天下之足也。何也?下也。蛮夷征令,是主上之操也。天子共贡,是臣下之礼也。足反居上,首顾居下,是倒植之势也。天下之势倒植矣,莫之能理,犹为国有人乎?""可为流涕者此也。"

贾谊对现实三方面违礼现象的分析,实际上反映了当时社会政治的矛盾。一是百姓的行为与社会的有序之间的矛盾,人们对财富、地位乃至生存现状的改变冲撞损害了政治统治;二是统治阶级之间的矛盾,代表中央集权的皇权与代表地方政权的诸侯王围绕着社会管理和政治统治之间的分歧和冲突;三是中央政府与少数民族之间的矛盾。在贾谊看来,这些矛盾的核心是当时政府缺乏必要的礼制,从而不能使统治者依礼而治,不能使被统治者有礼可循。

3. 对统治者自身素质的考察

贾谊在对历代治乱盛衰的研究中发现,统治者自身素质与政治统治有着密切的关系。由此,他把统治者分为三类。《连语》:"有上主者,有中主者,有下主者。"上主是指那些天生贤明,实行礼制,无论谁也阻碍不了他达到天下之大治的统治者。"上主者,可引而上,不可引而下。""故上主者,尧、舜是也。夏禹、契、后稷与之为善则行,鲧、讙兜欲引而为恶则诛。故可与为善,而不可与为恶。"下主是指那些昏庸残暴无可救药之统治者。"下主者,可以引而下,不可引而上。""下主者,桀、纣是也。推侈、恶来进与为恶则行。比干、龙逢欲引而为善则诛。故可与为恶,而不可与为善。"中主则是指那些可以为善也可以为恶可塑性强的统治者。"中主者,可引而上,可引而下。""所谓中主者,齐桓公是也。得管仲、隰朋,则九合诸侯;任竖貂、易牙,则饿死胡宫,虫流而不得葬。"在贾谊看来,上主也好,下主也好,都是由其个人秉性所决定的,是不可更改的。"故材性乃上主也,贤人必合,而不肖人必离,国家必治,无可忧者也。若材性下主也,邪人必合,贤正必远,坐而须亡耳,又不可胜忧矣。故其可忧者,唯中主尔。又似练丝,染之蓝则青,染之缁则黑。得善佐则存,不得善佐则亡,此其不可不忧者耳。"只有中主可以塑造,使人担忧。在《先醒》篇里,贾谊又依据统治者对治乱安危领悟程度将其分为三类:"故世主有先醒者,有后醒者,有不醒者。"先醒者是指那些很早就看出治乱存亡的关键在施政中推行礼义制度的统治者,比如楚庄王;后醒者则是在统治出现问题后寻找原因改过的统治者,如宋昭公;不醒者则是指亡国后还不知其因的统治者,如虢君。贾谊说:"故先醒者,当时而伯;后醒者,三年而复;不醒者,枕土而死,为虎狼食。呜呼,戒之哉。"显然,贾谊对统治者素质的考察,实质上是对礼治实施主体的分析,其目的是为其礼教主张提供依据。

三、贾谊礼治思想的实质

贾谊总结历史,思考现实,考察统治者,最终提出礼治的主张。根本原因是贾谊感觉到文帝时的西汉政权还没有得以稳固,还充满着危机。《数宁》:"进言者皆曰'天下已安矣',臣独曰'未安'。或者曰'天下已治矣',臣独曰'未治'。"为什么呢?"夫抱火措之积薪之下而寝其上,火未及燃,因谓之安:偷安者也。今天下之势,何以异此。夫本末舛逆,首尾横决,国制抢攘,非有纪也,胡可谓治?"现实生活中那么多违礼行为存在着,国家制度受到侵害,没有上行下效的纪律,汉政权不是存在着危机吗?如何消除危机呢?贾谊借管子的话说要"张四维",即实行礼治。

贾谊看来,实行礼治就是要确定和推行尊君为核心的社会等级制度。《阶级》:"人主之尊,辟无异堂。陛九级者,堂高大几六尺矣。若堂无陛级者,堂高殆不过尺矣。天子如堂,群臣如陛,众庶如地,此其辟也。故堂之上,廉远地则堂高;近地则堂卑。高者难攀,卑者易陵,理势然也。故古者圣王制为列等,内有公、卿、大夫、士,外有公、侯、伯、子、男,然后有官师、小吏,等级分明,而天子加焉。故其尊不可及也。"在贾谊的心目中,天子、大臣和庶民,犹如房舍建制有堂、阶梯和大地构成一样,有着不同的地位。可见,贾谊是把礼看作是一种社会等级制。《礼》:"故礼者,所以守尊卑之经,强弱之称者也。"这种等级制是以尊君为中心的。"主主臣臣,礼之正也。威德在群,礼之分也。"如"礼,天子适诸侯之宫,诸侯不敢自阼阶。阼阶者,主之阶也。天子适诸侯,诸侯不敢有宫,不敢为主人礼也"。在尊君的前提下,不同等级的人也有各自的特权。"尊卑大小,强弱有位,礼之数也。礼,天子爱天下,诸侯爱境内,大夫爱官属,士庶各爱其家。失爱不仁,过爱不义。"贾谊还把礼看作是个人行为规范。"礼者,臣下所以承其上也。""君仁臣忠,父慈子孝,兄爱弟敬,夫和妻柔,姑慈妇听,礼之至也。"只要人人都按礼的要求约束自己,那么,就会出现礼制的社会政治局面。"君仁则不厉,臣忠则不二,父慈则教,子孝则协,兄爱则友,弟敬则顺,夫和则义,妻柔则正,姑慈则从,妇听则婉,礼之质也。"

把礼看作是社会制度、个人行为的规范,只是认识到了礼的本义。而更重要的是把礼看作是政治统治的工具、社会管理的方式。这样就揭示了礼的蕴义。可以说,这是贾谊礼治思想能超出同时代思想家从而对儒学的一个重大贡献。在贾谊看来,礼是个人修养的准则。"道德仁义,非礼不成。""宦学事师,非礼不亲。"礼是社会管理的方式。"教训正俗,非礼不备;分争辨讼,非礼不决。"礼是政治统治的工具。"君臣上下,父子兄弟,非礼不定。""班朝治军,莅官行法,非礼威严不行。"礼是宗教之教仪。"祷祠祭祀,供给鬼神,非礼不诚不庄。"可见,礼的统治与管理作用是多么的广泛和深远。因此,作为统治者,不能不重视礼制,不能不运用礼治。"是以君子恭敬、撙节、退让以明礼。礼者,所以固国家,定社稷,使君无失其民者也。"

无论是对礼本义的认识还是对蕴义的解释,贾谊的目的是要确立一套完整的社会等级制,让人们自觉地去遵守,让统治者去有效地操纵。可见,贾谊礼制思想的本质是建立中央集权的君主专制制度,从而达到社会统治长治久安的目标。《五美》说:"海内之势,如身之使臂,臂之使指,莫不从制。"《服疑》也说:"于是主之与臣,若日之与星,臣不几可以疑主,贱不几可以冒贵。下不凌等,则上位尊;臣不逾级,则主位安。谨守伦纪,则乱无由生。"

四、贾谊礼治思想的主张

贾谊热心倡导礼治,主张用礼制确定社会秩序,规范人们的行为,遵从君主的权威。那么究竟怎样实施礼治呢?纵览《新书》可知,贾谊对实施礼制作了全面而详细的建议。

(一)"张四维","定经制"

贾谊认为,实行礼治,首先要确定礼制。独霸一时的秦王朝不行礼制,很快就灭亡了;而有汉至今已经二三十年,礼制还没有确定下来,所以使得社会上出现了一些违礼现象,影响政治统治。《俗激》:"秦灭四维不张,故君臣乖而相攘,上下乱僭而无差,父子六亲殃戮而失其宜,奸人并起,万民离畔,凡十三岁而社稷为墟。今四维犹未备也。故奸人冀幸,而众下疑惑矣。岂如今定经制,令主主臣臣,上下有差;父子六亲,各得其宜;奸人无所冀幸,群众信上而不疑惑哉。此业一定,世世常安,而后有所持循矣。若夫经制不定,是犹渡江河无维楫,中流而遇风波也,船必覆矣。悲夫!备不豫具之也。可不察乎!"而且,贾谊还明确地指出,礼制是人类社会的问题,有赖于人自己来实施和确立。"夫立君臣,等上下,使父子有礼,六亲有纪。此非天子所为,人之所设也。夫人之所设,弗为不立,不植则僵,不循则坏。"这就是说,礼制之确立和实施,只有靠人来编制和遵循。

其次是要标明礼制。确定礼制的实质就是将社会成员按照亲疏贵贱分成不同的等级。等级确定下来之后,就要赋予各个等级以不同的标志和权利。《服疑》:"是以等级分明,则下不得疑;权力绝尤,则臣无冀志。故天子之于其下也,加五等已往,则以为臣。臣之于下也,加五等已往,则以为仆。仆亦臣礼也。然称仆不敢称臣者,尊天子避嫌疑也。"君、臣、仆是礼制等级制的主要标志,更主要的标志还有服饰等。"制服之道,取至适至和以予民,至美至神进之帝。奇服文章,以等上下而差贵贱。是以高下异,则名号异,则权力异,则事势异,则旗章异,则符瑞异,则礼宠异,则秩禄异,则冠履异,则衣带异,则环佩异,则车马异,则妻妾异,则泽厚异,则宫室异,则床席异,则器皿异,则饮食异,则祭祀异,则死丧异。"在这严格的等级制中,如果有下级提升入上级者,那么其名号权利也都享受新升等级,而如果被降级,那么其名号权利也降级享受。在同一等级中,大家都是平等享受名号权利的。"故高则此品周高,下则此品周下。加入者品此临之,埤入者品此承之;迁则品此者进,绌则品此者损。贵周丰,贱周谦。贵贱有级,服位有等。"

最后是要遵守礼制。明定礼制之后,要求人们都按照自己所处的等级来行事,来规范自己的行为。用贾谊的话讲就是要"各得其宜","臣无异志"。又《服疑》:"等级既设,各处其检,人循其度。擅退则让,上僭则诛。建法以习之,设官以牧之。是以天下见其服而知贵贱,望其章而知其势。使人定其心,各著其目。故众多而天下不眩,传远而天下识祇。卑尊已著,上下已分,则人伦法矣!"

定礼、明礼、遵礼是礼之实施的三部曲,是礼治实施的关键。贾谊认识到这一点,并作出明确的论断,可说是贾谊有着过人的识见。但贾谊并不到此止步,而是认识到礼治实施之困难,于是进而对礼制等级制的一些主要阶层作了更深入的分析,指出了各阶层主体礼治行为的规范和措施。当然,贾谊的分析和论述还是以当时社会中的违礼现象为基础的。

(二)对皇帝执礼之主张

礼无论是作为社会制度还是作为政治统治的工具,抑或是作为个人行为的规范,对于皇帝来讲,他都是礼之实施的主体。他不仅要制订礼、运用礼,而且也要遵守礼。这是他治国安邦长治久安的不二法门。因此,贾谊特别强调皇帝要知礼、用礼。

1. 对皇帝实施礼教

皇帝作为礼实施之主体,首先知礼方可用礼。要知礼,就要对皇帝进行礼的教育。在贾谊看来,对皇帝进行礼教是可能的也是必要的。如前所述,贾谊将皇帝分成上、中、下或者说先醒、后醒、不醒三类。在贾谊看来,上、先醒之皇帝会自觉严格地遵守礼制。下、不醒之皇帝,无论怎么劝谏都不会遵守礼制,只有中、后醒之皇帝通过劝谏和教育,或者经过挫折后之反省可走上礼治之途。也就是说,人的本性有三种,上品自然而向善,下品趋恶而难改,中品则可通过教育而走向善。这就为教育提供了可能。对于皇帝来说,通过教育使其知礼更加重要。《保傅》:"天下之命,悬于太子。太子之善,在于早谕教与选左右。心未滥而先谕教,则化易成也。夫开于道术,知义之指,则教之功也。若其服习积贯,则左右而已矣。夫胡越之人,生而同声,嗜欲不异,及其长而成俗也,累数译而不能相通,行有虽死而不相为者,则教习然也。臣故曰:'选左右,早谕教'最急。夫教得而左右正,则太子正矣。太子正则天下定矣。《书》曰:'一人有庆,兆民赖之。'此时务也。"在这里,"教之功也"、"教习然也"正说明了教育的重要作用。而"太子正而天下定"则说明了对未来皇帝即太子的教育对国家安危的重要意义。

那么,怎样对皇帝进行教育呢?贾谊认为这是一个极为复杂也极需时间的问题。贾谊主张对皇帝的教育应分成不同的阶段来进行。这就是胎儿教育、学前教育、学校教育、成人教育。

胎儿教育。贾谊从儒家学说中的慎始理论出发提出了胎教的问题。在贾谊看来,胎教分为两个阶段。第一个阶段是要选择知礼行义之家的女儿做母亲。《胎教》:"《易》曰:'正其本而万物理。失之毫厘,差以千里。'故君子慎始。《春秋》之元,《诗》之《关雎》,《礼》之《冠婚》,《易》之《乾坤》,皆慎始敬终云尔。素成,谨为子孙婚妻嫁女,必择孝悌世世有行义者。如是则其子孙慈孝,不敢淫暴,党无不善,三族辅之。故凤凰生而有仁义之义,虎狼生而有贪戾之心。两者不等,各以其母。呜呼,戒之哉!无养乳虎,将伤天下。"第二个阶段是在怀胎中通过对母亲的声乐、口味的规范来教育。"青史氏之《记》曰:'古者胎教之道,王后有身,七月而就蒌室。太师持铜而御户左,太宰持斗而御户右,太卜持蓍龟而御堂下,诸官皆以其职御于门内。比三月者,王后所求声音非礼乐,则太师抚乐而称不习;所求滋味者非正味,则太宰荷斗而不敢煎调,而曰不敢以侍王太子。'""周妃后妊成王于身,立而不跛,坐而不差,笑而不喧,独处不倨,虽怒不骂,胎教之谓也。"

学前教育。学前教育是从出生到入学前这一段时间内对未来皇帝进行礼义之熏陶。在贾谊看来,这段时间的礼义熏陶是很重要的,教育的内容也是很丰富的。首先是进行"孝"道的教育。《保傅》:"古之王者,太子初生,固举以礼,使士负之,有司斋肃端冕,见之南郊,见于天也。过阙则下,过庙则趋,孝子之道也。故自为赤子,而教固已行矣。"其次是进行德、智、体全面教育。"昔者周成王幼在襁褓之中,召公为太保,周公为太傅,太公为太师。保,保其身体;傅,傅之德义;师,道之教训;三公之职也。"显然,这里的太保就是身体素质之教育,太傅是品德修养的教育,太师则是智慧之教育。最后,是贾谊最强调的,就是营造一个"正",一个"孝明礼义"的环境,使小皇帝耳濡目染接受教育。"于是为置三少,皆上大夫也。曰少保、少傅、少师,是与太子燕者也。故孩提有识。三公三少,固明孝仁礼义,以道习之。逐去邪人,不使见恶行。于是皆选天下之端士,孝悌博闻有道术者,以卫翼之,使与太子居处出入。故太子初生而见正事,闻正言,行正道。左右前后,皆正人也。习与正人居之,不能无正也。"值得注意的是,贾谊在学前教育中,特别注意依据学生的个性特点而善加引导。"故择其所嗜,必先受业,乃得尝之;择其所乐,必先有习,乃得为之。孔子曰:少成若天性,习贯如自然。

是殷周之所以长有道也。"

学校教育。贾谊把未来皇帝的学校教育分为两个阶段。第一个阶段是从9岁入学到15岁,是"小学"阶段,也可说是初级教育阶段。这阶段的教育内容是礼制。《容经》:"古者年九岁入就小学,蹍小节焉,业小道焉。"这里的"小节"、"小道"就是熟悉和掌握礼仪制度中的繁文缛节。《保傅》:"及太子少长,知好色,则入于学。学者,所学之官也。《学礼》曰:帝入东学,上亲而贵仁,则亲疏有序而恩相及矣;帝入南学,上齿而贵信,则长幼有差而民不诬矣;帝入西学,上贤而贵德,则圣智在位而功不遗矣;帝入北学,上贵而尊爵,则贵贱有等而下不逾矣。"在这里,"亲疏有序"、"贵贱有等"则指礼的社会等级制;"齿而贵信""贤而贵德"则指礼的个人规范。可见,初级教育注重的是对礼的了解和把握。第二个阶段是从15到20岁,是"大学"阶段,也可说是高等教育阶段。这一阶段教育的内容是礼治,《容经》:"束发就大学,蹍大节焉,业大道焉。是以邪放非辟,无因入之焉。"在熟悉和掌握礼制的基础上,能够治理国家事务,判定是非,扬善弃恶。易言之,掌握并使用礼来管理社会。《保傅》:"帝入太学,承师问道,退习而考于太傅,太傅罚其不则而匡其不及,则德智长而治道得矣。"

成人教育。20岁以后,皇帝即成人了,可以亲政了,而其学校受教育阶段已届满。从此以后,改变皇帝的教育方式,改成为一个是对皇帝的监督,一个是对皇帝的劝谏。《保傅》:"及太子既冠成人,免于保傅之严,则有司直之史,有亏膳之宰。太子有过,史必书之,史之义,不得书过则死;而宰收其膳,宰之义,不得收膳则死。于是有进善之旌,有诽谤之木,有敢谏之鼓。瞽史诵诗,工诵箴谏,大夫进谋,士传民语。习与智长,故切而不愧;化与心成,故中道若性。是殷周之所以长有道也。"经过史、宰的督促,大夫、士的劝谏,皇帝的礼治经验在实践中丰富了,智慧增长了,运用礼治达到了炉火纯青的地步,"从心所欲不逾矩"。

在贾谊看来,对皇帝治礼教,除了分阶段进行之外,在教学的知识上有两个相关的重要内容。一个内容是对皇帝文化知识的教育。《傅职》:"或称《春秋》而为之耸善而抑恶,以革劝其心。教之《礼》,使知上下之则。或为之称《诗》,而广道显德,以驯明其志。教之《乐》,以疏其秽而填其浮气。教之《语》,使明于上世,而知先王之务明德于民也。教之故志,使知废兴者,而戒惧焉。教之任术,使能纪万官之职任,而知治化之仪。教之训典,使知族类疏戚,而隐比驯焉。此所谓学太子以圣人之德者也。"在这里,《春秋》,《语》,故志,训典,属于历史学;《诗》,《乐》,属文学艺术;《礼》,任术,属政治学。通过这些学科的学习,使未来的皇帝熟悉社会事务,如"惠施"、"长复"(即信诺)、"度量"、"等级"、"恭俭"、"敬戒"、"慈爱"、"娴雅"、"除害"、"精直"、"正德"、"斋肃"等12件事,其目的是培养未来的皇帝有高尚的品德和丰富的智慧,如"忠"、"信"、"义"、"礼"、"孝"、"事"、"仁"、"文"、"武"、"罚"、"赏"、"敬"等12个目标。用贾谊的话说,"或明惠施以道之忠,明长复以道之信,明度量以道之义,明等级以道之礼,明恭俭以道之孝,明敬戒以道之事,明慈爱以道之仁,明娴雅以道之文,明除害以道之武,明精直以道之罚,明正德以道之赏,明斋肃以道之敬。此所谓教太子也。"

对皇帝教育的另一个内容是统治方法的教育。从《新书》看,统治方法教育的内容就是使皇帝掌握"道术"。"道术"就是运用礼制进行统治的方式方法。《道术》:"道者,所从接物也。其本者谓之虚,其末者谓之术。虚者,言其精微也,平素而无设施也;术也者,所从制物也,动静之数也。凡此皆道也。"这就是说,统治方法的教育又分为"道虚"和"道术"两个方面。"道虚"是指礼治之智慧,"道术"是指礼治之实施。作为礼治智慧的"道虚"其内容是要求礼制符合现实,公允、公平、合理地处事,其目的是要达到无为而治的境界。"请问虚之接物何如?对曰:镜仪而居,无执不臧;美丑毕至,各得其当;衡虚无私,平静而处;轻重毕悬,各得其所。明主者,南面而正,清虚而静,令名自命,令物自定,如鉴之应,如衡之称。有芈和之,有端随之,物鞠其极,而以当施之。此虚之接物也。"作为礼制实施的"道术",其内容是教育皇帝要做到"仁"、"义"、"礼"、"信"、"公"、"法"、"举贤"、"使能","操德"、"教顺"、"周听"、"稽验",其目的是要达到"和"、"亲"、"理"、"顺"、"肃"、"敬"、"贞"、"信"、"服"、"戴"、"轨"、"辅"、"化善"、"职治"、"王尊"、"民显"、"威立"、"令行"、"民心化"、"人主神",等等。所谓道的要求,也可以说就是礼治的境界。"请问术之接物如何?对曰:人主仁而境内和矣,故其士民莫弗亲也;人主义而境内理矣,故其士民莫弗顺也;人主有礼而境内肃矣,故其士民莫弗敬也;人主有信而境内贞矣,故其士民莫弗信也;人主公而境内服矣,故其士民莫弗戴也;人主法而境内轨矣,故其士民莫弗辅也。举贤则民化善,使能则官职治,英俊在位则主尊,羽翼胜任则民显,操德而固则威立,教顺而必则令行;周听则不蔽,稽验则不惶,明好恶则民心化,密事端则人主神。术者,接物之队。凡权重者必谨于事,令行者必谨于言,则过败鲜矣。此术之接物之道也。"

在论述了皇帝教育的知识之后,贾谊还对上述的两方面知识予以进一步的分析和探讨。一方面,贾谊进一步分析了皇帝教育知识论的哲学基础。在贾谊看来,作为礼治智慧的"道虚"有六个方面的内容。《六术》说:"德有六理。何为六理?道、德、性、神、明、命。"在这里,"德"就是"道"。《道德说》:"道者,德之本也"。贾谊认为,德之六理是事物的本源,也是事物的内在法则。也可称为六法。《六术》:"六理无不生也。已生而六理存乎所生之内,是以阴阳、天地、人尽以六理为内度。内度成业,故谓之六法。"六法隐藏于事物内部,当其外显为六术,实施为六行,即仁、义、礼、智、信、乐。人们只要行施仁、义、礼、智、信、乐,那么就可以合乎道德性神明命。"不失六行,故能合六法。人谨修六行,则亦可以合六法矣!然而人虽有六行,微细难识,唯先王能审之。凡人弗能自至,是故必待先王之教,乃知所从事。"这就是说,教育的实质就是通过仁义礼智信乐的教育和培养以达到道德性神明命之目标和境界,对于皇帝来说,就是通过"道术"而进入"道虚",通过"礼制"而进入"礼治"。另一方面,贾谊揭示了对皇帝文化知识教育与统治术的教育在本质上是一致的。贾谊接着说:"是以先王为天下设教,因人所有,以之为训;道人之情,以之为真。是故内本六法,外体六行,以与《诗》、《书》、《易》、《春秋》、《礼》、《乐》六者之术以为大义,谓之六艺。令人缘之以自修,修成则得六行矣。"这样,贾谊教育的知识论是循序渐进、由浅入深的:即由六艺《诗》《书》《易》《春秋》《礼》《乐》进入六行仁义礼智信乐,再进入六法道德性神明命。对于皇帝教育来说,这一过程实质是从文化知识教育进入到礼制教育再进入到礼治的教育。

在皇帝礼教中,贾谊非常重视教师的作用和学生的学习主动性的发挥。关于教师,贾谊认为,只有知识丰富、品格高尚的人才能胜任。《官人》:"知足以为源泉,行足以为表仪,问焉则应,求焉则得;入人之家足以重人之家,入人之国足以重人之国者,谓之师。"教师的任务是教育皇帝要"谕于先王圣人之德","知君国畜民之道","见礼义之正","察应事之理","博古之典传","娴于威仪制数"、"《诗》《书》《礼》《乐》"、"学业之法"。为了教育好皇帝,特设三公三少和太史等职,这些任职的人都可以说是皇帝的老师。在《傅职》篇中，贾谊专门论述了这些老师的任务和职责。总起来讲，这些老师在太师的主讲之下，各司其职，分别督促皇帝去学习和掌握礼制的仪式、礼治的精神。贾谊也指出了皇帝要尊重自己的老师。《官人》："与师为国者帝。"要当皇帝，就应尊重老师。"取师之礼，黜位而朝之。"要拜师就应以平常人的身份去亲自求教。

礼教的主体毕竟是皇帝，所以贾谊也特别注重对皇帝学习主动性的培养。在《劝学》篇里，贾谊首先激励人们要有成为大舜之材的学习目标。"谓门人学者，舜何人也？我何人也？夫启耳目，载心意，从立移徙，与我同性。而舜独有贤圣之名，明君子之实，而我曾无邻里之闻，宽绚之智者，独何与？然则舜偎俯而加志，我儃僈而弗省耳。"其次，指出要学习正确的，不要分不清是非学习错误的。"夫以西施之美而蒙不洁，则过之者莫不睨而掩鼻……今以二三子材，而蒙愚惑之智，予恐过之有掩鼻之容也。"最后，贾谊劝告人们要珍惜时间，勤奋学习。"时难得而易失也。学者勉之乎，天禄不重。"

2. 皇帝的礼治原则

皇帝运用礼制实行统治，在贾谊看来，应遵循以下三条原则。

第一，"故礼者，所以恤下也"。在礼之繁文缛节中，最重要的一项就是在丧祭或宴饮之后的施舍赠财，这能体现皇帝体恤施恩的仁爱之心，也是博得民心的最好方式。贾谊认为，施舍一方面要求皇帝要公平，要使每个等级的人得到他所应得的一份。《礼》："故飨饮之礼，先爵于卑贱而后贵者始羞，淆膳下浃而乐人始奏。觞不下编，君不尝羞；淆不下浃，上不举乐。故礼者，所以恤下也。"另一方面是要求皇帝要经常地施舍，要施舍珍美的食物。这样可博得人们的拥护爱戴。"由余曰：干肉不腐，则左右亲；苞苴时有，筐篚时至，则群臣附；官无蔚藏，腌陈时发，则戴其上。《诗》曰：投我以木瓜，报之以琼琚；非报也，永以为好也。上少投之，则下以躯偿矣。弗敢谓报，愿长以为好。"

第二，"故礼者，自行之义，养民之道也"。礼治要以人民为本位，围绕着人民的生存发展来进行，对于皇帝来说，这有两个工作：一是要蓄积粮财，不使百姓有饿冻之苦。"民无饥馑，然天子备味而食，日举以乐"。"故礼，国有饥人，人主不飧；国有冻人，人主不裘……故礼者，自行之义，养民之道也。"另一项工作是虔诚，虚心地听取对人民发展提出的建议，高兴地支持人民发展。"受计之礼，主所亲拜者二：闻生民之数则拜之,闻登谷则拜之……夫忧民之忧者,民必忧其忧;乐民之乐者,民亦乐其乐。与士民若此者,受天之福矣。"

第三,"取之有时,用之有节"。这是对自然财富的享用而言的。其目的是维持自然财富的繁茂,而不致造成竭泽而渔的恶果。用现在话说,就是用可持续发展的理论来享用自然物。"取之有时,用之有节,则物蓄多。"同时,对自然财富取之有序,也使百姓感受到皇帝的仁爱之心,更加依附和爱戴皇帝。"《诗》曰:王在灵囿,麀鹿攸伏,麀鹿濯濯,白鸟翯翯;王在灵沼,于牣鱼跃。言德至也。圣主所在,鱼鳖禽兽犹得其所,况于人民乎;故仁人行其礼,则天下安而万理得矣。"

3. 皇帝的礼仪规范

皇帝学礼懂礼,实行礼治,同时也要求皇帝自身遵循礼制,以规范自己的行为。贾谊将此称为"君道",是做皇帝行礼治的规则。《君道》:"君国子民者,反求之己,而君道备矣。"在《容经》中贾谊不厌其烦地历数皇帝礼仪的规范,如志色、容、视、言、立、坐、行、趋、跸旋、跪、拜、伏、坐车、立车、兵车等。贾谊的目的是希望皇帝言行要中规中矩,符合礼制,做出榜样。"明君在位可畏,施舍可爱,进退可度,周旋可则,容貌可观,作事可法,德行可象,声气可乐,动作有文,言语有章,以承其上,以接其等,以临其下,以畜其民。故为之上者敬而信之,等者亲而重之,下者畏而爱之,民者肃而乐之,是以上下和协而士庶顺一。"为了使皇帝做到这些,贾谊在《礼容》篇里,也列举历史上各诸侯的礼仪行为以借鉴。

(三)"众建诸侯而少其力"

对诸侯王之违礼僭礼,贾谊忧心如焚。但他又没有冒失从事,而是全面地考察历史,冷静地分析现实,提出了切实可行的建议,这就是"众建诸侯而少其力"。

考察历史,贾谊认为,分封诸侯对政治统治有弊也有利。《属远》:"古者天子地方千里,中之而为都,输将徭使,其远者不在五百里而至;公侯地百里,中之而为都,输将徭使,其远者不在五十里而至。输将者不苦其劳,徭使者不伤其费。故远方人安其居,士民皆有欢乐其上,此天下之所以长久也。及秦而不然。秦不能分尺寸之地,欲尽自有之耳。输将起海上而来,一钱之赋耳,十钱之费,弗轻能致也。上之所得者甚少,而民毒苦之甚深,故陈胜一动而天下振。"这就是说,分封可以减少运输、劳役之苦,使国家长治久安;秦不能分封,所以很快灭亡了。《过秦中》也将秦的灭亡归咎于秦二世不能分封。"裂地分民,以封功臣之后;建国立君,以礼天下"。"二世不行此术",所以灭亡了。《益壤》:"高皇帝瓜分天下,以王功臣,反者如蝟毛而起。高皇帝以为不可,剶去不义诸侯,空其国。择良日立诸子洛阳上东门之外。诸子毕王,而天下乃安。"高祖刘邦分封诸侯王,却造成大乱,于是剔除异姓王,只封同姓王。但这种分封所取得的平安只是暂时的,潜伏着动乱、僭弑。《制不定》:"天下非有固安之术也。特赖其尚幼,偷猥之数也。且异姓负强而动者,汉已幸而胜之矣,又不易其所以然。同姓袭是迹而处,骨肉相动,又既有征矣。"《亲疏危乱》说:"故疏必危,亲必乱。"据此可以看出,在分封制的利弊问题上,贾谊倾向于利;在分封诸侯的僭礼谋反问题上,贾谊看到这是一个普遍现象,因为"皆有布衣昆弟之心,心虑无不宰制而天子自为者"。僭越谋反只是诸侯王主观的意志,能不能付诸实践还要看客观条件允许与否。所以贾谊考察了诸侯王谋反之规律。《藩强》:"窃迹前事,大抵强者先反。淮阴王楚最强,则最先反。韩王信倚胡,则又反。贯高因赵资,则又反。陈豨兵精强,则又反。彭越用梁,则又反。黥布用淮南,则又反。卢绾国比最弱,则最后反。长沙乃才二万五千户耳,力不足以行逆,则功少而最完,势疏而最忠。全骨肉,时长沙无故者,非独性异人也,其形势然矣。"《权重》:"诸侯势足以专制,力足以行逆,虽令冠处女,勿谓无敢;势不足以专制,力不足以行逆,虽生夏育,有仇雠之怨,犹之无伤也。"

经过对历史和现实的细致考察,贾谊果敢地提出了对诸侯王的建议。这建议有三点。

第一点是继续分封。贾谊虽然看到了诸侯王违僭礼之隐患,并为之叹息。但他同时也看到了裂地而封更有利于政治统治。所以他建议文帝依靠自己的儿子,扩大其封地。文帝有四个儿子。文帝二年,立刘启为太子,封刘参为太原王、刘揖为梁王、刘武为代王。文帝四年(公元前176年)更太原王刘参为代王,徙代王刘武为淮阳王。这三个诸侯王,紧挨着中央政府所直辖的郡,将他们与其他疏远的同姓王隔离开来,起到屏障作用。《益壤》说:"陛下所恃以为藩捍者,以代、淮阳耳。"但是,现在淮阳王与其他大诸侯相比太弱小,"仅过黑子之比于面耳,岂足以为禁御哉"？而"代北边与强匈奴为邻，仅自完足矣。唯皇太子之所恃者，亦以之二国耳。今淮阳之所有，适足以饵大国耳。方今制在陛下，制国命子，适足以饵大国，岂可谓工哉"？所以贾谊主张文帝将淮南王刘长因谋反而被剥削的土地分封给几个亲王子，适当地调整他们的领地。"陛下岂如早便其势，且令他人守郡，岂如令子。臣之愚计，愿陛下举淮南之地以益淮阳，梁即有后，割淮阳北边二三列城与东郡以益梁，即无后患。代可徙而都睢阳。梁起新郑以北著之河。淮阳包陈以南揵之江。则大诸侯之有异心者，破胆而不敢谋。今所持者，代、淮阳二国耳，皇太子亦恃之。如臣计，梁足以捍齐、赵，淮阳足以禁吴、楚。则陛下高枕而卧，终无山东之忧矣。臣窃以为此二世之利也。"为了使文帝能采纳其建议，贾谊特别指出皇帝是要办大事成大功的。"人主之行异步衣。布衣者，饰小行，竞小廉，以自托于乡党邑里。人主者，天下安，社稷固不耳。"高皇帝"择良日，立诸子洛阳上东门之外，诸子毕王，而天下乃安。故大人者，不忄卒小廉，不牵小行，故立大便以成大功。"

第二点是"众建诸侯而少其力"。诸侯王势力一大即僭礼谋反，这似乎成了一个普遍现象。《藩伤》载，分封诸侯"而厚其力，重其权，使有骄心而难服从也。何异于善砥莫邪而予邪子？自祸必矣！爱之故使饱粱肉之味，玩金石之声；臣民之众，土地之博，足以奉养宿卫其身。然而，权力不足以侥幸，势不足以行逆，故无骄心，无邪行；奉法畏令，听从必顺，长生安乐，而无上下相疑之祸。活大臣，全爱子，孰精于此"？既然诸侯王势力单薄会"不足以行逆"，"奉法畏令，听从必顺"，能"活大臣，全爱子"，那么干脆将诸侯国再予以分封，其势力不就小了吗？"制令：其有子以国其子，未有子者建分以须之，子生而立；其身以子，夫将何失？于实无丧，而葆国无患。子孙世世与汉相须，皆如长沙可以久矣；所以生死而肉骨，何以厚此。"《藩强》则讲得更明白："欲天下之治安，天子之无忧，莫如众建诸侯而少其力。力少则易使以义，国小则无邪心。"

第三点是"一通"定制。"一通"就是拆除各地军事阵地，"罢关一通"。《一通》："所谓建武关、函谷关、临晋关者，大抵为备山东诸侯也。天子之制在陛下，今大诸侯多其力，因建关而备之，若秦时之备六国也。岂若定地势使无可备之患，因行兼爱无私之道，罢关一通，示天下无以区区独有关中者。""一通"之后，为了防止"诸侯得众则权益重，其国众车骑则力益多。故明为之法，无资诸侯。于臣之计，疏山东，孽诸侯，不令似一家者,其精于此矣。岂若一定地制,令诸侯之民,人骑二马不足以为患,益以万夫不足以为害。"不使诸侯坐大最好之法就是"众建诸侯"了。

贾谊将上述三点建议概括为"割地定制"。在他看来,只有割地定制,才能巩固以皇帝为首的礼制等级统治。《五美》:"海内之势,如身之使臂,臂之使指,莫不从制。诸侯之君,敢自杀不敢反,心知必菹醢耳,不敢有异心,辅凑并进而归命天子。"

(四)吏:"廉丑礼节,以治君子"

吏是礼制等级制中除了皇帝、诸侯之外的又一个重要的阶层。这个阶层人数众多,等级更明。"官师小吏",也就是上至三公三少,下至一般"斯役"都属这个阶层。贾谊费了颇多的笔墨论述这个阶层。《傅职》讲了皇帝老师三公三少的职责,《辅佐》讲了大相、大拂、大辅、调谇、典方、奉常、兆师等的职责,《官人》讲了师、友、大臣、左右、侍御、斯役的职责。在贾谊看来,吏的职责就是向皇帝提好的建议,帮助皇帝管理人民。《大政上》:"人臣之道,思善则献之于上,闻善则献之于上,知善则献之于上。夫民者,唯君者有之,为人臣者助君理之。"《大政下》:"吏之为言理也。"因此,吏的行为规范一是"忠"。《大政上》:"故夫为人臣者,以富乐民为功,以贫苦民为罪。故君以知贤为明,吏以爱民为忠。故臣忠则君明,此之谓圣王。"二是"贤"。《大政下》:"故有不能治民之吏,而无不可治之民。故君明而吏贤矣。吏贤而民治矣,故见其民而知其吏,见其吏而知其君矣。"无论"忠",无论"贤",都落实在"富民""治民"上。可见,人民是考核吏之政绩的准则。"故夫民者,吏之程也。查吏于民,然后随之。"这样,可依据人民对吏的拥护程度,确定其政绩和才干。"夫民至卑也,使之取吏焉,必取其爱焉。故十人爱之有归,则十人之吏也;百人爱之有归,则百人之吏也;千人爱之有归,则千人之吏也;万人爱之有归,则万人之吏也。故万人之吏,选卿相焉。"贾谊认为,对吏之管理,主要用礼治而不用刑法,目的是维护君主的面子。《阶级》:"鄙谚曰:欲投鼠而忌器。此善喻也。鼠近于器,尚惮而弗投,恐伤器也。况乎贵大臣之近于主上乎?廉丑礼节,以治君子。故有赐死而无戮辱。是以系缚、榜、笞、髡、刖、黥、劓之罪,不及大夫,以其离主上不远也。"又说:"故人主遇其大臣如遇犬马,彼将犬马自为也;如遇官徒,彼将官徒自为也。""故古者,礼不及庶人,刑不至君子。所以厉宠臣之节也。""上设廉耻礼义以遇其臣,而群臣不以节行而报其上者,即非人类也。故化成俗定,则为人臣者,主丑亡身,国丑忘家,公丑忘私。利不苟就,害不苟去,唯义所在。主上之化也。"正是这种礼治使吏不惜牺牲自己的一切而忠于皇帝。贾谊这样讲,目的是批评当时对大臣施以刑法。"古天子之所谓伯父伯舅也,今与众庶、徒隶同黥、劓、髡、刖、笞、傌(骂)、弃市之法。然则堂下不亡陛乎?被戮辱者不太迫乎?廉耻不行也。""今而有过,令废之可也,退之可也,赐之死可也。若夫束缚之,系绁之,输之司空,编之徒官,司寇、牢正、徒长、小吏骂詈而榜笞之,殆非所以令众庶见也。夫卑贱者习知尊贵者之事,一旦吾亦乃可以加也。非所以习天下也,非尊尊贵贵之化也。夫天子之所尝敬,众庶之所尝宠,死而死尔,贱人安宜得此而顿辱之哉!"如果没有成见的话,那么,贾谊的这一论述可以说是公允的。

(五)士:"求以道","待以敬"

这里的士不是先秦的士。这里的士是与百姓一样而又比百姓地位略高一点掌握了礼治的人。《大政下》提出"士民誉之","士民苦之","士"与"民"连用,说明"士"的社会地位之低下。又说,"国之治政,在诸侯、大夫、士。"这说明士又是统治阶层中最低的一层,比百姓又高一点。士是吏的候选人,有可能入仕而成为吏。"故士则未仕而能以试矣,圣王选举也,以为表也。问之然后知其言,谋焉然后知其极,任之以事,然后知其信。"在贾谊看来,士有三种,即"器"、"用"、"实","故士能言道而弗能行者谓之器,能行道而弗能言者谓之用,能言之、能行者谓之实。"这里的"道"应该理解为礼治。士在政治统治中有着非常重要的作用。"诸侯不得士,则不能兴矣。""故君子讯其器,任其用,乘其实,而治安兴矣。"但是士隐于民间,加之本身怀才不显,所以很难寻求留用。"无世而无圣,或不得知也;无国而无士,或弗能也。故世未尝无圣也,而圣不得圣王则弗起矣;国未尝无士也,不得君子则弗助也。""故士易得而难求也,易致而难留也。故求士而不以道,周遍境内不能得一人焉;故求士而以道,则国中多有之。此之谓士易得而难求也。故待士而以敬,则士必居矣;故待士而不以道,则士必去矣。此之谓士易致而难留也。"又说"简泄不可以得士","故欲以简泄得士,辟其犹以弧诱鸟也,虽久弗得矣。故夫士者,弗敬则弗至"。

贾谊强调以敬得士,同时还强调要得"贤士"。《胎教》说,夏有禹、桀,商有汤、纣,吴有阖闾、夫差,晋有文公、厉公,秦有穆公、二世,"其所以君王同而功迹不等者,所任异也。故成王处襁褓之中朝诸侯,周公用事也;武灵王五十而弑于沙丘,任李兑也。齐桓公得管仲九合诸侯,一匡天下,称为义王。失管仲,任竖刁,而身死不葬,为天下笑。一人之身,荣辱具施焉者,在所任也……由此观之,无贤佐俊士,能成功立名、安危继绝者,未之有也。"因此,"佐不务多而务得贤者","得贤者而贤者归之";"得贤者显昌,失贤者危亡。自古及今未有不然者也"。

(六)民:"夫民者,万世之本也。"

在礼制社会中,民即百姓是处于最低层的,是最微贱的。但人民又是社会中人数最多的阶层,是社会的主体,是社会政治统治的对象,也是礼治的对象。因此,民是最特殊的。《大政上》:"故夫民者,至贱而不可简也;至愚而不可欺也。"作为礼治的对象,怎么样方算"不可简"、"不可欺"呢?贾谊提出了"民本"的学说。"闻之于政也,民无不为本也。国以为本,君以为本,吏以为本。故国以民为安危,君以民为威侮,吏以民为贵贱,此之谓民无不为本也。闻之于政也,民无不为命也。国以为命,君以为命,吏以为命。故国以民为存亡,君以民为盲明,吏以民为贤不肖,此之谓民无不为命也。闻之于政也,民无不为功也。故国以为功,君以为功,吏以为功。国以民为兴坏,君以民为强弱,吏以民为能不能,此之谓民无不为功也。闻之于政也,民无不为力也,故国以为力,君以为力,吏以为力。"这就是说,在政治统治中,民是基础,是命根,是功绩,是力量,只有人民平安、生存、兴盛、强壮,那么国家方会太平、大治、昌盛、强大,统治者也才会威严贵尊、圣明贤能、坚强有力、无往不胜。所以,贾谊又说:"夫民者,万世之本也,不可欺。"在这里,贾谊所用的"本""命""功""力"四个字,可以说,精辟概括了人民在社会中的地位和作用,又表明了统治者对民的态度和为政方略,非常精辟,显示了贾谊的聪慧。

贾谊为什么把礼制等级社会中最低最微贱的民看作"本"呢？这是因为，贾谊继承了先秦诸子的民本思想。《孟子·尽心下》："民为贵。"《荀子·哀公》："君者，舟也；庶人者，水也。水则载舟，水则覆舟。"但贾谊的见解更多的是"从秦朝灭亡的教训中总结出来的，所以就有了更多的内容，更深的意义"①。通过对秦的总结，贾谊认识到，民在社会历史发展中起着决定性的作用。他说："故夫战之胜也，民欲胜也；攻之得也，民欲得也；守之存也，民欲存也。故率民而守，而民不欲存，则莫能以存矣；故率民而攻，而民不欲得，则莫能以得矣；故率民而战，而民不欲胜，则莫能以胜矣……故夫灾与福也，非粹在天也，必在士民也。"这就是说，历史的发展取决于人民的意志，社会的祸福来自于人民的行为。因为人民是社会中人数最多、力量最大的一个阶层。"故夫民者，大族也。民不可不畏也。故夫民者，多力而不可适也。"据此，贾谊谆谆告诫统治者要尊重人民，以民为本，切不可将民作为敌人来看待。"呜呼！戒之，戒之！夫士民之志，不可不要也。""故夫民者，至贱而不可简也，至愚而不可欺也。故自古至于今，与民为仇者，有迟有速，而民必胜之。""夫民者，万世之本也，不可欺。凡居于上位者，简士苦民者是谓愚，敬士爱民者是谓智。夫愚智者，士民命之也。""呜呼，戒之哉，戒之哉，与民为敌者，民必胜之。"

人民是统治的对象，但统治者不能小瞧他、怠慢他，更不能敌视他，而只能尊重他、热爱他。如此，怎样进行政治统治呢？贾谊主张用礼治。《大政下》："刑罚不可以慈民"，"故欲以刑罚慈民，辟其犹以鞭狎狗也。虽久弗亲矣。""故夫民者，弗爱则弗附。故欲求士必至、民必附，唯恭与敬、忠与信。古今毋易矣！"这里的"恭与敬"，"忠与信"都是礼之行为准则，在这里用之对民，就是实行礼治。其目的是赢得人民的拥护爱戴和支持。《胎教》讲得最清楚："是以国不务大，而务得民心"，"得民心而民往之"。

那么，怎样取得民心呢？即怎样实行礼治统治人民呢？贾谊认为要讲信、爱民、慎刑。

讲信。《修正上》："故政莫大于信"。《谕诚》说，文王有一天白天卧睡，梦到有一个人登到城墙上面呼叫自己，说："我是东北墙角的一具枯

---

① 冯友兰：《中国哲学史新编》第 3 册，人民出版社 1985 年版，第 24 页。

骨,赶快用国王的葬礼埋掉!"文王允诺了。梦醒之后,文王派官吏去看,真有一具枯骨。于是命令用国王的葬礼掩埋。官吏说:"这是无主的枯骨,请用五大夫级别的礼埋葬。"文王说:"我梦中已许诺了,为什么又违背诺言呢?"百姓听到这件事之后,都认为,"我们君王不因梦而违背自己对枯骨的诺言,更何况对于活着的人呢?"于是人们都信崇他了。贾谊举的这个事是想说明,作为统治者,讲究信用,诚守诺言,是赢得民心的关键,告诫统治者不要因为自己高高在上就可胡说八道,不信守诺言。

爱民。《修正上》:"治莫大于仁。"《春秋》篇举一个例说,卫懿公喜欢鹤,让鹤穿上绣衣,乘上花车,专门征收繁多的赋税养鹤,对养鹤的人优待,反而轻视大臣。群臣劝谏他,他当面叱骂。当翟族攻打卫,包围了卫都时,卫懿公痛哭着求告百姓:"敌寇进攻,大家要苦战啊!"百姓对他说:"你让你尊贵的养鹤员,让你喜爱的鹤去为你战斗罢。我们都是被你抛弃的人,怎么会守战呢?"于是打开城门逃走了。翟族攻入,卫懿公在逃跑中死去,卫国灭亡了。贾谊说:"故贤主者不以草木禽兽妨害人民。进忠正而远邪伪,故民顺附而臣下为用。今释人民而爱鸟兽,远忠道而贵优,笑反甚矣……语曰:祸出者祸反,恶人者人亦恶之。"

在贾谊看来,爱民就是惠民,给百姓实利。《谕诚》载:"楚昭王当房而立,愀然有寒色。曰:'寡人朝饥时,酒二酏,重裘而立,犹憯然有寒气。将奈我元元之百姓何?'是日也,出府之裘以衣寒者,出仓之粟以振饥者。居二年,阖闾袭郢。昭王奔隋,诸当房之赐者,请还致死于寇。阖闾一餐而五徙卧,不能赖楚,曳师而去。昭王乃复,当房之德也。"这就是说,爱民就要惠民,给民以利益,为人民排忧解难。《春秋》篇说,邹穆公用仓库的粮食高价换秕糠以养雁,目的是把粮食分给百姓。"夫君者,民之父母也。取仓之粟,移之与民……粟之在仓,与其在民,于吾何择?"百姓的富裕就是国家的富裕。《礼》说:"故礼,国有饥人,人主不飨;国有冻人,人主不裘。""故礼者,自行之义,养民之道也。"《修政语上》:"政莫高于博利人。"《大政上》说:"故夫为人臣者,以富乐民为功;以贫苦民为罪。"

爱民还要教民。《大政下》首先提出了教民的必要性:"夫民之为言也,瞑也;萌之为言也,盲也。故惟上之所扶而以之,民无不化也。故曰:民萌。民萌哉,直言其意而为之名也。"进而,又说教民的目的是使国富君乐:"教者,政之本也。道者,教之本也。有道然后教也。有教然后政治也。政治,然后民劝之。民劝之,然后国丰富也。故国丰且富,然后君乐也。"这里所讲的"道",应是教民的知识内容。在贾谊看来,这个"道"就是礼,礼的行为规范,即礼、义、忠、信。《大政上》:"故夫士民者,率之以道,然后士民道也;率之以义,然后士民义也;率之以忠,然后士民忠也;率之以信,然后士民信也。故为人君者,其出令也,其如声,士民学之,其如响,曲折而从君,其如景矣!呜呼!戒之哉,戒之哉!君向善于此,则佚佚然,协民皆向善于彼矣!"可见,民之教育,是依靠人君和官吏的行为而潜移默化的。

爱民还要以人民的价值观为是非之标准。《大政上》:"故纣自为天王也,桀自为天子也。已灭之后,民以相骂也。以此观之,则位不足以为尊,号不足以为荣矣。故君子之贵也,士民贵之,故谓之贵也;故君子之富也,士民乐之,故谓之富也。故君子之贵也,与民以福,故士民贵之;故君子之富也,与民以财,故士民乐之。"这就是说,统治者要想赢得人民的好评,必须降福赐财于人民。

总之,爱民之道就是忧民之忧,乐民之乐,这样,人民才会不遗余力地支持统治者。正如《礼》所说:"夫忧民之忧者,民必忧其忧;乐民之乐者,民亦乐其乐。"《春秋》篇也说:"爱出者爱反,福往者福来。"

慎刑。《春秋》篇说:"楚惠王食寒菹而得蛭,因遂吞之。腹有疾而不能食。"他对令尹说:"我食寒菹而得蛭,念谴之而不行其罪乎,是法废而威不立也;谴而行其诛,则庖宰、监食者,法皆当死。心又弗忍也。故吾恐蛭之见也,遂吞之。"这使令尹很佩服。"臣闻皇天无亲,惟德是辅。王有仁德,天之所奉也。病不为伤。"果然,惠王病愈了。贾谊举此事例,目的是劝告统治者要珍惜人民的生命,不要滥用刑罚。《大政上》讲得更清楚:"诛赏之慎焉。故与其杀不辜也,宁失于有罪也。故夫罪也者,疑则附之去已;夫功也者,疑则附之与已。则此毋有无罪而见诛,毋有有功而无赏者矣。戒之哉,戒之哉!诛赏之慎焉。故古之立刑也,以禁不肖,以起怠惰之民也。是以一罪疑则弗遂诛也,故不肖得改也;故一功疑则必弗倍也,故愚民可劝也。是以上有仁誉而下有治名。疑罪从去,仁也;疑功从予,信也。戒之哉!戒之哉!"慎刑具体的操作方式是对于不能确定的罪行赦免,而对于不能确定的功名奖赏。这既体现了君主的仁爱,又表明了君主的诚信。

（七）匈奴："建三表，设五饵"

对匈奴的违礼骚扰，贾谊主张用礼治的方法对待。《匈奴》："宜以厚德怀服四夷，举明义博示远方。"具体说就是"建三表，设五饵。以此与单于争其民，则下匈奴犹振槁也"。

"三表"就是实行信、爱、好。信，即示信于匈奴，让其佩服；爱，即示爱于匈奴，使其"犹弱子之遷慈母也"顺从；好，即示喜爱匈奴的技艺，诱使其来献贡。贾谊说，"爱人之状，好人之技，人道也；信为大操，帝义也。爱好有实，已诺可期，十死一生，彼必将至"。

"五饵"就是以先进的中原文化诱使匈奴顺从。一是美丽的衣饰："衣绣"，"文锦"，"银车五乘，大雕画之，驾四马，载绿盖，从数骑，御骖乘"。二是美味："饭物故四五盛，美哉膹炙，肉具醢醯"。三是音乐舞蹈。"妇人傅白墨黑，绣衣而侍"，"吹箫鼓鼗，倒挈面者更进，舞者、蹈者时作，少间击鼓，舞其偶人"。四是财物："高堂邃宇，善厨处，大囷京，厩有编马，库有阵车，奴婢、诸婴儿，畜生具。"五是宠幸胡人贵族子弟："上必时时而有所召幸"，"与必召幸"，"飨胡人也"。"幸拊胡婴儿，捣遒之，戏弄之，乃授炙幸自啖之，出好衣闲且为赣之。上起，胡婴儿或前或后，胡贵人既得奉酒，出则服衣佩绶，贵人而立于前，令数人得此而居耳"。

贾谊认为，通过"三表"、"五饵"即可瓦解分化匈奴。"故三表已谕，五饵既明，则匈奴之中乖而相疑矣，使单于寝不聊寐，食不甘口，挥剑挟弓，而蹲穹庐之隅，左视右视，以为尽仇也。彼其群臣，虽欲毋走，若虎在后，众欲无来，恐或轩（斩）之。此谓势然。其贵人之见单于，犹迮虎狼也；其南面而归汉也，犹弱子之慕慈母也；其众之见将吏，犹噩连仇雠也；南乡而欲走汉，犹水流下也。将使单于无臣之使，无民之守，夫恶得不系颈顿颡、请归陛下之义哉？"贾谊对于战胜匈奴充满着信心。《势卑》："臣窃料匈奴之众不过汉一千石大县，以天下之大而困于一县之小，甚窃为执事羞之。陛下有意，胡不使臣一试理此？夫胡人于古小诸侯之所钳权而服也，奚宜敢悍若此？以臣为属国之官，以主匈奴。因幸行臣之计，半岁之内，休屠饭失其口矣；少假之间，休屠系颈以草，膝行顿颡，请归陛下之义。唯上财幸。而后复罢属国之官，臣赐归伏田庐，不复洿末廷，则忠臣之志快矣！"透过字里行间，可看出贾谊那颗忠贞的赤子之心。

（八）慎微："善守上下之分"

读贾谊之《新书》，深感在其礼治的主张中，有一个主要的原则需要人们遵守。这就是"慎微"，即在个人行为中应时刻以礼规范自己。《审微》："善不可谓小而无益，不善不可谓小而无伤。非以小善为一足以利天下，小不善为一足以乱国家也。当夫轻始而傲微，则其流必至于大乱也。是故子民者，谨焉。"《连语》也说："善不可谓小而无益，不善不可谓小而无伤。夫牛之为胎也，细若鼷鼠，纣损天下自象箸始。故小恶大恶，一类也，过败虽小，皆已之罪也。""慎微"就是不要以善小而不为，不要以恶小而为之。"慎微"不仅是皇帝的事情，也是各等级都遵循的准则。《阶级》："礼，不敢齿君之路马，蹴其刍者有罪，见君之几杖则起，遭君之乘舆则下，入正门则趋。"这显然是百姓和大臣所应遵守之礼了。在贾谊看来"慎微"包括了慎始、慎言、慎行。慎始就是在事情伊始就应该选择合乎礼的方向去做，走正确的道路。《审微》："事之适乱，如地形之惑人也，机渐而往，俄而东西易面，人不自知也。故墨子见衢路而哭之，悲一跬而缪千里也。昔者卫侯朝于周，周行人问其名，曰：'卫侯辟疆'。周行人还之，曰：'启疆、辟疆，天子之号也，诸侯弗得用。'卫侯更其名曰'煜'，然后受之。故善守上下之分者，虽空名弗使逾焉。"慎言慎行就是言而有信，行而必果。《大政上》："夫一出而不可反者，言也；一见而不可掩者，行也。故夫言与行者，知愚之表也，贤不肖之别也。是以智者慎言慎行，以为身福；愚者易言易行，以为身灾。故君子言必可行也，然后言之；行必可信也，然后行之。呜呼！戒之哉！戒之哉！行之者在身，命之者在人，此福灾之本也。"言行既然关系着一个人的福灾，岂可不慎哉！

五、贾谊礼治思想与其法、仁之关系

政治统治的方法是多种多样的，贾谊强调礼治，但也没有忘记和忽略其他的统治方式,而是论述了礼治与其他统治形式的关系和实施的一些原则。

1. 礼与法

贾谊认为,礼与法都是政治统治的方法,所不同的是应依据不同的情况可采用礼治或法治。《制不定》:"屠牛坦一朝解十二牛,而芒刃不顿者,所排击,所剥割,皆众理解也。然至髋髀之所,非斤则斧矣。仁义恩厚,此人主之芒刃也;权势法制,此人主之斤斧也。"《汉书·贾谊传》所载贾谊的话讲得更明白:"夫礼者禁于将然之前,而法者禁于已然之后,是故法之所用易见,而礼之所为生难知也。若夫庆赏以劝善,刑罚已惩恶,先王执此之政,坚如金石,行此之令,信如四时,据此,无私如天地耳。岂顾不用哉?"礼偏重于教化,法偏重于刑罚,两者结合成为统治者不可或缺的工具。

贾谊看来,礼法是互补的。一方面,法是推行礼的保障。《服疑》:"贵贱有级,服位有等,等级既设,各处其检,人循其度。擅退则让,上僭则诛。建法以习之,设官以牧之。"另一方面,礼也是法的延续。《制不定》:"势已定,权已足矣。乃以仁义恩厚因而泽之,故德布而天下有慕志。"礼法这种结合和互补,根本原因是礼制的等级制本身就是一种法律的规定。换句话讲,礼制本身就是法制,是法制中的民法而已。而通常所讲的法,比如这里的法,则是刑法罢了。《五美》讲割地定制即是礼制之推行,又建立法制,说明贾谊业已认识到了礼法的这一关系。"地制一定,则帝道还明而臣心还正,法立而不犯,令行而不逆,贯高、利几之谋不生,柴奇、启章之计不萌,细民乡善,大臣效顺,上使然也。故天下咸知陛下之义。"

正是基于对礼法互补的认识,贾谊对诸侯王的僭礼,主张用法制来处理。《亲疏危乱》说,由于诸侯王的僭越,"汉法非立,汉令非行也。虽离道如淮南王者,令之安肯听,召之焉可致?幸而至,法安可得尚?动一亲戚,天下环视而起,天下安可得制也。"所以贾谊强调用法来处理。《制不定》:"今诸侯王皆众髋髀也,释斤斧之制,而欲婴以芒刃。臣以为刃不折则缺耳!胡不用之淮南济北,势不可也。"

由此看来,对于违礼之行为,贾谊是主张绳之以法的。但贾谊也指出,执法一定要顾及皇帝的面子,要投鼠忌器。对此在上面所引《阶级》文已证明了这一点。在《阶级》里,贾谊又说,"故古者礼不及庶人,刑不至君子。所以厉宠臣之节也。古者大臣有坐不廉而废者,不谓曰不廉,曰'簠簋不饰'。坐污秽男女无别者,不谓污秽,曰'帷薄不修'。坐罢软不胜任者,不谓罢软,曰'下官不职'。故贵大臣定有其罪矣,犹未斥然正以呼之也,尚迁就而为之讳也。故其在大谴大诃之域者,闻谴诃则白冠氂缨,盘水加剑,造清室而请其罪尔。上弗使执缚系引而行也。其中罪者,闻命而自弛,上不使人颈戾而加也。其有大罪者,闻命则北面再拜,跪而自裁,上不使人捽抑而刑也。曰:'子大夫自有过耳,吾遇子有礼矣!'遇之有礼,故群臣自喜。"可见,古言"王子犯法与庶民同罪"之话不虚。所不同的是处置的方式有所改变。

贾谊对违礼者主张绳之以法,但不是主张滥杀,而是汲取亡秦之教训,主张慎刑。《耳痹》说:"故天之诛伐不可为广虚幽闲,攸远无人,虽重袭石中而居,其必知之呼!若诛伐顺理而当辜,杀三军而无咎。诛杀不当辜,杀一匹夫,其罪闻皇天。故曰:天之处高,其听卑,其牧芒,其视察。故凡自行,不可不谨慎也。"

2. 礼与仁

贾谊很看重仁治。他认为秦亡于不行仁政。《过秦上》说,秦速亡的原因是"仁心不施"。《礼》则指出了仁政之妙。"故仁人行其礼,则天下安而万理得矣。逮至德渥泽洽,调和大畅,则天清澈,地富煴,物时熟;民心不挟诈贼,气脉淳化;攫啮搏击之兽鲜,毒蠚猛虿之虫密,毒山不蕃,草木少薄矣。铄乎大仁之化也。"

在贾谊看来,提出礼治,与强调仁政,并不矛盾。因为礼与仁是一致的,礼规范着仁,仁也体现着礼。两者互为表里,相互统一。贾谊认为,这种统一主观上是"爱"。《礼》:"失爱不仁,过爱不义。"这里的"义"即礼。在这里,礼是形式,仁是内容,仁、礼都是人的行为的一种体现,客观上是"道德"。《道德说》:"物所道始谓之道,所得以生谓之德。德之有也,以道为本。故曰:道者,德之本也。德生物又养物,则物安利矣。安利物者,仁行也。仁行出于德。故曰:仁者,德之出也。德生理,理立则有宜。适之谓义。义者,理也。"仁是德所表现出来的,礼是德内在的。显然,在这里,礼成了内容,仁是形式。它们都是万物来源之道的体现。当然,仁的主旨是"安利物",礼的主旨是"立有宜"。两者功能还是有差别的,《道术》:"心兼爱人谓之仁,反仁为戾;行充其宜谓之义,反义为懵。"

礼与仁的这种关系说明，搞礼治必搞仁政，而行仁政必施礼治，两者相得益彰。在《五美》贾谊谈"割地定制"分封诸侯时说："地制一定，宗室子孙虑莫不王；定制之后，下无背叛之心，上无诛伐之志，上下欢亲，诸侯顺附，故天下咸知陛下之仁。"这就是说，实行割地分封的礼制，也就是体现了君王的仁政。《修正语上》："故政莫大于信，治莫大于仁"，又说："仁行而义立，德博而化富。故不赏而民劝，不罚而民治，先恕而后行，是以德音远也。是故尧教化及雕题蜀越，抚交址，身涉流沙，地封独山；西见王母，训及大夏、渠叟；北中幽都，及狗国与人身，而鸟面及焦侥，好贤而隐不逮，强于行而蓄于志，率以仁而恕，至此而已矣。"尧因施礼行仁，得到贾谊如此高的评价，可见其对仁礼之崇信。

六、贾谊与陆贾的礼治思想比较

贾谊虽稍晚于陆贾，但基本上属于同时代的人物，加之二人所关心的都是汉朝的巩固和治国方略，所以其基本的思想观点颇有一致的地方。第一，同陆贾一样，贾谊也认为"得天下"与"守天下"应该有着不同的政治策略。"得天下"可以用武力，"守天下"必须用"仁治"。对此，陆贾说是"马上得之，马下治之"，而贾谊则说是"攻守之势异也"。《新书·过秦中》："夫兼并者高诈力，安危者贵顺权。推此言之，取与守不同术也。"第二，同陆贾一样，贾谊也认为秦王朝迅速灭亡的主要原因是没有推行"仁政"。《新书·过秦上》："然秦以区区之地致万乘之势，序八州而朝同列，百有余年矣。然后以六合为家，崤函为宫。一夫作难而七庙堕，身死人手，为天下者笑。何也？仁心不施，而攻守之势异也。"《新书·过秦中》："秦离战国而王天下，其道不易，其政不改，是其所以取之也；孤独而有之，故其亡可立而待也。借使秦王论上世之事，并殷周之迹，以制御其政，后虽有淫骄之主，犹未有倾危之患也。故三王之建天下，名号显美，功业长久。"第三，同陆贾一样，贾谊同样指出了"仁治"的政治目标。《新书·礼》："君仁臣忠，父慈子孝，兄爱弟敬，夫和妻顺，姑慈妇听。"

毕竟陆贾是从征战中走来，而贾谊只是一个书生，所以陆贾"仁治"

思想具有更多的实用价值，而贾谊的就更多了理论的意义。第一，就"仁治"的内容来说，陆贾所注重的是执政者的目标和操作的简便，也就是行政效率，所以他一定程度上主张"无为而治"；而贾谊更多是考虑执政者的参与程度和为政的措施，所以他的政治主张显得更为繁杂。比如要求对君王施礼教，对诸侯王要"众建诸侯而少其力"，对官吏要"廉丑礼节，以治君子"，对知识分子要"求以道，持以敬"，对于民众要看作是"夫民者，万事之本也"，对匈奴要"建三表，设五饵"。第二，就"仁治"与"法治"的关系而言，陆贾主张废除繁法苛例，而贾谊则论说了"仁治"与"法治"的不同政治效用，指出君主应该两者并举。《新书·治安策》："以礼义治之者，积礼义；以刑罚治之者，积刑罚。刑罚积而民怨背，礼义积而民和亲……道之以德教者，德教洽而民气乐；驱之以法令者，法令极而民风哀。哀乐之感，祸福之应也。"《新书·制不定》："仁义恩厚，此人主之芒刃也；权势法制，此人主之斤斧也。势已定，权已足矣，乃以仁义恩厚因而泽之，故德布而天下有慕志。"可见，贾谊在主张"仁治"的同时，并没有否认"法治"的重要，而是主张行仁义必须在法制权势的基础之上。第三，就"仁治"的中心而言，陆贾认为在于统治者，在于统治者能够汲取历史经验创制新的文明；而贾谊认为在于民众，在于使民众满足基础之上的统治者的统治方能够得以长久维持。《新书·无蓄》："管子曰：仓廪实知礼节，衣食足知荣辱。民非足也，而可治之者，自古及今，未之尝闻。"《新书·大政上》："凡居于上位者，简士苦民者是谓愚，敬士爱民者是谓智。""夫民者，万事之本也，不可欺。""故夫民者，大族也。民不可不畏也。故夫民者，多力而不可适也。呜呼！戒之哉，戒之哉！与民为敌者，民必胜之。""闻之以政者，民无不以本也。国以为本，君以为本，吏以为本。故国以民为安危，君以民为威侮，吏以民为贵贱。此之谓民无不为本也。"

陆贾和贾谊对于亡秦历史教训的总结和汉朝建国方针的设计，所总结出的儒家"仁治"治国的经验，在汉朝初年有着十分重要的意义。一方面，在汉初黄老无为思想似乎居于主导地位的情况下，儒学的仁义礼智实际上成为汉朝初年统治者思想中的内核。自汉至今，一般学者都认为汉朝初年很长一段时间所推行的是黄老无为政策。《史记·曹相国世家》："天下初定，悼惠王富于春秋，参尽召长老诸生，问所以安集百姓……闻胶西有盖公，善治黄老言，使人厚币请之。既见盖公，盖公为言'治道贵清静而民自定',推此类具言之。"据此记载,后世学者多从政治经济各个方面论证汉朝初年黄老政策的内容、实质及其原因影响等。黄老思想作为政治统治之术,"以道伐为中心思想,兼取儒、墨、名、阴阳等各家学说,结合自然秩序和社会统治秩序的基础上,明于'成败存亡祸福古今之道'的'君人南面之术'"。其原则"无非是因循、顺应、清静、简易","须持守,责大指,引大体"。与儒学相比,"黄老之术以其宽和、放任的气质,辩证的思维和朴素并富有弹性的社会理想","与汉初的社会实况、上层统治集团的文化水准更为"合拍。① 实际上,若从理性的角度看,黄老也好,儒学也好,都是主张主体积极地选择和创建历史,只是方式方法有所不同。黄老是以退让妥协为进取,儒学则以礼仪形式为进取。由此,黄老与儒学是互补的。汉朝初年的黄老政治,表面上是清静无为,而其骨子里更是主动的进取以保障政权的稳固。所以,是否可以这样说,汉初的政治是黄老其外,儒学其中。这样说来,陆贾、贾谊的主张,实际构成了汉初政治思想的内核。

另一方面,经过战国和秦朝的战乱特别是"焚书坑儒",汉初的儒学已经是千疮百孔,百无一是。《史记·曹相国世家》记载曹参曾经就治国之术请教山东各地的儒学家,"齐故儒以百数,言人人殊,参未知所定"。可见当时的儒学思想是十分混乱的。然而,经过陆贾和贾谊的论述讨论,儒学的思想系统越来越明朗,越来越统一。这样,就为不久之后的董仲舒建议汉武帝独尊儒术奠定了重要理论基础。

七、贾谊礼治思想体系的特点

贾谊的思想主要是对现实问题的思考。有汉建立到文帝时,经过几十年的经营,汉政权得以稳定下来;但同时,新的社会政治问题又逐渐暴露出来。这些问题直接威胁着汉政权的存在和发展。作为一代有识之士的贾谊看到这一点之后,他忧心忡忡,他流涕,痛惜,太息,由此提出了一系列解决问题的方法。这就是贾谊思想诞生的前提。因此,可

---

① 于迎春:《秦汉士史》,北京大学出版社 2000 年版,第 63、64 页。

以说,现实性构成了贾谊礼治思想体系的重要特点。对此,金春峰先生称之为"时代特色"。在《汉代思想史》中谈到汉初儒家思想的特征时,金先生说,"陆贾、贾谊和韩婴的思想各有自己的特点。陆贾《新语》的基本内容和性质是政论,由总结历史经验,主要是秦代统治和灭亡的经验教训,而提出治国应该遵循的方针和思想。""与陆贾相比,贾谊的思想前进了一步,由历史经验的总结,过渡到了对社会现实情况的研究。《新论》的主要内容,如《治安策》、《过秦论》等,虽然也是政论,但理论色彩浓厚了,深度进展了,内容更切合汉初社会政治的实际需要,反映了大量尖锐的社会政治矛盾,有强烈的时代特色。"而韩婴的《韩诗外传》"主要是学术思想,而不是政论。其中虽有历史经验的总结,但主要是借对儒家经典的解释,以发挥自己对儒家思想的理解。因此,韩婴的思想可以看作儒家由汉初的政论向建立新的系统的哲学理论和意识形态的过渡。"

由于贾谊思想主要是对现实社会政治问题的思考,目的是寻求解决问题的对策,这样就形成了贾谊思想体系的另一个特点:博杂。博杂主要体现在学派和历史观上面。从学派来讲,贾谊解决问题的根本方法是礼治、仁政,是儒家。但在礼治的实施中,贾谊根本没有放弃法治,甚至主张峻明刑罚,这是法家。而在谈到皇帝执政的策略时,主张用"道德"、"道义";而求长治久安这又是老庄的色彩;贾谊讨论时势,议论风声,警语片片,又有纵横家的特点。所以从古到今,围绕着贾谊思想的学派归属问题,众说纷纭。从历史观上讲,贾谊的历史观既讲"势",又讲"心";既讲"循环",又讲"数";既肯定天的作用,又讲了人的作用,所以似嫌混乱。贾谊思想之博杂,除了现实原因之外,还有学术的原因。从春秋战国时的百家争鸣发展到汉武帝的"独尊儒术"的学术发展,学术由分化趋于融合。贾谊正处于西汉初年学术开始走向融合时期,这样就使贾谊能够博采众长,既不固执于某一学派,又不会立马突显某一学派,只是在实践中流露出某一学派思想多一点或少一点而已。这样就形成了贾谊思想的第三个特点:过渡性。王兴国先生在《贾谊评传》①中说:先秦至西汉前期思想是经过了"一种圆圈式发展的趋势:荀子是这个圆圈的起点,他站在儒家的基本立场综合百家,十分重视礼治。其

---

① 王兴国:《贾谊评传》,南京大学出版社1992年版,第332页。

学生韩非和李斯则证明单纯的严刑峻法是行不通的,所以西汉前期的统治者便接受了刑法结合、先法后刑的黄老思想。陆贾提出以仁为本,贾谊突出地强调礼治。这说明他们的思想已进入一个新的否定,即对法家儒家否定进行再否定的过程。当然,这一否定之否定的过程,到董仲舒才最后完成。但从陆贾和贾谊的思想中已经明晰地可以看到这种思想的转向。正是从这个角度出发,我觉得历代正史的艺文志和目录的著作将贾谊归入儒家类是比较合理的。"

贾谊礼治思想体系是在对现实政治问题的思考中建立起来的。他对汉代社会乃至后来的历史发展都起了极大的作用。

贾谊礼治思想体系最核心的部分是关于皇帝执礼进行统治,这对后世帝王统治产生了巨大影响。贾谊所处的西汉初年,中国皇帝制度刚刚建立,只有一些实践而没有理论。贾谊不失时机地提出礼治的构想,并提出皇帝怎样学习掌握礼,怎样运用礼治,怎样遵守礼治,这为后来皇帝的培养、成长和执政无疑有着重要的指导意义。可以说,贾谊礼治思想体系实际上是关于皇帝的理论,是帝王的行为规范和统治术。所遗憾的是贾谊只提出了皇帝怎样做,而很少提及对皇帝的制约和监督。而这一点被后来的董仲舒加以完善了。

贾谊提出的"众建诸侯而少其力"的主张极大地巩固了西汉中央集权政治。贾谊的这一主张切中时弊,虽然文帝时没有实行,但后来晁错的削藩政策,特别是武帝时的"推恩令",都是贾谊主张的贯彻实施。《汉书·主父偃传》:主父偃建议实行"推恩令","古者诸侯地不过百里,强弱之形易制。今诸侯或连城数十,地方千里,缓则骄奢易为淫乱,急则阻其强而合纵以逆京师。今以法割削则逆节萌起,前日朝(晁)错是也。今诸侯子弟或十数而适(嫡)嗣代立,余虽骨肉无尺地之封,则仁孝之道不宣。愿陛下令诸侯得推恩,分子弟以地侯之,彼从喜得所愿。上以德施,实分其国,必稍自销弱矣。"显然,这是贾谊"众建诸侯而少其力"之翻版,白寿彝在《中国通史纲要》中说:这"实际上贯彻了当年贾谊的建议"①。

贾谊礼治思想体系博采各家之长,成为对百家争鸣的理论总结。在天人关系上,他继承了道家学派的天道自然无为思想,克服了儒家和墨

---

① 白寿彝:《中国通史纲要》,上海人民出版社1980年版,第126页。

家人格的唯心倾向；在礼法关系上，他把法的思想引入礼制之中，使礼法结合，王霸并用；在礼学上，他总结了孔子、孟子、荀子等关于礼的思想精华，对礼的涵文、实质，对礼在各个阶层的贯彻实施提出了建设性的而又可行的建议。他还提出了很多礼学上的警语妙句，成为后来礼学上的宝贵财富。宣帝时二戴讲授《礼记》，就将贾谊的论点甚至大段话语拿来讲授。这些都说明，贾谊在汉代学术史和中国学术史上有着不可低估的贡献。

《礼记》以礼为核心的政治思想体系

《礼记》作为儒家经典之一,不仅是古代社会的政治教科书,而且也是古代政治制度和政治思想的重要文献。由于戴德、戴圣的参与,使得这部著名的经典在汉代文化史上占据着极其重要的地位。因此,我们在探讨汉代的思想文化时,不能不把《礼记》作为重点来予以考察。

一、《礼记》在汉代文化中的地位

在儒家著作十三经中,大致可分为两种情况。一种是原始的儒家经典,一种是对原始儒家经典的注解和说明。譬如《春秋》是原始儒经,而《左传》和《谷梁传》即是解释《春秋》的。《礼记》作为礼经中的一部重要著作,不是原始的儒家经典,而属于对原始儒家注解和说明类的经。

在礼经中,原始的经典当是由孔子纂辑而成的十七篇《仪礼》。《礼记》则是对《仪礼》的注解和说明。《仪礼》所记载之礼仪程序提纲挈领、简明扼要,需要解释和说明。《礼记·礼运》:"经礼三百,曲礼三千。"《中庸》亦说:"礼仪三百,威仪三千。"据此,《礼记》是专门说明《仪礼》的。如《冠义》解释《士冠礼》,《昏义》解释《昏礼》,《问丧》解释《士丧礼》,《祭义》、《祭统》解释《郊特牲》、《少牢馈食礼》、《有司彻》,《乡饮酒义》解释《乡饮酒礼》,《射义》解释《乡射》、《大射》,《燕义》解释《燕礼》,

《聘义》解释《聘礼》,《四制》解释《丧服》。

《礼记》十七篇涉及社会生活各个方面,因此,解释《仪礼》的文字当是很多的。上述的"曲礼三千"、"威仪三千"即是明证。见于文字记载的有两条材料,一条是《汉书·艺文志》所载,"礼记有百三十一篇",一条是《经典诗文叙录》引晋陈邵《周礼论序》说有"古礼二百四篇"。在众多的《仪礼》解释中,贡献最大、影响深远的就是生活在汉宣帝时代出生于河南梁地的戴德、戴圣叔侄二人。晋陈邵在《周礼论序》中说:"戴德删古礼二百四篇为八十五篇,谓之《大戴礼》;圣删《大戴礼》为四十九篇,是为《小戴礼》。后汉马融,卢植诸家考诸家同异,附戴圣篇章,去其繁重,及所叙略,而行于世,即今《礼记》是也。"《隋书·经籍志》也载:"汉初,河间献王得仲尼弟子所记一百三十一篇,至刘向校经籍,检得一百三十篇,因第而叙之。又得《明堂阴阳记》等五种,共二百十四篇。戴德删其繁重,合而记之,为八十五篇,谓之《大戴记》。"由此可以看出,第一,《礼记》是在整理以前有关礼的解释文献基础上而成书的。也就是说《礼记》四十九篇多采自其他的书籍。第二,戴德、戴圣对于《礼记》来说,只是一个编辑,不是作者,难怪历来研究思想史的人都把《礼记》还原给原来的作者,而从不以《礼记》为依据探讨戴德、戴圣的思想。第三,戴德、戴圣虽然只是一个编辑,是述而不作,但在《礼记》的编纂中,他们遵循了"删繁就简"、去昏就明的编辑原则。也就是说,他们已把自己的意志融于《礼记》中了。而且,作为汉宣帝时代的礼经博士,戴德、戴圣必然是将《礼记》内容烂熟于胸,重新予以编排,然后方可予以讲解传授的。简言之,《礼记》一书不仅融进了戴德、戴圣的意志,而且也反映了他们的思想。由此,对于《礼记》这本书,我们可以这样看:一方面,由于采自他书而成的特点,我们完全可以将相关的篇章还原给其原作者和时代,作为研究原作者和时代的重要文献材料;另一方面,由于戴德、戴圣经手而成书的特点,我们完全可以从整体上把它视作是戴德、戴圣思想研究的最重要的文献材料。

《礼记》作为解释礼经的著作,为了便于理解掌握它的内容,历代都有对之予以分类研究的。其中,最著名的是汉刘向和近人梁启超的分类。刘在其《别录》中将《礼记》分为八类。一类是"通论",共16篇,包括:《檀弓》(上下),《礼运》,《玉藻》,《大传》,《学记》,《经解》,《哀公问》,《仲尼燕居》,《孔子闲居》,《坊记》,《中庸》,《表记》,《缁衣》,《儒行》《大学》。二是"制度",共 5 篇,《曲礼》(上下)、《王制》、《礼器》、《少仪》。三是"明堂阴阳",共 2 篇,《月令》、《明堂位》。四是"丧服",共 12 篇,《曾子问》、《丧服小记》、《杂记》(上下)、《丧大记》(附《丧服大记》)、《奔丧》、《服问》、《简传》、《三年问》、《丧服四制》。五是"子法",共 2 篇,《文王世子》、《内则》。六是"祭祀",共 4 篇,《郊特牲》、《祭法》、《祭义》、《祭统》。七是"吉事",共 7 篇,《投壶》、《冠仪》、《昏仪》、《乡饮酒礼》、《射义》、《燕义》、《聘仪》。八是"乐记",只有 1 篇,《乐记》。刘向的分类显得繁杂,近人梁启超认为《礼记》可分为五类:(一)通论礼意或学术之属,《礼运》、《经解》、《乐记》、《学记》、《大学》、《中庸》、《儒行》、《坊记》、《表记》、《缁衣》。(二)专门解释《仪礼》17 篇,《冠仪》、《昏仪》、《乡饮酒礼》、《射义》、《燕义》、《丧服四制》。(三)记孔子言行或门人及时人杂事者,《仲尼燕居》、《孔子闲居》、《檀弓》、《曾子问》。(四)记并考证古代制度礼节者,《王制》、《曲礼》、《玉藻》、《明堂位》、《月令》、《礼器》、《郊特牲》、《祭法》、《大传》、《丧大记》、《丧服大记》、《奔丧》、《问丧》、《间传》、《文王世子》、《内则》、《少仪》。(五)古代格言,《曲礼》、《少仪》、《儒行》的一部分。蒋伯潜先生在梁启超《礼记》五分法基础上提出了《礼记》分为三类:一类即梁氏所讲的第二、第四两类,为"文化学术史料";二类即梁氏所列第三类和第五类,为"孔门杂事";三类即梁氏所列第一类,为"儒家通论"。并说:"《礼记》全部各篇,可统括于此三大类中。当时辑《礼记》者,或以第一类为其主,今日读《礼记》者,则当以第三类为主也。"

二、《礼记》的思想体系

《礼记》一书的篇章多采自先秦至汉代思想家的著作,乍看起来,似嫌杂乱无章,而且多有抵牾。但若从《礼记》是对礼的阐释来看,从《礼记》将礼作为契机来阐述戴德、戴圣为代表的古代知识分子的政治思想来看,那么,我们就会看出《礼记》构建了一套关于礼治的完整、系统而又严密的思想体系。

(一)礼的涵义

要弄清礼的思想体系,首先要知道礼的涵义,亦即礼是什么。关于礼的涵义,《礼记》作了很多的讲述。从这些论述看,大旨上,礼有以下四种涵义。

首先,礼是人的本质,是人区别于动物的主要标志。《冠义》开篇就说:"凡人之所以为人者,礼义也。"《曲礼·上》讲得更明白:"鹦鹉能言,不离飞鸟;猩猩能言,不离禽兽。今人而无礼,虽能言,不亦禽兽之心乎?夫惟禽兽无礼,故父子聚麀。是故圣人作,为礼以教人,使人以有礼,知自别于禽兽。"鹦鹉、猩猩虽然能讲话,但是因为无礼,仍然是禽兽,是动物,而人之所以是人,是有礼,如果无礼,也同动物差别不大。所以圣人专门制礼以教育人,使人们都懂礼,从而与动物区别开来。

其次,礼作为人的本质,是人的行为规范,处事的方法。《仲尼燕居》:"子曰:礼者何也,即事之治也。君子有其事,必有其治。治国而无礼,譬犹瞽之无相与,伥伥乎其何之;譬如终夜有求于幽室之中,非烛何见。若无礼,则手足无所错(措),耳目无所加,进退揖让无所制。"无礼,人就没办法去处理事务;无礼,人就寸步难行。所以《曲礼·上》干脆就把规范行为,把按人的要求和规定去做看作是礼的本质特点:"修身践言,谓之善行,行修言道,礼之质也。"《礼器》篇也说:"礼也者,犹体也。体不备,君子谓之不成人。设之不当,犹不备也。礼有大有小,有显有微。大者不可损,小者不可益。显者不可揜,微者不可大也。故经礼三百,曲礼三千,其致一也。未有人室而不由户者。"这就是说,礼作为人的行为规范,设制要恰当,要符合客观事实,这种行为规范是很多的,大、小、显、微,只能遵守,不可更改;任何一个人都必须恪守礼,就像进房必经门一样。

又次,作为人的行为规范,礼是社会的秩序。《仲尼燕居》:"礼之所兴,众之所治也。礼之所废,众之所乱也。目巧之室则有奥阼,席则有上下,车则有左右,行则有随,立则有序,古之义也。室而无奥阼,则乱于堂室也;席而无上下,则乱于席上也;车而无左右,则乱于车也;行而无随,则乱于涂也;立而无序,则乱于位也。昔圣帝明王诸侯,辨贵贱、长幼、远近、男女、外内,莫敢相逾越,皆由此涂出也。"礼就是一种社会秩序,是一种社会等级制度。《乐记》:"天尊地卑,君臣定矣。卑高以陈,贵贱位矣。动静有常,大小殊矣……则礼者,天地之别也。"实行这种等级制的社会秩序,社会就处于太平,处于大治,失去了这种等级制的社会秩序,社会就混乱。《仲尼燕居》:"是故以之居处有礼,故长幼辨也;以之闺门之内有礼,故三族和也;以之朝廷有礼,故官爵序也;以之田猎有礼,故戎事闲也;以之军旅有礼,故武功成也。"相反,若无礼,则会造成极大混乱:"是故以之居处,长幼失其别,闺门三族失其和,朝廷官爵失其序,田猎戎事失其策,军族武功失其制,宫室失其度……"

最后,作为一种等级制度的社会秩序,礼又是社会管理的方式,是政治统治的手段。《祭统》:"凡治人之道,莫急于礼。"《经解》:"礼之于正国也,犹衡之于轻重也,绳墨之于曲直也,规矩之于方圆也。"礼是管理社会治理国家的最重要手段,所以受到儒家的特别关注。《仲尼燕居》记载,子张向孔子请教如何料理政治,孔子说,要懂得礼,倡导并实施就可以了。"君子明于礼乐,举而错之而已"。那么,作为一种统治的手段,礼是如何来发挥作用呢?换句话说,如何用礼来进行统治呢?《曲礼·上》:"夫礼者,所以定亲疏,决嫌疑,别同异,明是非也。"《坊记》:"子云:夫礼者,所以章疑别微,以为民坊者也。故贵贱有等,衣服有别,朝廷有位,则民有所让。"这就是说,礼治的核心就是确定社会的等级制度。

综上所述,我们可以把礼的涵义概括为两个方面:一方面,礼作为人的本质,既是人区别于动物的主要标志,又是人的行为规范;另一方面,礼作为社会的秩序,既是一种严格的等级制度,又是管理社会的方式、统治国家的手段。

(二)礼治思想

礼作为人们的行为规范和社会的等级制度,其具体的规章制度是繁茂芜杂的,所谓"经礼三百,曲礼三千"即是一个明证。可以想见,若将原始的礼全部保存下来,而不经过戴德、戴圣的删繁就简,那将是一笔关于研究古代史的多大财富呀!但对于祖先来讲则是一些错综复杂,不堪忍受的"繁文缛节"了。《礼运》:"夫礼必本于天,动而之地,列而之事,变而从时,协于分艺。其居人也,曰养;其行之,以货力、辞让、饮食、昏丧、祭、射、御朝聘。"《昏义》："夫礼始于冠,本于昏,重于丧祭,尊于朝聘,和于射乡。此礼之大体也。"《王制》："六礼:冠、婚、丧、祭、乡、相见。"可见,删简后的礼还是相当丰富和复杂的。在这里,我们没有必要去详细考究每一项礼执行的条件、程序和要求,因为那是考据家和制度史家所做的事情。我们要做的是从礼的执行中寻求出所蕴含的思想,即所谓礼之"大端"。那么,怎样去寻觅礼的思想意蕴呢?《经解》:"是故隆礼由礼,谓之有方之士。不隆礼不由礼,谓之无方之民。敬让之道也,故以奉宗庙则敬;以入朝廷,则贵贱有位;以处室家,则父子亲,兄弟和;以处乡里,则长幼有序。孔子曰:安上治民,莫善于礼。此之谓也。"由此启发我们,考究礼的思想意蕴可以从四个方面进行。这就是宗庙即宗教方面,朝廷即政治方面,室家即家庭方面,乡里即社会方面。

1. 家庭:亲亲

从《礼记》看,在每一家庭里,无论什么时候,什么地方干什么事说什么话,对于每一个成员都做了规定,而且只能按着这些规定去做去说。这些规定的目的是达到家庭和睦,实现"父子亲,兄弟和"。在《礼记》看来,家庭和睦的核心是父慈子孝,是"亲亲",而其关键是做儿子的要孝顺。《祭义》:"曾子曰:孝有三。大孝尊亲,其次弗辱,其下能养。""君子之所谓孝者,先意承志,谕父母于道。"由此我们知道,大量删简古礼的《礼记》在介绍"为人子"之礼时,不厌其详,目的正是要宣传"孝""亲亲"的思想。从曾子所谈的三孝中我们可略加考察一下,《曲礼》上所记载具体的礼。

"尊亲",也就是尊重父母亲:

"夫为人子者,出必告,反必面。所游必有常,所习必有业,恒言不称老"。

"为人子者,居不主奥,坐不中席,行不中道,立不中门。"

"祭祀不为尸。"

"弗辱",即不使父母担忧,不损害父母的名誉:

"不登高,不临深,不苟訾,不苟笑,孝子不服暗,不临危,惧辱亲也。"

"父母存,不许友以死,不有私财。"

"为人子者,父母存,冠衣不纯素。"

"祭文"所载乐正子春的话可以说为"弗辱"做了更明晰的诠释。乐正子春有次出门扭坏了脚,几个月不出门,而且还面挂忧虑。他的学生问他为什么这样。他说,我听曾子说,曾子听孔子说,天所出生的,地所养育的,最宝贵的是人。父母完整地生育了孩子,孩子完整地保全自己的身体,这就是孝呀。不使四肢致残,不使身体受损,这才是完整的身体。所以人们走路不抄近道,过河凭借舟船,为的是不损伤父母所生养的身体;人们说话不用尖酸刻薄的话语,为的是不招致忿恼的责骂,不使父母遭受羞辱,做到这些才可称得上是孝啊!现在我扭伤脚忘了为孝的准则,因此我很忧愁。从乐正子春这些话中可知,"弗辱"就是一不要损伤自己的身体,二不要招致污言秽语的责骂。

"能养"即赡养父母:

"凡为人子之礼,冬温而夏清,昏定而晨省,在丑夷不争。"

"食飨不为概。"

《内则》:"子事父母,鸡初鸣,咸盥漱,栉,縰,笄,总,拂髦,冠,緌缨,端,韠,绅,搢笏。"

《曲礼·下》:"亲有疾饮药,子先尝之。"

"尊亲"、"弗辱"、"能养",总起来讲就是以父亲的意志为意志,以父亲的利益为利益。凡是父母喜欢的就喜欢,父母所讨厌的就讨厌。比如对于妻,若父母讨厌,就应离弃。《内则》曰:"子甚宜其妻,父母不说,出。子不宜其妻,父母曰,是善视我。子行夫妇之礼焉,没身不衰。"在经济上,如果做儿子的没有做官任职,那么,就没有独立的人格。《檀弓·上》:"未仕者不敢税人,如税人,则以父母之命。"但是,做父亲的不一定时时处处都正确。若父母错了,做儿子的该怎么办呢?《曲礼·下》:"子之事亲也,三谏而不听,则号泣而随之。"几次劝谏之后,父母不听,只有伤心哭泣地服从了。

读《礼记》关于家庭的论述,似乎有一个问题,就是只讲"为子之礼",而没有讲如何做父亲。这在《礼记》看来可能不是问题。《文王世子》讲道:"知为人子,然后可以为人父。"只要知道了做儿子,那么就会做父亲了。

在《礼记》看来,实现家庭的"亲亲"和平安的条件是男女有别。而使男女有别则是有关礼制产生的基础。《郊特牲》:"男女有别,然后父子亲。父子亲,然后义生。义生然后礼作,礼作然后万物安。无别无义,禽兽之道也。"《内则》也说:"礼始于谨夫妇,为宫室,辨外内。男子居外,女子居内;深宫固门,阍寺守之。男不入,女不出。男女不同椸枷,不敢悬于夫之楎椸,不敢藏于夫之箧笥,不敢共湢浴。"正是男女有别,才使得男女授受不亲,《曲礼·上》:"男女不杂坐。不同椸枷,不同巾栉,不亲授。嫂叔不通问,诸母不漱裳。外言不入于梱,内言不出于梱。女子许嫁,缨,非有大故不入其门。姑姊妹女子,已嫁而返,兄弟弗与同席而坐,弗与同器而食。"《内则》讲男女授受不亲则更鲜明:"外内不共井,不共湢浴,不同寝席,不通乞假,男女不通衣裳。内言不出,外言不入。男子入内,不啸不指。夜行以烛,无烛则止。女子出门,比拥蔽其面。夜行以烛,无烛则止。道路,男子由右,女子由左。"即使迫不得已男女要接触,也有一定的条件:"非祭非丧,不相授器。其相授,则女受以篚。其无篚,则皆坐奠之,而后取之。"《礼记》如此不厌其烦地规定男女之别,男女授受不亲,其目的是要以男子统帅女子,使女子服从男子。《郊特牲》:"男帅女,女从男。夫妇之义,由此始也。"而这样的目的,这样的规定,使女子终其一生处于从属地位:"妇人从人者也,幼从父兄,嫁从夫,夫死从子。"这一思想就是我国历史上影响深远的"三从"说。

在家庭中,除了父子、夫妇之外,另一个主要的关系是兄弟。对此,《礼记》要"兄弟和"。兄如何对弟,讲得很少。而弟如何对兄,也许对弟来说是把兄放在父的位置看待,于是放在"为人子之礼"之中来一起讲了。对于那些能任职官府的弟兄,《文王世子》主张要另眼相看,"宗人授事,以爵以官,其登馂献受爵,则以上嗣"。但仍然要"教之以孝弟睦友子爱,明父子之义,长幼之序"。而且,"虽有三命,不逾父兄"。

综上所述,用礼治治理家庭,最讲究的是父子亲,兄弟和,男女别。而其核心是亲亲,其途径就是孝。值得注意的是,《礼记》规定了"亲亲"及家庭的范围是在九族之内。《丧服小记》:"亲亲以三为五,以五为九,上杀、下杀、旁杀,而亲毕矣。"《大传》:"上治祖祢,尊尊也;下治子孙,亲亲也。旁治昆弟,合族以食,序以昭穆,别之以礼义,人道竭矣。"

2. 政治:贵贱有位,即善善

礼作为社会管理方式和政治统治手段,在《礼记》中得到高度重视。《礼运》:"礼者,君之大柄也。……所以治政安君也。""君之所以藏身也。"礼是统治的锁钥,治国安邦的关键,也是统治者得以保全身家性命的根本。所以,《哀公问》说:"为政先礼,礼其政之本与!"

用礼进行统治,最重要的就是明贵贱,定等级。《哀公问》借孔子的话说这就是"辨君臣上下长幼之位","别男女父子兄弟之亲,昏姻疏数之交"。只有做到这一点,统治者才能得到"尊敬"。由此,礼就提出了许多以君王为中心的规定:

《王制》:"天子之田方千里,公侯方百里,伯七十里,子男五十里。不能五十里者,不合于天子,附属于诸侯,曰附庸。"

"天子七日而殡,七月而葬。诸侯五日而殡,五月而葬。大夫、士、庶人三日而殡,三月而葬。"

"天子七庙,三昭三穆,与大祖之庙而七。诸侯五庙,二昭二穆,与大祖之庙而五。大夫三庙,一昭一穆,与大祖之庙而三。士一庙。庶人祭于寝。"

"天子祭天地,诸侯祭社稷,大夫祭五祀。天子祭天下名山大川……诸侯祭名山大川之在其地者。"

"天子社稷皆太牢,诸侯社稷皆少牢,大夫、士宗庙之祭,有田则祭,无田则荐。庶人春荐韭,夏荐麦,秋荐黍,冬荐稻。"

《曲礼·下》:"天子之妃曰后,诸侯曰夫人,大夫曰孺人,士曰妇人,庶人曰妻。"

"天子死曰崩,诸侯曰薨,大夫曰卒,士曰不禄,庶人曰死。"等等,这样的规定是举不胜举的。在《礼记》看来,这些规定是不可逾越的。如果超出规定就是"僭礼",而天子享受不到其应有的规定是"微"。《郊特牲》:"故天子微,诸侯僭,大夫强,诸侯胁,于此相贵以等,相觌以货,而天下之礼乱矣。"

礼明定了社会等级,尊显了君主的地位,但同时也理智地指出了君主的重要作用和影响。《哀公问》载孔子回答哀公的话:"政者,正也。君为正,则百姓从政矣;君之所为,百姓之所从矣;君所不为,百姓何从?"《缁衣》:"子曰:下之事上也,不从其所令,从其所行,上好是物,下必有甚者矣。故上之所好恶,不可不慎也。是民之表也。"又说:"上好仁,则下之为仁争先人。"因此,《表记》要求,"君子不失足于人,不失色于人,不失口于人。是故君子貌足畏也,色足惮也,言足信也。"同时,《礼记》也为君主指出了为政的方法。《大传》:"圣人南面而听天下,所且先者五,民不与焉。一曰治亲,二曰报功,三曰举贤,四曰使能,五曰存爱。五者一得于天下,民无不足无不赡者。五者一物纰缪,民莫得其死。"《哀公问》,"夫妇别,父子亲,君臣严,三者正,则庶物从矣。"

对于臣子、臣民,《礼记》在强定他们应遵守所处等级的规定外,也理智地分析了他们的从政之法。一是要尽力实现自己的政治抱负。《表纪》:"事君先资其言,拜自献其身,以成其信,是故君有责于其臣,臣有死于其言,故其受禄不诬,其受罪益寡。"二是要敢于提出自己的看法,但不要宣扬君主的缺点。《表纪》:"事君欲谏不欲陈。"《曲礼·下》:"为人臣之礼,不显谏,三谏而不听,则逃之。"三是生杀荣辱取决于君主,但不可作乱。《表纪》:"事君可贵可贱,可富可穷,可生可杀,而不可使为乱。"四是要归功于君主。《坊记》:"善则称君,过则称己,则民作忠。"

礼在注重君主和臣子在政治地位、政治影响、政治统治上的区别的同时,也特别讲究君主的和谐、团结。如专门设燕礼,让君臣同吃同喝,以显示君臣之间有福同享的关系,《弱义》《射义》:"故燕礼者,所以明君臣之义也。"

3. 宗教:敬敬

一部《礼记》,占有三分之一以上的篇章都是讲丧、祭之礼。这说明古代社会是非常重视宗教的统治作用的。在他们看来,只有在丧、祭中遵循严格的礼仪制度,才能培养并激发起人们的敬顺之心,方能自觉地服从统治。《祭统》:"凡治人之道,莫急于礼。礼有五经,莫重于祭。夫祭者,非物自外至者也。自中出生于心者也。心怵而奉之以礼,是故唯贤者能尽祭之义。贤者之祭也,必受其福。""福者,备也。备者,百顺之名也。"

关于丧。丧礼繁琐而有讲究,从人即将死到入土,家属的站、坐、衣、食、哭、言时时处处都有详细的规定,都只能按着规定去做。这样,人们的敬畏之心就可以培养和孕育出来。比如,丧礼使人们意识到,人尚未死,他还像活着一样在人身边。《问丧》:"其往送也,望望然,汲汲然,如有追而弗及也。其反哭也,皇皇然,若有求而弗得也。故其往送也,如慕;其反也,如疑。求而无所得之也,入门而弗见也,上堂又弗见也,入室又弗见也。亡矣,丧矣,不可复见已矣。故哭泣辟踊,尽哀而止矣。"

丧礼中,最能陶冶人性情的恐怕是三年守丧。三年守丧尽孝子之思念之情。《问丧》:"故哭泣无时,服勤三年。思慕之心,孝子之志也,人情之实也。"由此说来,三年丧礼是按照人之常情而设的。《丧服四制》:"其恩厚者其服重,故为父斩衰三年,以恩制者也。"《三年问》:"创钜者其日久,痛甚者其愈迟。三年者,称情而立文,所以为至痛极也。斩衰,苴杖,居倚庐,食粥,寝苫,枕块,所以为至痛饰也。三年之丧,二十五月而毕,哀痛未尽,思慕未忘,然而服以是断之者,岂不送死有已,复生有节也哉。"三年之丧对于那些不能坚持的人来说,证明他们是"患邪淫之人",连鸟兽都不如;对于那些一直处于哀痛之中的人来说,则是一种劝阻:"天地则已易矣,四时则已变矣,其在天地之中者,莫不更始焉。"

在《礼记》看来,只要能尽"三年之丧"礼,就一定是一个忠臣良民。《丧服四制》:"资于事父以事君而敬同,贵贵尊尊,义之大者也。"因此,《礼记》主张为君也守三年丧。"故为君亦斩衰三年,以义制者也"。

况且,丧礼也特别维护君主的独尊地位,主张为父守三年之丧,对母就只能用心去守了:"资于事父以事母而爱同。天无二日,土无二王,国无二君,家无二尊,以一治之也。故父在为母齐衰期者,见无二尊也。"

关于祭。祭礼在宗教活动中是比丧礼更为重要的,受到了《礼记》的高度重视。《祭统》:"故曰:禘尝之义大矣,治国之本也。不可不知也。"因此,祭礼更为繁杂。祭的对象有天地日月山川湖泊,《祭义》:"因物之精,制为之极,明命鬼神以为黔守则,百众以畏,万民以服。"而最重要的是对祖先的祭祀,"圣人以是为未足也。筑为宫室,设为宗祧,以别亲疏远迩,教民反古复始,不忘其所由生也。众之服自此,故听且速也。"祭的牺牲则可尽其所有,《祭统》:"凡天之所生,地之所长,苟可荐者,莫不咸在,示尽物也。外则尽物,内则尽志,此祭之心也。"当然,依据主祭者的不同,其牺牲也有贵贱多少之别。《王制》:"天子社稷皆太牢,诸侯社稷皆少牢,大夫、士宗庙之祭,有田则祭,无田则荐,庶人春荐韭,夏荐麦,秋荐黍,冬荐稻。"

在《礼记》看来,祭礼作为政治统治的根本的方法,其作用在于,第一,加强了自身的修养,培养了服从的自觉性。按礼的规定,祭之前要斋戒。《祭统》:"及时将祭,君子乃斋……及其将斋也,防其邪物,讫其嗜欲,耳不听乐,故记曰:斋者不乐,言不敢散其志也。心不苟虑,必依于道。手足不苟动,必依于礼。是故君子之斋也,专致其精明之德也。故散斋七日以定之,致斋三日以斋之。定之之谓斋,斋者精明之至也,然后可以交于神明也。"

第二,歌颂先祖之功绩,增加家族、社会的凝聚力。《祭统》:"古之君子,论譔其先祖之美,而明著之后世者也。以比其身,以重其国家如此。子孙之守宗庙社稷者,其先祖无美而称之,是诬也;有善而弗知,不明也;知而弗传,不仁也。此三者,君子之所耻也。"如周公旦立下功勋,周成王和周康王追念,于是特赐鲁国国君享受周王的礼乐,以显示并炫耀其先祖之光荣。

第三,确定社会的等级制度,使社会趋于有序。《祭统》:"夫祭有十伦焉:见事鬼神之道焉,见君臣之义焉,见父子之伦焉,见贵贱之等焉,见亲疏之杀焉,见爵赏之施焉,见夫妇之别焉,见政事之均焉,见长幼之序焉,见上下之际焉。此之谓十伦。"

最后,广施恩惠,给人以实利。祭礼中最后一个也是最重要的一个仪式,就是将牺牲品按等级分给参加祭祀的所有人。通过此,可以检查政治是不是清明公允。《祭统》:"夫祭有馂。馂,祭之末也。不可不知也。……惠术也,可以观政矣。是故尸谡,君与卿四人馂。君起,大夫六人馂。臣馂君之余也。大夫起,士八人馂。贱馂贵之余也。士起,各执其具以出,陈于堂下,百官进彻之。下馂上之余也。凡馂之道,每变以众,所以别贵贱之等,而兴施惠之象也。""祭者,泽之大者也。是故上有大泽,则惠必及下,顾上先下后耳。非上积重而下有冻馁之民也。是故上有大泽,则民夫人待于下流,知惠之必将至也。由馂见之矣。故曰,可以观政矣。"

由上所述,祭礼在政治统治中占有非常重要的作用。正如《礼记·祭统》指出:"夫祭之为物大矣,其兴物备矣。顺以备者也,其教之本欤,是故君子之教也,外则教之以尊其君长,内则教之以孝于其亲,是故明君在上,则诸臣服从,崇事宗庙社稷,则子孙顺孝,尽其道,端其义,而教生焉。"可见,统治者充分意识到了宗教的统治作用。

4. 社会:长幼有序

《礼记》为追求一个有序的社会,主张人们应将家庭的礼扩大到社会中去。《曲礼·上》:"年长以倍,则父事之。十年以长,则兄事之。五年以长,则肩随之。群居五人,则长者必席。"依《礼记》的规定,将家庭的礼扩大到社会中,有三方面的要求。

对于个人来说,要敬长。《曲礼·上》有很多这方面的礼:"长者与之提携,则两手奉长者之手。负剑辟咡诏之,则掩口而对。""从长者而上丘陵,则必向长者所视,登城不指,城上不呼。""凡为长者粪之礼,必加帚于箕上,以袂拘而退。其尘不及长者,以箕自乡而扱之。""从于先生,不越路而与人言;遭先生于道,趋而进,正立拱手,先生与之言则对,不与之言则趋而退";"侍坐于先生,先生问焉,终则对;请业则起,请益则起。父召无诺,先生召无诺,唯而起。""侍坐于所尊敬,毋余席,见同等不起。"

对于官府来讲,要养老。《王制》、《内则》都写道:

"凡养老,有虞氏以燕礼,夏后氏以飨礼,殷人以食礼,周人修而兼用之。

凡五十,养于乡。六十,养于国。七十,养于学,达于诸侯。八十,拜君命,一坐再至。瞽亦如之。九十者,使人受。

五十,异粻。六十,宿肉。七十,贰膳。八十,常珍。九十,饮食不违寝,膳饮从于游,可也。

六十,岁制。七十,时制。八十,月制。九十,日修,唯绞紟衾冒,死而后制。

五十,始衰。六十,非肉不饱。七十,非帛不暖。八十,非人不暖。九十,虽得人不暖矣。

五十,杖于家。六十,杖于乡。七十,杖于国。八十,杖于朝。九十者,天子欲有问焉,则就其室,以珍从。

七十,不俟朝。八十,月告存。九十,日有秩。

五十,不从力政。六十,不与服戎。七十,不与宾客之事。八十,齐衰之事弗及也。

五十,而爵。六十,不亲学。七十,致政。

凡自七十以上,唯衰麻为丧。

凡三王养老,皆引年。八十者,一子不从政。九十者,其家不从政。瞽亦如之。

凡父母在,子虽老不坐。

有虞氏养国老于上庠,养庶老于下庠。夏后氏养国老于东序,养庶老于西序。殷人养国老于右学,养庶老于左学。周人养国老于东胶,养庶老于虞庠。虞庠在国之西郊。"

对于乡里来讲,要尊老,养老。《乡饮酒义》:"乡饮酒之礼,六十者坐,五十者立侍以听政役,所以明尊长也。六十者三豆,七十者四豆,八十者五豆,九十者六豆。所以明养老也。民知尊长养老,而后乃能入孝弟;民入孝弟,出尊长养老,而后成教。成教而后国可安也。"

在《礼记》看来,进行社会管理,除尊老养老之外,还应该尚贤,应推崇有贤德的人。《缁衣》:"子曰,好贤如《缁衣》,恶恶如《巷伯》,则爵不渎而民作愿,刑不试而品咸服。《大雅》曰:仪刑文王,万国作孚。"

综上所述,可以看出,家庭的亲亲,政治的尊尊,宗教的敬敬,社会的长幼有序,其实质是揭示了社会的伦理关系。《丧服小记》:"亲亲、尊尊、长长、男女之有别,人道之大者也。"《礼记》主张用人的伦理关系为基础进行政治统治和社会管理。《大传》:"上治祖祢,尊尊也;下治子孙,亲亲也;旁治昆弟,合祖以食,序以昭穆,别之以礼义,人道竭矣。"政治统治就是在这"人道"伦理上来进行的:"圣人南面而听天下,所且先者五,民不与焉:一曰治亲,二曰报功,三曰举贤,四曰使能,五曰存爱。五者一得于天下,民无不足无不赡者,五者一物纰缪,民莫不得其死。圣人南面而治天下,必自人道始矣。"

可见,礼治的统治思想是在伦理基础之上的家国同构。治家也就是治国,治国也等于治家。《礼运》:"故圣人耐以天下为一家,以中国为一人者,非意之也,必知其情,辟于其义,明于其利,达于其患,然后能为之。何谓人情?喜怒哀惧爱恶欲。七者,弗学而能。何谓人义?父慈,子孝,兄良,弟弟,夫义,妇听,长惠,幼顺,君仁,臣忠。十者,谓之人义。讲信修睦,谓之人利。争夺相杀,谓之人患。故圣人之所以治人七情,修十义,讲信修睦,尚辞让,去争夺,舍礼何以治之?"

《礼记》还指出了这种政治伦理的两种境界,"大同"与"小康"。《礼运》:

"大道之行也,天下为公,选贤与能,讲信修睦,故人不独亲其亲,不独子其子,使老有所终,壮有所用,幼有所长,矜寡孤独废疾者皆有所养。男有分,女有归。货恶其弃于地也,不必藏于己;力恶其不出于身也,不必为己。是故谋闭而不兴,盗窃乱贼而不作,故外户而不闭。是谓大同。"

"今大道既隐,天下为家,各亲其亲,各子其子,货力为己。大人世及以为礼,城郭沟池以为固,礼义以为纪,以正君臣,以笃父子,以睦兄弟,以和夫妇,以设制度,以立田里,以贤勇知,以功为己,故谋用是作,而兵由此起。禹汤文武成王周公,由此其选也。此六君子者,未有不谨于礼者也,以著其义,以考其信,著有过,刑仁讲让,示民有常。如有不由此者。在执者去,众以为殃,是谓小康。"

(三)礼治的思想特点

礼作为统治的工具,虽然极为重要,但不是统治者唯一的东西,它必须要与其他的统治方法结合起来,一起来使用。《礼运》:"故圣王修义之柄,礼之序,以治人情。故人情者,圣王之田也,修礼以耕之,陈义以种之,讲学以耨之,本仁以聚之,播乐以安之。"《坊记》:"故君子礼以坊德,刑以坊淫,命以坊欲。"由此可知,用礼来进行政治统治,必须配以"义"、"学"、"仁"、"乐"、"刑"、"命"等统治方法。在这里,"义"是礼仪制度中所流露、体现出的人伦,"学"是对礼的了解和掌握,"命"则是礼治所宣扬的一种人生观,带有宗教的特点。因此,"义"、"学"、"命"都是礼治实施中的事情。我们在下面再予以分析。而"仁"、"乐"、"刑"则是与礼治相伯仲的统治方法,反映并体现着礼治的特点。在这里,我们首先给以分析。

1. 礼与刑

刑作为礼治的辅助手段,目的是惩罚那些做出违背礼制事情的人。换句话说,在礼治实施中,如难以推行,那么就借助于刑法。《王制》:"凡听五刑之讼,必原父子之亲立君臣之义以权之,意论轻重之序慎测浅深之量以别之,悉其聪明致其忠爱以尽之。"

从《礼记》看,刑的内容可以按违礼的范围分为公与私两类。

公刑即直接违犯礼治,侵害政治统治。这方面的刑是苛重的。《王制》提出了杀人的四个理由:"析言、破律、乱名、改作、执左道以乱政,杀。作淫声、异服、奇技、奇器以疑众,杀。行伪而坚、言伪而辩、学非而博、顺非而泽以疑众,杀。假于鬼神、时日、卜筮以疑众,杀。"陈澔注说,"故乱政者一,疑众者三,皆决然杀之,不复审听,亦为其害大而辞不可明也。"

私刑是对虽然也违悖礼制但危害范围只限于个人者。这方面的刑是由个人来执行的。《檀公·上》:"子夏问于孔子曰:居父母之仇之何?夫子曰,寝苫枕干,不仕,弗与共天下也。遇诸市朝,不反兵而斗。曰:请问居昆弟之仇如之何?曰:仕弗与共国,衔君命而使,虽遇之不斗。

曰：请问居从父昆弟之仇，如之何？曰：不为魁，主人能，则执兵而陪其后。"可见，对于个人的非礼，用刑去惩处不仅是个人的事，而且也以非礼的对象、程度不同而采用不同的方法。

礼不仅决定了刑的程度，而且，礼也决定了刑的实施规则，必以礼为准则，这就要求行刑者一要以事实为根据，《王制》："凡制五刑，必即天论，邮罚丽于事。"二是要对违礼的从重处理，"凡作刑罚，轻无赦"。三是要谨慎，不要随便诉诸于刑。"刑者，侀也。侀者，成也。一成而不可变，故君子尽心焉"。但是也不能放弃刑。《缁衣》："子曰：政之不行也，教之不成也，爵禄不足劝也，刑罚不足耻也。故上不可以亵刑而轻爵。"

在《礼记》看来，礼作为人的行为规范，那是在人有了一定的物质财富后依靠人的自觉去遵守的。如果没有一定的物质财富，那末可以不拘礼节了。这样说来，礼与刑的实施范围就区别开来。礼是社会上有钱有地位的人的事，而刑则是社会上无钱无地位的人的事。而对那些有钱有地位的人的违礼之事，要么免去处罚，要么处以死刑。正是在这个意义上，《曲礼·上》说："礼不下庶人，刑不上大夫。"

2. 礼与乐

《礼记》非常重视乐治。《乐记》将音乐看作是政治是否清明的标志："故治世之音，安以乐，其政和；乱世之音，怨以怒，其政乖；亡国之音，哀以思，其民困。声音之道，与政通矣。"因此，懂音乐也就是懂礼治，就是懂政治。"凡音者，生于人心者也。乐者，通伦理者也。是故知声而不知音者，禽兽是也。知音而不知乐者，众庶是也。唯君子为能知乐。是故审声以知音，审音以知乐，审乐以知政，而治道备矣……知乐则几于礼矣，礼乐皆得，谓之有德。德者得也"。懂得乐，贯彻乐治，那么就接近礼，就是实行礼治了。也只有这样，政治统治才齐全，社会管理才完备。

据此，礼乐的结合和互补，才是政治统治和社会管理的核心。《礼记》十分强调这一点。在《礼记》看来，礼乐互补一方面表现在于乐是求和谐、团结，而礼则是强调秩序、等级。《乐记》："乐者为同，礼者为异。同则相亲，异则相敬。乐胜则流，礼胜则离。合情饰貌者，礼乐之事也。礼义立，则贵贱等矣；乐文同，则上下和矣……如此，则民治行矣！"乐求和，礼求序。这既是自然发展的规则也是万物孕育诞生、色彩纷呈的根源："乐者，天地之和也。礼者，天地之序也。和，故百物皆化；序，故群物皆别。乐由天作,礼以地别。过制则乱,过作则暴。明于天地,然后能兴礼乐也。"另一方面,乐之求和、求化、实是、求动、求变革;而礼之求序、求别、实是、求静、求守成。无疑,变革与守成是政治统治和社会管理的辩证法,也是其奥秘所在。《乐记》:"夫礼乐之极乎天而蟠乎地,行乎阴阳而通乎鬼神,穷高极远而测深厚。乐着太始而礼居成物。著不息者,天也;著不动者,地也。一动一静者,天地之间也。故圣人曰礼乐云。"因此,为政者必须慎重地对待礼乐之治:"是故先王惧所以感之者。故礼以道其志,乐以和其声,政以一其行,刑以防其奸。礼乐刑政,其极一也,所以同民心而出治道也。"

礼乐的结合和互补,也是个人品德修养的基础和行为规范的依据。一方面,礼乐互补使人知道了自己的义务和权利。因为乐让人安于现状,知道自己去做什么,也就是明白自己的义务,即"施";而让人知道自己的地位,明白自己应该做什么,也就是明白自己的权利,即"报"。《乐记》:"乐也者,施也;礼也者,报也。乐,乐其所自生;礼,反其所自始。乐章德,礼报情,反始也。"《仲尼燕居》:"子曰,礼也者,理也;乐也者,节也。君子无礼不动,无节不作。"另一方面,礼乐互补使人和顺。《乐记》:"故乐也者,动于内者也;礼也者,动于外者也。乐极和,礼极顺,内和而外顺,则民瞻其颜色而弗与争也。望其容貌而民不生易慢焉。故德辉动于内而民莫不承听,理发诸外而民莫不承顺。故曰:致礼乐之道,举而错之,天下无难矣。"这就是说,经过礼乐熏陶而达到和顺品格的人,往往成为百姓效法和学习的榜样,从而使整个社会也都处于和顺的状态。此外,礼乐互补也使人的精神得以调节。乐使旺盛的精力、充沛的情绪得以正常地释放,而礼则使不足的精力、萎靡的情绪受到鼓励和督促。所以,《乐记》说:"故礼主其减,乐主其盈。礼减而进,以进为文;乐盈而反,以反为文。礼减而不进则销,乐盈而不反则放。故礼有报,而乐有反。礼得其报则乐,乐得其反则安。礼之报,乐之反,其义一也。"礼乐互补既然这样重要,那么,在品格修养中不能放弃甚至忽略,而应时时处处注意。《乐记》说:"君子曰,礼乐不可斯须去身。致乐以治心,则易直子凉之心,油然生矣。易直子凉之心生则乐,乐则安,安则久,久则天,天则神。天则不言而信,神则不怒而威。致乐以致心者也。致礼以致躬则庄敬,庄敬则严威。心中斯须不和不乐而鄙诈之心入之矣;外貌斯须不庄不敬,而易慢之心入之矣。"在《礼记》看来,用乐陶冶自己的精神，才会孕育慈善之心，才会安于现状，维持现状，才会自然地产生出威严来；用礼约束自己的行为，才会庄严肃敬，才会产生出威严来。而失去乐就会出现卑鄙欺诈的心，失去礼就会出现傲慢之心。可见，作为一个品格修养高的人，无论何时何地都不能没有礼乐。

3. 礼与仁

作为政治统治和社会管理的方式，礼用来确定社会的等级，而仁用来聚集团结社会的成员。两者互为表里，不可分割。众多的礼仪制度中无不体现着仁，而在仁的贯彻实施中，也都以礼为尺度和分寸。《礼记》充分意识到了礼与仁的这一关系，所以多次强调。《礼运》："义者，艺之分，仁之节也，协于艺，讲于仁，得之者强。仁者，义之本也，顺之体也，得之者尊。"在这里，"义"就是"礼"："礼也者，义之实也"。就是说，礼是处事的依据，施仁的根本，符合事理，高度爱心，那么就是有礼，使人佩服，就强大；仁是礼义的根本，恭顺的载体，得到仁就尊贵。可见，行礼施仁，是政治统治不可缺少的，也是不可偏废的。《表记》："仁者，右也。道者，左也。仁者，人也。道者，义也。厚于仁者薄于义，亲而不尊；厚于义者薄于仁，尊而不亲。"只有仁礼并施，才有利于政治统治和社会管理："子言之：仁者，天下之表也；义者，天下之制也；报者，天下之利也。"这就是说，仁是社会效法的表率，就是社会遵守的制度，而对于仁，礼的回报则是社会全都获得好的收益。由此，《礼记》曾设想了一个仁礼并行的理想社会，这就是"大同"。在"大同"社会里，体现礼的，有"讲信"，"老有所终，壮有所用，幼有所长，矜寡孤独废疾者，皆有所养，男有分，女有归。"体现仁的，有"修睦"，"仁不独亲其亲，不独子其子。"

在《礼记》看来，行礼施仁的途径很多，关键是看你的行动。《表记》："子言之：仁有数，义有长短小大。"施仁有很多的头绪，行礼也有大有小。就看你如何去做了。"中心憯怛，爱人之仁也；率法而强之，资仁者也。"这就是说，你可以依你的本性去爱人，也可学习仁人去求仁。由此，总结仁的实施，"仁有三"，"仁者安仁，知者利仁，畏罪者强仁。"

在《礼记》看来，行礼施仁可体现在"恭"、"俭"，"恭近礼，俭近仁"。因此，行礼施仁应该"恭"、"俭"。《表记》："君子恭俭以求役仁，信让以求役礼。不自尚其事，不自尊其身。俭于位而寡于欲，让于贤；卑己而尊人，小心而畏义；求以事君，得之自是，不得自是，以听天命。"做到了"恭俭"，"信让"，也就是施仁行礼了，至于得到得不到君主的赏识，那就听天由命了。显然,这种思想表明了古代知识分子高度的自觉性和不能主宰自己命运的悲剧心情。

综上所述,礼治作为政治统治和社会管理的方式,必须要借助于刑,去镇压和制裁那些违悖礼制的人;借助于乐,去诱导和激发人的精力和情绪正常自然地释放;借助于仁,使人更自觉地遵守礼制并使礼制达到至善至美的境界,即大同的理想社会。

(四)礼之实施

礼作为人的行为规范、社会制度,作为政治统治和社会管理的基本方式,怎样去贯彻实施呢?从《礼记》看,礼之贯彻实施,要经历这样几个环节,或者说要采用这样几种办法:教、学、敬、孝、中庸。在这里,中庸即是礼贯彻实施的原则,又是礼具体的方法论。我们有专门的论文全面详述,这里就不再论及。

1. 教

礼之贯彻实施,首先是对礼的了解和掌握。因此,使人知道礼,使人掌握礼,即教礼。

教,就是让人懂得礼仪制度,知道在什么情况下执什么礼节。《哀公问》:"民之所由生也,礼为大。……君子以此之为尊敬然,然后以其所能教百姓,不废其会节。"这就是说,只有懂礼知礼之后,才能教育人们如何行礼。在《礼记》看来,礼教的对象是统治者子弟,主要是培养合格的统治者。《文王世子》:"凡三王教世子,必以礼乐。乐所以修内也,礼所以修外也。礼乐交错于中,发行于外,是故其成也,怿。恭敬而温文。"为教育后继者,专门设立官职进行培养:"立太傅少傅以养之,欲其知父子君臣之道也。太傅审父子君臣之道以示之,少傅奉世子以观太傅之德,行而审喻之。太傅在前,少傅在后,入则有保,出则有师,是以教喻而德成也者。师也者,教之以事而喻诸德者也;保也者,慎其身以辅翼之而归诸道者也。"同时,也设有专门的机构即学校。《祭义》:"天子设四学,当入学而大子齿。"《王制》:"天子命之教,然后为学,小学在公宫南之左,大学在郊。天子曰辟雍,诸侯曰频宫。"礼教的对象也有百姓,其目标是培养良民。《缁衣》:"子曰:夫民教之以德,齐之以礼,则民有格心;教之以政,齐之以刑,则民有遯心。故君民者,子以爱之,则民亲之；信以结之，则民不倍；恭以莅之，则民有逊心。"在《礼记》看来，礼教的内容，一是教授儒学经典。《经解》："孔子曰：入其国，其教可知也。其为人也，温柔敦厚，《诗》教也；疏通知远，《书》教也；广博易良，乐教也；絜静精微，《易》教也；恭俭庄敬，《礼》教也；属辞比事，《春秋》教也……"二是用自己的行为去让人学习。《祭义》："祀乎明堂，所以教诸侯之孝也。食三老五更于大学，所以教诸侯之弟也。祀先贤于西学，所以教诸侯之德也。耕藉，所以教诸侯之养也。朝觐，所以教诸侯之臣也。五者，天下之大教也。食三老五更于大学，天子袒而割牲，执酱而馈，执爵而酳，冕而总干，所以教诸侯之弟也。是故乡里有齿，而老穷不遗，强不犯弱，众不暴寡，此有大学来者也。"《礼记》还总结了教育的规律，指出教育的原则是启发，诱导。《学记》："君子之教喻也，道而弗牵，强而弗抑，开而弗达。道而弗牵则和，强而弗抑则易，开而弗达则思。和易以思，可谓善喻矣。"教育的目标除了掌握礼仪制度，更重要是培养执礼之志。"善歌者，使人继其声；善教者，使人继其志。其言也约而达，微而藏，罕譬而喻，可谓继志矣。"

2. 学

学即学礼制、礼治，也就是学习政治制度，学习政治统治方式。

礼的学习是非常必要的。《学记》："玉不琢不成器，人不学不知道。是故古之王者，建国君民，教学为先。"《大学》也说："大学之道，在明明德，在亲民，在止于至善。"这里的"德"就是礼乐。《乐记》："礼乐皆得，谓之有德。"那么，怎样掌握礼乐，即学习礼乐的方法是什么呢？《大学》："古之欲明明德于天下者，先治其国。欲治其国者，先齐其家。欲齐其家者，先修其身。欲修其身者，先正其心。欲正其心者，先诚其意。欲诚其意者，先致其知。"《注》："知，谓知善恶吉凶之所终始也。"《音义》："致知在格物。其知，如字徐音智，下致知同。"这就是说，掌握礼乐，要经历格物、致知、诚意、正心、修身、齐家、治国、平天下的过程。在这里，显然，格物是第一步。而格就是实践。可见，《礼记》注意实践，强调实践在学习中的作用。无疑，这是与孔子"学而时习之"的观点一脉相承的。

在学习这一问题上，《礼记》还强调三个问题。一是师道尊严。《学记》："凡学之道，严师为难，师严然后道尊，道尊然后民知敬学。是故君之所不臣于其臣者二：当其为尸，则弗臣也；当其为师，则弗臣也。大学之礼,虽诏于天子无北面,所以尊师也。"二是学习方法:"善学者,师逸而功倍,又从而庸之。不善学者,师勤而功半,又从而怨之。善问者如攻坚木,先其易者,后其节目,及其久也,相说以解;不善问者,反此。善待问者,如撞钟,叩之以小者,则小鸣;叩之以大者,则大鸣,待其从容,然后尽其声。不善答问者,反此。此皆进学之道也。"三是要掌握事物的本质,"有志于本矣","务本"。《大学》将修身看作是务本:"自天子以至于庶人,壹是皆以修身为本。"

在《礼记》看来,教礼与学礼并不矛盾,而是相互促进。《学记》:"虽有嘉肴,弗食不知其旨也。虽有至道,弗学不知其善也。是故学然后知不足,教然后知困。知不足然后能自反也。知困,然后能自强也。故曰,教学相长也。《兑命》曰,学学半,其此之谓乎?"正是教学相长,使人知礼、明礼、行礼,达到社会大治之目的:"夫然后足以化民易俗,近者悦服而远者怀之,此大学之道也。"

3. 敬

敬是谨慎、小心,是一种处事之态度。《礼记》主张实行礼治就应抱一种"敬"的态度。《学记》:"大学始教,皮弁祭菜,示敬道也。"将培养"敬"之态度看作是实行礼治的基础。敬的内容,如前所述,一是对祖先,二是对年长者。在《礼记》看来,只有敬,才能实现礼,也才能出现良民孝子。《坊记》:"长民者,朝廷敬老,则民作孝","修宗庙,敬祀事,教民追孝也。"

4. 孝

《礼记》不仅将孝看作是家庭伦理的核心,而且也将孝看作是社会、宗教乃至政治伦理的核心。因此,尽孝也就是行礼。孝的作用是极大的。《祭义》:"曾子曰:夫孝,置之而塞乎天地,溥之而横乎四海,施诸后世而无朝夕。推而放诸东海而准,推而放诸西海而准,推而放诸南海而准,推而放诸北海而准。《诗》云:自西自东,自南自北,无思不服。此之谓也。"孝的内容也是多样的,除了前述的"尊亲"、"弗辱"、"能养"之外,举止要"敬",要"庄","事君"以"忠","莅官"以"敬","朋友"以"信","战阵"以"勇",做到这五点,才是"孝"、"敬"。此外,"树木以时代焉,禽兽以时杀焉",也是"孝"。可见,孝的实质就是在不同的环境下尽自己的努力促成事物往好的方面发展。所以,"孝"也就是"敬",也就是"顺"。孝的贯彻实施有三种方法。"孝有三,小孝用力,中孝用劳,大孝不匮。思慈爱忘劳,可谓用力矣;尊仁安义,可谓用劳矣;博施备物,可谓不匮矣。"而且,孝的实施贵在不变,一直坚持。"父母爱之,喜而弗忘。父母恶之,惧而无怨。父母有过,谏而不逆。父母既没,必求仁者之粟以祀之。此之谓礼终。"

三、《礼记》的价值与礼的文化意蕴

《礼记》作为一本对《仪礼》解释和说明的书,其价值是不可低估的。

首先,从政治上来讲,《礼记》与《仪礼》、《周礼》构成"礼"经,成为古代社会政治统治的思想理论基础,给古代统治者以理论的指导。第一,礼确定了古代社会的等级制,使社会处于有序的稳定状态。从《礼记》看,这种社会等级的确定是以自然、血缘、年龄和贤愚这四个因素为尺度的。自然因素是指社会中自然地位,包括经济、政治、地理等,特别是经济地位。如果一个人特别有财富,博施善济,那么其社会地位就高。血缘因素是指在一个社会里,看人们处于什么样的家族,在一个家族里又处于什么样的支脉,在这一个支脉里又处于什么样的关系,是嫡长子,或是别子。在这里,嫡长子的位置是最高的。年龄因素是指社会中年龄大就受到尊敬。贤愚因素是社会崇尚有贤德的人。通过这几方面的规定,整个社会处于有序发展状态。而社会的有序显然是社会历史发展的主体和动力。因此,礼制社会等级制对古代社会乃至未来社会都毫无疑问有一定的启发指导意义。第二,礼制的等级制又确定了君主的独尊地位,"天无二日,国无二主",这种君主的独尊加强了统治的集权,有利于社会的稳定和发展,有利于社会调集人和财物来抵御自然和外敌侵害,这对于一个泱泱大国来讲,无疑是具有积极意义的。第三,礼的等级制是建立在自然血缘关系之上的,是在充分发挥人的善良本性,扼制人的丑恶的欲望基础上所制定的礼乐社会。它简便易行,可操作性强。因此,礼乐构成了古代社会文明的重要特点,也形成了传统文化的精华。但礼制、礼治的消极作用也是不容低估的,第一,礼制的等级制是利用自然血缘的关系来制定的。而礼治的最高理想是"大同"、"平等"。这样,以不平等的社会人生规定去乞求平等的社会生活,无疑是空中楼阁、海市蜃楼。第二,礼制的君主独尊所形成的君主独裁,反而成为君主专制集权的基础。第三,礼制的不平等虽然稳定了社会,使人们在其乐融融的礼制社会中苟且偷生,无视自身价值的实现,扼杀了人们创造历史的主动性和积极性。

其次,从学术上讲,《礼记》是对先秦至汉宣时有关礼的一次学术总结。它不仅总结了儒家学派的观点,甚至也吸收了其他诸子的观点;不仅总结了汉代以前各家对礼的解释,也采纳了汉儒包括古文经和今文经对礼的观点。因此,可以说,《礼记》是一部礼学全书,礼学的大辞典。它不仅有利于人们了解礼的观点和思想,而且也有利于礼学的进一步传播和学习,从这方面来讲,戴德、戴圣的贡献和功绩是不可泯灭的。但是,《礼记》对礼学的总结继承了孔子的"述而不作"的方法。因此,我们在《礼记》中看到的是儒学诸子的论述,反而看不到"二戴"的观点,看不到"二戴"的影子。《礼记》是注而不是著,是述而不是作。这种学术方法无疑压抑了学术研究的积极性和主动性,它有利于学术的继承而不利于学术的创新。难怪在几千年的学术史上,只有经的注疏而没有论经的专著,只有注家而没有著家,只有因循而没有创造。这种学术传统的出现,除孔子之外,戴德、戴圣叔侄儿也是难辞其咎的。

最后,从文献上讲,《礼记》收载了先秦至汉宣时代有关儒学的各家著作,保存了古文献,这是《礼记》的一大贡献。但是另一方面,因《礼记》是集录古代礼的学问,哪些方面哪些地方反映了汉儒特别是"二戴"的思想,这使人很难断定。这样,有关汉代的儒学思想或者说儒学在汉代的情况就很难把握和研究了。在侯外庐主编的《中国思想通史》,赵吉惠主编的《中国儒学史》,甚至金春峰的《汉代思想史》中都没有戴德、戴圣的思想。这对于思想史的研究来讲,不能不说是一个缺憾。

礼作为人的行为规范、社会制度、政治统治的手段,之所以能在中国历史上孕育发展,说明有着特殊的文化意蕴。

礼的产生。礼是怎样产生的?这是学术界一直在探讨的问题。普遍的看法是礼诞生于远古人类祖先对上天的祭祀之中。这种看法也不无道理。因为《礼记》中确实记载了大量的祭礼。但是我们认为,礼作为一种人际伦理关系,还与远古部落与部落之间的交往有关。远古的中国处于部落方国割据统治、划地而治的状态。那时,人们为了争夺土地、人口、财物,不断地战争,同时也为了婚姻、生活不断地往来和交换。

在这战争、婚姻等等的往来之中,随着人们觉悟的提高,也由于实力的悬殊,人们看到了和平往来的重要性。于是,人们捐弃前嫌,化干戈为玉帛,互相致礼。至春秋时,孔子将这种各方面之和平隶属往来升华为一种社会制度,这就是礼制;升华为一种政治统治手段,即礼治。礼就是这样产生的。

礼的条件。作为一种平等交往的伦理关系,礼得以实施,其重要条件来自于对生命的重视,来自于对农耕文化中集体协作生产的重视。远古社会生产力低下,人们只有依靠集体的力量方能获取到生活的资料。因此,重视生命、重视集体,是当时普遍的观念。礼所强调的对于婚姻的重视,对孝子的规范,可以说是这方面的突出反映。而礼所强调的对"时"的顺从,则可说是农业生产依赖于自然发展的体现。礼繁多芜杂,但最重要的礼无非是馈食、宴饮,讲究博施济众、施舍赠财。这实际上是生产力低下、生活资料积贮太少以及人们生活十分艰难的写照,也是人类文明的一种折射,说明人类社会不是像动物界那样简单地弱肉强食。而且,随着物质财富的增加,人们更加讲究礼节,则是一种更为文明的体现。

礼的性质。礼制的社会等级制是十分严格、不容僭越的。但这种等级制与后来马克思所讲的阶级还是有所不同的。马克思所讲的阶级是现代资本主义社会的等级制,这种等级制的特点是有产者凭借手中的财富去进一步地掠夺和剥削无产者;而无产者反剥削的斗争迫使有产者借助于国家政权予以镇压。在这里,国家就成了一个阶级压迫另一阶级的工具。而礼制的等级制虽然实质上也使社会分成了不同的阶级,但这种阶级的划分是凭借自然、血缘、年龄和贤愚为标准的。当然,其社会基础最终也是以财富、生活资料多寡来区别的。但礼制的等级制社会的特点却是有产者凭借手中的财富以施舍赠财、博施善济的方式来笼络、团结人民,使人民团聚在他们的周围,服从于他们的调遣和统治。在这里,国家就成了人民生存和发展的摇篮,是本部族的人民生活的宁静港湾。所以,礼制的东方社会和国家反映了人类历史上的另一种类型。这种类型的国家在组织上是家国同构,而在运行机制上则是以博施善济为其特征的。

礼的民法特点。法律制度是十分残酷的。从古代的鞭、笞、割、劓、刖到唐代的十恶不赦,每一项都是对违法违纪者的惩处。加上《礼记》

所提出的"刑不上大夫,礼不下庶人",仿佛法律的规定就是针对人民的,就是指针对平民百姓的,而贵族官僚却可以逍遥法外。于是有人说,中国古代的法律只有刑法没有民法。也就是说,人民只有听从于政府指令为政府工作的义务,而不能从政府中得到或享受什么权利。实际上,在中国古代,民法寄寓于礼制之中了。换言之,礼就是民法。从礼制中可以看出,人们享受有很多的权利。比如,受馈赠祭品的权利,结婚的权利,吊丧的权利,祭祀的权利,行孝的权利,学习的权利,等等。当然,这种权利的行使,是以处在社会中的地位的高低为依据的。至于"刑不上大夫,礼不下庶人",这只是礼的贯彻实施的一个原则,即符合实际的原则。其意是说,对于贵族违礼违法的行为,要么处死,要么赦免,不用刑法去惩处,目的是给他一个面子;对于一般的百姓,如果财产有限,那么一些礼节该免去就免去,不必为了礼节而搞得倾家荡产,无法生活。由此可以说,礼具有民法的特点。说中国古代只有刑法而没有民法是不正确的。

《白虎通》对礼学的神学解释

东汉章帝建初四年(公元 79 年)在京师洛阳的白虎观召开了汉代思想史上继石渠阁会议之后的又一次有关儒学思想的会议。这次会议的内容有两个。一是统一经义。经学自武帝确立为统治者的思想基础之后,经过近两百年来的发展,以今文经学为代表的官方经学日益走向烦琐。《汉书·儒林传》说,对儒经的解释,"一经说至百万余言,大师众至千余人"。《汉书·楚元王传》也说,"因陋就寡,分文析字,烦言碎辞,学者罢老具不能究其一艺。信口说而背传记,是末师而非往古。至于国家将有大事,若立辟雍、封禅、巡狩之仪,则幽冥而莫知其原"。烦琐的经学解释已严重地束缚了人们的思想,脱离了社会的现实。光武帝在中元三年下诏要求简章省句。《后汉书·儒林传》载,一些学者已在删节章句,如《尚书》朱普学《章句》四十万言,桓荣减为二十三万言,桓郁复删为十二万言。这对纠正对经学琐碎支离的解释有一定的作用,也为白虎观会议的召开吹响了前奏。二是论定谶纬。谶纬是西汉末年掀起的一股变革社会的思潮。王莽曾借此篡权专政,汉光武刘秀也曾借此笼络人民,最终取得了政权。现在刘汉政权已得以稳定,必须论定谶纬,一方面为刘汉政权的失而复得做出思想解释,另一方面也禁防其他人借助谶纬来阴谋夺取政权。白虎观会议就是肩负着这样两个使命召开的。当时参加会议的都是著名的经学家,有李育、魏应、杨终、淳于恭、丁鸿、楼望、张酺、成封、鲁恭、桓郁、召驯、班固、贾逵等人。这些人有今文经学家,也有古文经学家。他们对当时有争议的经义和粗俗的谶纬进行了全面的讨论，删除、修改、统一或者存疑了当时社会所关注的一些经文。会议结束以后，班固奉章帝之命对会议讨论的问题进行了总结和整理，结集成为《白虎通》，又称为《白虎通义》、《白虎通德论》等。《白虎通》凡十卷，汇集了43条名词解释，内容涉及社会生活、风俗习惯、国家制度、伦理道德各个方面。《白虎通》作为厘定统治思想会议的记录，并没有制定什么新的制度法典，而是兼容并蓄，汇集了不同观点的学术解释和说明。从礼的角度看，《白虎通》对礼也作了广泛的解释和说明，阐述了礼的本质、礼的制度、礼的行为规范和礼的治理。当然，这种阐述是以天、神概念为基础的，是礼的神学的解释。

一、对于礼的起源和本质的解释

礼作为一种社会现象，是如何产生的？《礼记》曾说是天使圣人创造的。《白虎通》承袭了这一观点，又作了明确的说明：礼是人类进入文明的产物，是由伏羲创设的。《白虎通·号》："古之时，未有三纲六纪，民人但知其母，不知其父。能覆前而不能覆后，卧之法法，行之吁吁，饥即求食，饱即弃余，茹毛饮血而衣皮苇。"我们由《礼记》知道，"三纲六纪"是礼的基本内容。在人类文明出现以前，无礼，人与动物无别。这时，"伏羲仰观象于天，俯察法于地，因夫妇正五行，始定人道"，制定了三纲六纪，礼产生了，人类进入到了文明社会。

由此可见，礼是人类文明的标志，其目的是彰显人类自身的功绩，规范人的行为。《号》："三王者，何谓也？夏、殷、周也……王者受命，必立天下之美号，以表功自克，明易姓，为子孙制也。夏、殷、周者，有天下之大号也。百王同天下，无以相别，改制天子之大礼号，以自别于前，所以表著己之功业也。必改号者，所以明天命己著，欲显扬己于天下也。"名号作为礼的重要载体，人们选取之，一方面是显示自己的大业已成之功绩，另一方面也向人民示威，表明天已授之于权，人民只可服从依附。所以，每一个建国立邦的人首先要做的都是颁布新的礼。"故受命王者，必择天下美号，表著己之功业，明当致施是也。"可见，这里的"号"即礼就成为执政者的施政纲领，意味着历史又进入了一个新的时期了。

二、关于礼制的解释

礼为维持社会发展的有序,主要确定了一套完整的社会制度。这种制度在贾谊那里是管仲的所谓"张四维",规范各社会等级成员的行为;在《礼记》那里则体现在家庭、政治、宗教和社会各个方面;而《白虎通》则把它精化为"三纲六纪"。《三纲六纪》:"三纲者何谓也?谓君臣、父子、夫妇也。六纪者,谓诸父、兄弟、族人、诸舅、师长、朋友也。故《含文嘉》曰:'君为臣纲,父为子纲,夫为妻纲。'又曰:'敬诸父兄,六纪道行,诸舅有义,族人有序,昆弟有亲,师长有尊,朋友有旧。'"三纲强调主尊臣从。"何谓纲纪?纲者,张也;纪者,理也。大者为纲,小者为纪,所以张理上下,整齐人道也。"又用阴阳学说加以阐释:"君臣、父子、夫妇,六人也,所以称三纲何?一阴一阳谓之道。阳得阴而成,阴得阳而序。刚柔相配,故六人为三纲。"

下面,我们以三纲为主分析《白虎通》怎样解释礼制。

1."君为臣纲"

在这里,《白虎通》首先宣扬君主高贵独尊的地位。《天地》:"天者何也?天之为言镇也。居高理下,为人镇也。"在社会之外,有一个上天在主宰着人事。君主就是上天派驻人间的代表。《爵》:"王者父天母地,为天之子也"。《号》:帝王"德合天地"。君王又像一面旗帜,将人民和官吏团结在他的周围。《号》:"王者,往也,天下所归往。"《三纲六纪》:"君,群也,群下之所归心也。"君王的命令就是上天的意志,应该无条件地服从。《瑞贽》:"君之威命所加,莫敢不从。"作为臣下,不仅要听从君主,而且要时常考虑着为君主多办一些事情,即使被罢官,也在所不惜。《谏诤》引孔子曰:"事君,进思尽忠,退让补过,去而不讪。"臣下还要时常维护君主的威信,功归于君主,过归于己。《谏诤》:"人臣之义,当掩恶扬美……掩恶者,谓广德宣礼之臣。"《五行》对此作了哲学的解释:"善称君,过称己,何法?法阴阳共叙共生,阳名生,阴名煞。臣有功,归功于君,何法?法归明于日也。"

2. "父为子纲"

同"君为臣纲"一样,"父为子纲"强调父的尊贵,子的服从。《三纲六纪》:"父子者,何谓也?父者,矩也,以法度教子也;子者,孳也,孳孳无已也。"父亲是"矩",必须管教自己的儿子,使之一言一行都要符合礼制。父子关系是家庭伦理的核心,也是社会伦理的基础。"父为子纲"也就构成了"君为臣纲"的基础。《诛伐》:"臣子之于君父,其义一也。"《朝聘》:"夫臣之事君,犹子之事父,欲全臣子之恩,一统尊君,故必朝聘也。"父亲和君主如果被人杀害了,臣子必须为之报仇。否则,就是不忠不孝,该死了。可见《白虎通》宣扬孝道,目的是为了使人们像孝顺自己的父母一样去效忠君主。所以,当家庭伦理与社会政治伦理发生矛盾时,《白虎通》要求以政治伦理为主,牺牲家庭伦理。《五行》:"不以父命废主命。"《诛伐》:"父母以义见杀,子不复仇。"

3. "夫为妻纲"

在夫妻关系上,强调丈夫的独尊,主张丈夫以"人道"去"扶"(统治)妻子,而妻子终日在家专门侍候并听从丈夫。《嫁娶》:"夫妇,何谓也?夫者,扶也,扶以人道者也;妇者,服也,服于家事,事人者也。"《三纲六纪》:"夫妇者,何谓也?夫者,扶也,以道扶接也;妇者,服也,以礼屈服也。"在《白虎通》看来,妇女只是男子的玩物。《嫁娶》:"妾者,接也,以时接见也。""妃者,匹也。妃匹者何谓?相与为偶也。"妇女在家庭和社会中只有听从的权利。"男女者,何谓也?男者,任也,任功业也;女者,如也,从如人也。在家从父母,既嫁从夫,夫殁从子也。《传》曰:'妇人有三从之义焉。'"《爵》:"未嫁从父,既嫁从夫,夫死从子。"还有作为臣仆进行服务的义务。《嫁娶》说,妇女应当像臣子侍候君主、儿子孝敬父亲、弟弟对待兄长、朋友相互尊敬的态度,去侍候丈夫,这就是所谓的"妇事夫有四礼"。但是妇女没有社交、做官、拥爵等权利。《瑞贽》:"妇人无专制之义,御众之任,交接辞让之礼。职在供养馈食之间,其义一也。"《丧服》:"妇人无外事,防淫佚也。"《嫁娶》:"夫有恶行,妻不得去者,地无去天之义也。"有时《白虎通》对妇女地位也做了很高的估价。《嫁娶》:"妻者,齐也,与夫齐体。"《谏诤》:"妻得谏夫者,夫妇一体,荣耻共之。"不过这正如金春峰先生在《汉代思想史》所说的,"但他不占主要地位,也不体现发展的趋势"。

在上述的"三纲"礼制中,核心是"君为臣纲","父为子纲"和"夫为妻纲"要从属于"君为臣纲"。

三、关于礼规范行为的解释

礼作为人的行为规范自然规范了人的行为。《白虎通》对此也做了详细的解释说明。

在《白虎通》看来,遵守礼制,将礼作为行为规范,是人的本性。《三纲六纪》:"人皆怀五常之性,有亲爱之心。是以纲纪为化,若罗纲之有纪纲而万目张也。"《性情》也说:"人禀阳气而生,故内怀五性。""五性者何?谓仁、义、礼、智、信也。"可见,《白虎通》将礼的行为规范看作是"五常",即仁、义、礼、智、信。

"仁"就是爱人或亲爱之心。《性情》:"仁者,不忍也,施生爱人也。""仁"的本性就是恭顺。《谏诤》:"顺谏者,仁也,出词逊顺,不逆君心,此仁之性也。"

"义"就是言行的适宜、恰当,符合礼的规定。《性情》:"义者,宜也,决断得中也。""义"强调纠偏拯弊,不避死难,竭力去遵守和维护礼制。《谏诤》:"陷谏者,义也。恻隐发于中,直言国之害,励志忘生,为君不避丧身,此义之性也。"

"礼"就是贯彻、实施礼制。《性情》:"礼者,履也,履道成文也。""礼"最讲究的是克服自我,"礼"而忘私,泯灭争端,而使人和敬相处。《礼乐》:"礼所揖让何?所以尊人自损也,揖让则不争……屈已敬人,君子之心……"

"智"就是智慧,就是对社会历史的发展拥有一种趋前的见识,能预见未来。《情性》:"智者,知也,独见前闻,不惑于事,见微知著也。""智"所追求的目标是提前消除违背礼制的隐患。《谏诤》:"讽谏者,智也,知祸患之萌,深睹其事未彰,而讽告焉,此智之性也。"

"信"就是专心一意永不反悔。《情性》:"信者,诚也,专一不移也。"这里的"专一不移"是说遵守礼制永远不变。因此,义无反顾地去实施礼就是"信"的最高境界。"无所私,信之至也。"在这一方面,"信"与"礼"有共通的地方。"信"要求纠正违礼的言行。《谏诤》:"指谏者,信也;指者,质也。质相其事而谏,此信之性也。"可见,这又与"义"相一致。

《白虎通》还把"五常"与五脏、五行、五方等联系在一起予以考察论证。说"仁"是"木之精",与肝配在一起,体现在"目",方位在东方;义是"金之精",与肺配在一起,体现在"鼻",方位在西方;"礼"是"火之精",体现在"耳",与心配在一起,方位在南方;"智"是"水之精",体现在"窍",与肾配在一起,方位在北方;"信"是"土之精",体现在"口",与脾配在一起等等。《白虎通》这样讲的目的是告诉人们,"五常之性"是自然而生的,人人都有。其目的无非是鼓励人们自觉遵守、贯彻礼制,同时也通过人的形象特色来观察礼制实践的自觉性和可能性。

四、关于礼治的解释

礼作为政治统治的方式和社会管理的方法,具体怎样来运用呢?《白虎通》做了重点的论述和探讨。在《白虎通》看来,运用礼治进行政治统治,要改正朔,行赏罚,宣礼教,重祭祀。

1. 改正朔

改正朔就是要取得政权,确定礼制。《三正》:"王者受命必改朔何?明易姓,示不相袭也。明受之于天,不受之于人,所以变易民心,革其耳目,以助化也。""改正朔"即改变历法,实行新的纪年方法。其目的是表明君权神授,不是哪一个人转让的。《号》:"王者受命,必立天下之美号,以表功自克(见),明易姓,为子孙制也……必改号者,所以明天命已著,欲显扬己于天下也……不显不明,非天意也。"改历法,改名号,申明君权神授,而其本质的目的是倡导人民听从新的领导者的统治,"变易民心,革其耳目,以助化也"。因此,改历法,改名号的实质是制定礼制。《三正》引"《大传》曰,王者始起,改正朔,易服色,殊徽号,异器械,别衣服也"。即制定新的社会等级制度,规范人的行为,从而来进行政治统治。《礼乐》讲得更明白:"有贵贱焉,有亲疏焉,有长幼焉。朝廷之礼,贵不让贱,所以明尊卑焉;乡党之礼,长不让幼,所以明有年也;宗庙之礼,亲不让疏,所以明有亲也。此三者行,然后王道得。"

2. 行赏罚

这是对遵守实施礼制的人予以赏赐,而对违礼、悖礼的人给以责罚。赏赐的方式很多,如赐爵。《爵》:"爵犹有尊卑,亦以劝人也。"又如宴饮。《乡射》:"所以十月行乡饮酒之礼何?所以复尊卑长幼之义。"责罚的方式也很多。对于悖礼试图篡政者要坚决地征伐。《诛伐》:"诛不避亲戚何?所以尊君卑臣,强干弱枝,明善善恶恶之义也。"对于违礼者则绳之以法。《五刑》:"圣人治天下必有刑罚何?所以佐德助治,顺天之度也。"又说:"故悬爵赏者,示有所劝也;设刑罚者,明有所惧也。"

3. 宣礼教

宣礼教即进行礼的教育和宣传。《辟雍》:"天子立辟雍何?所以行礼乐,宣德化也。"为了宣传礼,政府专门设立各种等级的学校,招收学生来培养礼的思想品德。礼教的内容有五经,目的是培养学生有"五常之性"。《五经》:"经,所以有五何?经,常也。有五常之道,故曰五经。《乐》,仁;《书》,义;《礼》,礼;《易》,智;《诗》,信也。人情有五性,怀五常不能自成,是以圣人象天五常之道而明之,以教人成其德也。"五经之外,还有三代的历史知识,目的是培养对实施礼的正确的态度。《三教》:"王者设三教者何?承衰救弊,欲民反正道也……夏人之王教以忠,其失野,救野之失莫如敬。殷人之王教以敬,其失鬼,救鬼之失莫如文。周人之王教以文,其失薄,救薄之失莫如忠。"在夏、商、周三代的历史教育中,培养学生的"忠、敬、文"。进而《白虎通》对此予以哲学的抽象说明。"教所以三何?法天地人,内忠、外敬、文饰之,故三而备也。即法天地人各何施?忠法人,敬法地,文法天。人道主忠,人以至道教人,忠之至也;人以忠教,故忠为人教也。地道谦卑,天之所生,地敬养之;以敬为地教也……教者,效也,上为之,下效之……"

4. 重祭祀

祭祀烦琐的仪式是礼仪最完美的体现。所以统治者特别重视祭祀。《白虎通》则给祭礼予以解释。《郊祀》:"王者所以祭天何?缘事父以事天地……祭天必在郊者何?天体至清,故祭必于郊,取其清洁也……祭天岁一何?言天至尊、至质,事之不敢亵渎,故因岁之阳气始达而祭之也。祭天作乐者何?为降神也。"《封禅》:"王者易姓而起,必升封泰山何?报告之义也。始受命之日,改制应天。天下太平,功成封禅,以告太平也……必于其上何?因高告高,顺其类也……"君王祭天、封禅,百姓也有很多神要拜祭。《五祀》:"五祀者,何谓也?谓门、户、井、灶、中霤也。所以祭何?人之所处出入,所饮食,故为神而祭之。"

五、礼的神学解释

综上所述,可以看出,《白虎通》对礼的解释似乎是清楚的,还没有显现出多么神秘的神学色彩。但是问题在于,《白虎通》所坚持的是二元论的哲学思想,当它用天、神解释礼时,所体现的只是一种唯心的观点,神学色彩还较为淡薄。《五行》:"父死子继何法?法木终火王也。""兄死弟及何法?法夏之承春也。""主幼臣摄政何法?法土用事于季孟之间也。""子顺父,妻顺夫,臣顺君何法?法地顺天也。""臣有功归于君何法?法归明于日也。""君有众民何法,法天有众星也。""王者赐,先亲近后疏远何法?法天雨高者先得之也。""不以父命废王父命何法?法金不畏土而畏火。""有分土、无分民何法?法四时各有分,而所生者道也。"

而当它用人事,用礼去说明自然时,神学的意味就浓烈了。试看《天地》对天体的说明:"天道所以左旋,地道右周何?以为天地动而不别,行而不离;所以左旋右周者,犹君臣阴阳相对之义也。"《日月》:"天左旋,日月五星右行何?日月五星比天为阴,故右行,右行者犹臣对君也。""日行迟,月行疾何?君舒臣劳也。日,日行一度;月,日行十三度十九分度之七。《感精符》曰:三纲之义,日为君,月为臣也。"《五行》对五行的解释也充满了神秘的色彩。"五行者何谓也?谓金木水火土也。言'行'者,欲(犹)言为天行气之义也。地之承天,犹妻之事夫,臣之事君也。其位卑,卑者亲视事,故自同于一,行尊于天也。"

当《白虎通》用自然的变化引征为人事的非礼时,其神学的色彩尤为浓厚。《灾变》:"天所以有灾变何?所以谴告人君觉悟其行,欲令悔过修德,深思虑也。《授神契》曰:行有玷缺,气逆于天,情(精)感变出,以戒人也。""灾异者,何谓也?《春秋潜潭巴》曰:灾之为言伤也,随事而诛;异之(为)言怪也,先发感动之也。""变者何谓也?变者非常也。《乐稽耀嘉》曰:禹将受位,天意大变,迅风靡木,雷雨昼冥。""服妖者何谓也？衣服乍大乍小，言语非常。故《尚书大传》曰：时则有服妖也。""孽者何谓也？曰介虫生为非常。""霜之为言亡也，阳以散之。""雹之为言合也，阴气专精，积合为雹。""日食必救之何？阴侵阳也。"等等，凡自然界有所异常变化，皆征兆人事出了问题，要么君王非礼，要么大臣非礼，要么妃子非礼。

当然，如果礼得以贯彻实施，天也会给以祥瑞。《封禅》："天下太平，符瑞所以来至者，以为王者承天统理调和阴阳。阴阳和，万物序，休气充塞，故符瑞并臻，皆应德而至。（王者）德至天，则斗极明，日月光，甘露降；德至地，则嘉禾生，蓂荚起，秬鬯出，太平感；德至文表，则景星见，五纬顺轨；德至草木，则朱草生，木连理；德至鸟兽，则凤皇翔，鸾鸟舞，麒麟臻，白虎到，狐九尾，白雉降，白鹿见，白鸟下；德至山陵，则景云出，芝实茂，陵出异丹，阜出莲莆，山出器车，泽出神鼎；德至渊泉，则黄龙见，醴泉涌，河出龙图，洛出龟书，江出大贝，海出明珠；德至八方，则祥风至，佳气时喜，钟律调，音度施，四夷化，越裳贡。"这样，《白虎通》给人的行为笼罩了一个神秘的外壳，其目的是警告人们要遵守礼，实施礼。用心何其苦也。

《白虎通》对礼的神学解释固然有其荒诞的一面，但也为礼的贯彻实施提供了宗教神学的依据，督促了人们尤其是统治阶级去自觉地实施礼。因此，《白虎通》成了后来统治者的"国宪"和法典，受到了历代统治者的重视。由此说明，《白虎通》对礼学的贡献是不容忽视的。它标志着礼学发展又进入到了一个全新的阶段。

论 中 庸

中庸作为儒家思想中的一个重要范畴,近年来不断得到学者们的研究和阐释。① 在这里,笔者不揣浅陋,试图探讨一下对中庸的理解,谨请诸位专家指教。

一、中庸阐释中的几点不足

从学者们的论述看,对中庸的阐释存在着以下三点不足。

一是对中庸的矛盾理解。在中庸的阐释中,虽然存在着这样那样的分歧,但也有两点共识。第一点是认为中庸的本意是要掌握适度原则,把握分寸,恰到好处,无过无不及;第二点是由此为基点,认为中庸不是折中主义,不是无原则地妥协调和。"孔子的'中庸'具有折中性,但决

---

① 除了本文文中所直接征引的论文外,近年来谈及中庸的论文就笔者所见到的还有:申辰:《"中庸"本义》,《国内哲学动态》1984 年第 4 期;《再论"中庸"》,《国内哲学》1985 年第 2 期;哲学系 78 级 报道组:《孔子"中庸"思想的再评议》,《武汉大学学报》1980 年第 5 期;李景林:《论〈中庸〉的方法论与性命思想》,《史学集刊》1997 年第 2 期;程梅花、邹林:《论儒家"致中和"的思维方式》,《孔子研究》2000 年第 3 期;袁玉立:《释"中庸"》,《史学月刊》2001 年第 5 期;张德胜、金耀基等:《论中庸理性:工具理性、价值理性和沟通理性之外》,《社会学研究》2001 年第 2 期。

不是折中主义。折中主义没有原则，不讲是非。'中庸'决不然，既有原则，也讲是非。"①显然，这两点共识是令人费解的。既然中庸是要坚持适度，无过无不及，那不是折中主义是什么呢？论者的思想中也许认为"折中"和"折中主义"不是一个概念。"折中"是全面地综合地分析事物，从而能寻求出一个适合各方面情况的原则或方法，而"折中主义"则是"指没有自己独立的观点，只把各种不同的思潮、观点、理论无原则地机械地拼凑在一起的哲学观点。"②实际上，无论是有主见地全面地分析事物，或是无原则地"拼凑"各种观点，表现出来的无不是（当然是在主观上）博采众长，调和折中，此一亦是非，彼一亦是非，仍然是折中主义。所以有人干脆指出："调和主义、折中主义是中庸之道的基本思维特征。"③因此，说中庸是坚持适度，无过无不及，又说中庸不是折中主义，这显然是一个自相矛盾的说法。考其矛盾之因，自然是因为孔子说中庸是"至德"，孔子自己要"狂狷"不要"乡愿"。而这种阐释的矛盾恰恰说明，这种对中庸的理解距离孔子的本意还有很长的路程，还需要我们进一步地探讨，真正把握中庸之含义。

　　二是没有考虑中庸产生的历史环境。唯物史观要求我们在分析任何事物时，都要把它放在一定的历史条件下来进行。脱离了历史条件，脱离了事物赖以生存的历史环境，"六经注我"式地谈论问题，问题就成了茶余饭后的谈资，众说纷纭，莫衷一是。思想观点作为人类跨越时空的财富，更容易为我所用，张冠李戴。所以，对于思想观点的研究更要放在它所赖以生存的环境中去考察，方能领悟其奥秘所在。遗憾的是，在众多的中庸问题的阐释中，人们很少分析中庸的历史环境。对于中庸的含义、意义、价值、形式、途径，人们津津乐道，肆情想象，任意发挥。每一篇论著都为我们展现了一个关于中庸的世界，只可惜这个世界是想象的、虚拟的、与历史环境不符。正如有人指出的："研究只是停留于'概而论之'的'设想'水平上，缺乏具体的、深入的研究。""研究忽视了中国的政治、经济以及其他意识形态对中庸理论的影响，因而缺乏历史

---

　　① 洪家义：《中庸思想的形成及其产生的历史根源》，《江海学刊》1987年第4期。
　　② 雷庆翼：《"中""中庸""中和"评议》，《孔子研究》2000年第3期。
　　③ 刘蔚华：《中庸之道是反辩证法的体系》，《武汉大学学报》1980年第5期。

感。"①也有考察中庸观念的发展,甚至分析中庸产生的历史根源的。但是这种考察和分析是建立在对中庸"折中"理解的基础之上的,所以没有正确说明中庸发展的阶段性特点,更没有科学地解释中庸思想与历史发展的关系。

三是没有将《中庸》与《礼记》放在一起来考察。中庸思想主要保存在子思的《中庸》里。而《中庸》又是《礼记》中的一篇。但学者们在阐释中只把中庸作为孔子和子思的思想来考察分析,很少讲到《礼记》,更无人将《中庸》与《礼记》联系起来,分析、揭示《中庸》在《礼记》中的位置,进而阐释中庸的意义。其原因可能是因认为《礼记》成书于西汉,不值得考虑。但1993年在湖北荆门郭店楚简的发现,使我们知道《礼记》在战国时即已成书。虽然我们还不知道当时《中庸》是否已收在《礼记》中,但至迟在"二戴"时《中庸》已成了《礼记》中的一部分了。据学者介绍,郭店楚简中的《性自命出》篇属于子思的作品,其中的"论述完全可以看作《中庸》之注脚"②。因此,在考察中庸的含义时,应该从《礼记》的角度,从礼制实施中去分析认识。

二、中庸仅是礼制实施中的一个基本原则

学者们不仅把中庸看作是一种方法论,而且还看作是认识论、本体论、道德论。如:"'中庸'为中常或中常之道,反映的是对事物本质规律的认识,属于哲学上本体论和认识论范畴,是儒家思想的哲学基础,而一般人把它只看作是道德论和方法论,这就局限和缩小了'中庸'的意义。"③又如,讲"中庸是宇宙万物运动发展的基本条件和客观规律","中庸是恰如其分地把握事物、协调矛盾的正确思想方法","中庸也是

---

① 邓红蕾:《中庸思想研究》,《哲学动态》1988年第2期。
② 姜广辉:《郭店楚简与"子思子"》,《哲学研究》1998年第7期。李景林、刘连朋:《天人观念中所见之儒家人文传统》,《吉林大学社会科学学报》1999年第6期。
③ 雷庆翼:《"中""中庸""中和"评议》,《孔子研究》2000年第3期。

对人的基本道德要求和最高的道德境界"。① 又如:"其实所谓的中,就是第三者;承认二分又承认中庸,也就在事实上承认了一分为三。"②实际上,中庸在儒家思想中,尤其是在孔子的思想体系中,仅仅是一种方法论,仅仅是礼制实施的一个基本原则而已。为了说明这一点,我们也循着学者们的思路,对"中"、"中庸"、"中和"、"用权"等概念予以梳理,弄清其原义,从而把握中庸之本意及其内涵。

中庸之本意的把握,首先是"中""庸"的涵义。

关于"中"。中这个字,甲骨文写作 Φ(甲三九八)、ᖴ(粹一二一八),金文写作 ᖴ(颂鼎)。唐兰先生在《殷墟文字记》中说"中"为一面旗帜,是远古氏族为聚集本族成员的信号。旗帜一树,群众来自四方。由此,"中"引伸为"中央","中间"的"中"。雷庆翼先生不同意这一说法。他认为树旗为"中","这样'中'的随意性甚大,旗帜立在旷地的任何一个地方,都可以成为众人聚集的'中心',这个'中'的概念不是客观事物的'中',而是人为的'中'。不可能设想,先人们先有人为的'中'的概念而后才发现客观事物的'中'。"雷先生说,"从中字的甲骨文和金文来看,很明显是一个指事字,与上、下、左、右为同一类字。相传古人最早结绳记事,绳索本有两端,而其中点是不难发现的。'Φ'就是指一根绳索的中部,'丨'为'绳','O'为表示中部。而'ᖴ'上部与下部的'➳'符号,是用来表示对称和平衡的,这是上下的平衡。'ᖴ'的'‖'表示左右平衡。……由此可知,'中'字的本义应是事物的中点或中部,推而广之为中央、中间。又有'中'的重要特点是平衡,于是有了'正'的意思,正则不偏不倚,故常常'正中'连言,然后再由具体事物的正中而又推广到抽象的事物,则又有'中正'。"雷先生虽然与唐先生讲的有所不同,但与唐先生一样,都是将"中"作为一个名词来看待,为"中 zhōng",进而又在本体论上作了升华。在我们看来,中是一个动词,为"中 zhòng"。"丨"为箭,"O"为猎物,"Φ"为箭射穿猎物。金文的"ᖴ"上下的"≈"似应看作是箭簇与箭穗。由此,中就是打中,指的是执矢射的,正好射中。朱骏声《说文通训·定声》:"其本训为矢著正也。""著侯(箭靶)之正为中,故中即

---

① 田广清:《中庸:实现社会和谐的正确思想方法》,《孔子研究》2000 年第 3 期。

② 庞朴:《中庸与三分》,《文史哲》2000 年第 4 期。

训正。"可见，中的本义是打中猎物，引伸为"达到目的"，转引为切合、遵守、符合某项要求，或某种规则、标准。这样理解"中"，那么，古典文献中的有关文字就容易解释了。《尚书·盘庚》载，当时，殷王盘庚从奄（今山东曲阜）迁到殷（今河南安阳小屯），为说服臣民相从，说："汝分猷念以相从，各设中于乃心。"其意为，你们的职责是谋划（或者说考虑）一下大家怎样一起走，你们每个人都要提出符合自己心愿的建议来。在这里，"分"通"份"，意思是职责、责任，不是"分明"的意思；"中"就是符合、切合；"各设中于乃心"就是每个人提出的意见都要与自己的思想和利益要求相符合。这是盘庚在征求大家的意见，商讨怎样迁都，不是要求每个人在自己的心里树立一个"中"字，更不是"要求臣民绝对服从"。据《尚书·酒诰》记载，周初分封，武王之弟康叔被封于殷墟，国号卫。周公告戒康叔："尔克永观省，作考中德。"这里的"中德"，是"中 zhòng 德"不是"中 zhōng 德"。意思是你要能经常地观察反省，检查你的行为符合不符合"德"的要求，遵守没遵守"德"的规范。《周礼·地官·大司徒》："以五礼防万民之伪。而教之中。"贾公彦疏："使得中正也。"《吕刑》："咸庶中正。"这里的"中""中正"，同样地可以理解为遵守、符合的意思。对此，一些学者已经予以了较多的论述："陈俊民、沈辰、徐克谦提出中庸含有准则的意义，而'中'指的是正或正确、合宜、恰好，即合乎一定的标准的意思，因而这个标准本身有时也可称为'中'。"①

关于"庸"。"庸"在古代也有两种解释。一是以"庸"为"用"。《说文解字》："庸，用也。"《礼记·中庸》孔颖达《疏》："案郑玄《目录》云：名曰《中庸》者，以其记中和之为用也。庸，用也。"一是以"庸"为"常"。郑玄注《礼记·中庸》"君子中庸"句说："庸，常也。用中为常道也。"程颐说："庸者，天下之定理。"朱熹注说："庸，平常也。"这两种解释孰是孰非？从学者们的论述看，大多偏重于后者。其因可能是有子思《中庸》篇为明证。但我们这里认为以"庸"为"用"较妥。因这样对中庸有一个更为科学的解释。而且，释"庸"为"用"，也是前人考察论证过的。王夫之《读四书大全》卷二说："若夫庸之为义，在《说文》则云：庸，用也。《尚书》之言庸者，无不与用义同。自朱子以前，无有将此字作平常解者。"那么，用又是什么意义呢？《说文》："用，可施行也。"用就是能够做，可

---

① 邓红蕾：《中庸思想研究》，《哲学动态》1988年第2期。

以做。

"中"是符合、遵守;"庸"是用,施行;"中庸"的本意就是符合、遵守某种事实或原则并且有用,有价值,可以施行,可以做。"中庸"率先提出的是孔子。《论语·雍也》:"中庸之为德也,其至矣乎!民鲜久矣。"但孔子并没有对中庸作进一步的论述,甚至对中庸一词也极少谈到。这样就使中庸问题扑朔迷离,人们尽可肆情发挥。然而就孔子本人而言,他是一个极为朴实和简单的人。他崇拜羡慕周礼,一生为恢复周礼奔走呼号,晚年整理古籍,编纂《春秋》以表明其礼治思想。"春秋者,礼义之大宗也。"由此研究揣摩孔子中庸之本义,一是要严格地遵循礼制,二是要有用,遵循礼制时要对个人的生存和发展,对社会的稳定进步有一定的推动作用,三是要合情,遵循礼制要与个人的具体情况相联系,要与不同的环境相适应。

可见,中庸本质上是礼治的方法论,体现了礼制的原则性、目的性和灵活性。

当然,就这三个方面来讲,孔子最为坚持的是第一个方面,即要遵守礼制,也就是坚持礼治的原则性。《礼记·仲尼燕居》载孔子对子张、子贡、言游三人说:"敬而不中礼谓之野,恭而不中礼谓之给,勇而不中礼谓之逆。子曰:给夺慈仁。"崇敬之心不符合礼制就显得粗野,恭维之行不符合礼制就显得谄媚,勇敢不符合礼制就是叛逆。而谄媚则掩盖了慈祥仁爱。因此,实施礼制,必须有一定限度,符合礼制的要求。"子曰:礼乎礼,夫礼所以执中也"。礼制对于礼治来说,礼制才是衡量礼治的标准。

至于礼治的第二个方面,有用,亦即礼治的目的性,孔子也许曾经讲过。《论语·学而》载:"有子曰:礼之用,和为贵。先王之道,斯为美,小大由之。"在这里,"和"决不是朱子所说的"从容不迫",而是指和谐、和睦,指的是社会的有序、安定。用现代话来讲,就是"和平共处,共同发展"。这是遵守礼制、实施礼治的目的,也是其达到的最高境界。这里的"小大"也不是朱子所说的小事大事,而是指小宗大宗,小王大王。用现在的观念就是指一个家族的家长,一个封国的国王,一个时代的天子。由此,这句话的意思是说,礼治的最大作用是使社会和谐发展,过去的国王最好的就是做到了这一点,现在的小王大王也都是照此去做。可见,用"和"一词来概括礼治的功用,说明礼治的目的性,是最为恰当的。作为孔子的学生,有子提出"和"的概念,这是他对孔子礼治思想的正确理解和认识,而他这句话被收入《论语》作为孔子言语的一部分传世,说明"和"的概念是对孔子礼治思想的补充,是孔子礼治思想的一个有机组成部分。继有子而后,"接着讲"的是子思。他在《中庸》篇曰:"喜怒哀乐之未发,谓之中;发而皆中节,谓之和。中也者,天下之大本;和也者,天下之达道也。致中和,天地位焉,万物育焉。"这里的"喜怒哀乐"如朱子所说是"情",指人的情欲、理想、追求;"中"为中 zhòng,即遵守礼制、合乎礼的要求,不是中 zhōng,不是雷庆翼先生所说的"道"、"喜和怒"、"哀和乐""这种相互矛盾相互依存的感情在内心处于均衡、调和的时候",也不是金景芳先生所理解的"无所偏倚";这里的"节"指节制、要求,"中节"就是符合礼制的要求。子思的意思是说,当一个人的思想欲望还没有体现在行为上时,那也是对礼制的一种遵守;如果体现在行为上又符合了礼制的要求,那就实现了礼治的和谐发展的目标。因此可以说,遵守礼制是社会有序安定的根本保证,和谐发展是社会追求实现的最高目标。只有做到既遵守礼制又和谐发展,那么社会才会有序安定、繁荣进步。子思在讲这句话前,说:"道也者,不可须臾离也……莫见乎隐,莫显乎微,故君子惧其独也。"这里的"道"应是礼制。子思是告诫人们要按礼制的要求去做,用礼来规劝人们的行为。进而,子思讲礼治的功用,提出了"中和"的概念。由此,由有子的"和"到子思的"中和",只是对孔子礼治思想中礼治功用或目的性的一种阐释,一种强调。这里又提出了一个问题,为什么说"喜怒哀乐之未发为之中"就是遵守了礼制呢?这与孔子的价值观与审美观分不开,孔子的价值观无疑是以周礼为核心的有序社会。在孔子看来,安贫乐道,顺其自然,不过分地追求自己的理想,就是对礼制的遵守。因为它没有张扬个人的私欲从而破坏社会的秩序。所以,孔子赞扬颜回:"贤哉回也,一箪食,一瓢饮,在陋巷。人不堪其忧,回也不改其乐。贤哉回也!"又说:"智者乐水,仁者乐山。"这样的价值观就决定了"孔子这样一个人,就是音乐的一生,快乐的一生,充满了乐观精神的一生。孔子以快乐的生活态度对待人生,以快乐的态度著述、工作。""他的美学思想就是'智者乐水,仁者乐山'。他能到处感到快乐,到处感到美,以快乐的态度去发现美,又用审美的态度去寻找快乐。"①这样的审美观就使得孔子对个人的欲望、理想、情欲有一个很理智的态度:个人欲望的实现和满足对礼制来说是一个大的威胁,如果能既遵守礼制又实现和满足个人的愿望,那当然是最好的了。"中庸之为德,至矣哉!"但历史的实情是,人只要一有行动,特别是为其私欲的行动,就难免会损伤礼制,违悖礼制。这样说来,人如果不把自己的欲望表现出来,不去为之奋斗时,那么,这实际上也就是遵守了礼制,符合了礼制的要求。孔子这样的思想,无疑是与老子的"无为"有共通之处。对此,新加坡国立中文大学中文系的刘笑敢先生说,孔子与老子"具体内容当然不同,但基本精神是有相通之处的。这基本精神就是重视内在的动因,避免不和谐的冲突。"②这里的"内在的动因"就是人们为其私欲的行为,"不和谐的冲突"就是使社会混乱。孔子与老子的共同之处就是都看到了人是历史的主体,他既创造历史,那么也会破坏历史。所不同的是,孔子主张用礼制来约束人,老子则主张消除人的私欲,使人无知无欲。

讲到礼治的第三个方面,合情,"可施行也",亦即礼治的灵活性、方法论。对此,孔子是非常讲究的。《论语·子罕》:"自绝四:毋意、毋必、毋固、毋我。"孔子谨慎之至,在他的言行中,没有自己的意见,没有自己的期望,没有坚持什么,没有得到什么,有的是对礼的诚挚的遵守和坚持。这种对礼的遵守和坚持在孔子看来就是"仁"。《论语·八佾》:"人而不仁,如礼何?人而不仁,如乐何?"人要是不按照礼制的要求去做,那还要礼制干什么呢?人要是不按照礼制的规范去抒发自己的感情,那还要音乐干什么呢?那么,"仁"又是什么呢?《论语·雍也》:"夫仁者,己欲立而立人,己欲达而达人。"《论语·颜渊》:"己所不欲,勿施于人。"所以,孔子又说:"克己复礼为仁。一日克己复礼,天下归仁焉。"怎么做到仁呢?亦即如何实施礼治呢?孔子认为,要视具体的情况针对不同的人采取不同的措施。如孔子建议颜渊要"克己","非礼勿视,非礼勿听,非礼勿言,非礼勿动",提醒仲弓要"无怨","己所不欲,勿施于人",指示司马牛要"忍",要"不忧不惧"。不管是什么样的人,也不管是

---

① 蒋孔阳:《孔子的美学思想》,《学术月刊》2000年第6期。
② 刘笑敢:《孔子之仁与老子之自然——关于儒道关系的一个考察》,《中国哲学史》2000年第1期。

什么样的情况,只要你遵守礼制,就一定能达到目的。《论语·述而》:"子曰:仁远乎哉?我欲仁,斯仁至矣。"在礼治方法论上,"接着讲"的是孟子。孟子作为儒学之大师,同孔子一样也主张礼治。但与孔子不同的是,孔子的礼治是以恢复周礼为己任,而孟子则是以礼维持社会的安定。由此,孟子看中礼对人的生存和社会进步的作用。《孟子·离娄章句下》说:"非礼之礼,非义之义,大人弗为。"直接对一些礼制提出疑义。孟子更注重礼治的灵活性,反对死守礼制。《孟子·离娄章句上》:"嫂溺不援,是豺狼也。男女授受不亲,礼也。嫂溺,援之以手者,权也。"《孟子·尽心章句上》又说:"执中无权,犹执一也。"遵守礼制,应视不同的情况而定。否则,跟一味反对礼制或一味死守礼制性质是一样的。简言之,礼治要重"权"。本来,"权"字的概念在《论语·子罕》孔子已经提出:"可与立,未可与权。"但孔子的"权"只是指能否判断是非、符合礼制的人,是与"可与共学"、"可与适道"、"可与立"并列的。因此可以说,"权"字的提出,是孟子对儒家礼治思想的一个重要贡献,它同子思所讲的"中和"一样,构成了礼治思想的一个重要部分。

中庸作为礼治的方法论,孔子最为看中的是其原则性,即遵守礼制。在《论语·子路》里,他说:"不得中行而与之,必也狂狷乎?狂者进取,狷者有所不为也。"如果不能成为恰当地遵守礼制的人,那么一定要成为要么固执地遵守礼制的人,要么成为干脆不遵守礼制的人。孔子当然是选择了前者,他自己遵守礼制近乎迂。《论语·子罕》:"拜下,礼也。今拜上,泰也。虽违众,吾从下。"在堂下就与君王打招呼,这是礼制;但是现在人们都到堂上才和君王打招呼,这就显得骄慢了。虽然与众不同,我还是要在堂下和君王打招呼。孔子反对那种无视礼制而片面求取社会稳定和谐的做法。在《论语·子罕》中他说:"知和而和,不以礼节之,亦不可行也。"《论语·子路》又说:"君子和而不同,小人同而不合。"但是,孔子不是不重视礼治的目的性,而是认为必须在礼治基础上来达到这一目的;也不是不重视礼治的灵活性,而是认为礼制的实施更取决于人的素质,所以他特别提出"仁"的概念,引仁注礼,这是孔子对礼治的贡献,也是孔子礼治方法论的重要理论。

综上所述,孔子提出了"仁",子思强调"和",孟子提出了"权"。由此,对作为礼治方法论的中庸进行了全面系统的论述。那么,中庸思想为什么会产生呢?其时代意义又是什么呢?要弄清这些问题,应该从古代中国的社会形态和孔子的时代谈起。

关于中国古代的社会形态,特别是三代至秦汉一段来讲,不管学者们怎样有疑义,从政治制度上来讲,这一段应为"礼治社会"。《礼记·礼运》:"今大道既隐,天下为家,各亲其亲,各子其子,货力为己。大人世及以为礼,城郭沟池以为固,礼义以为纪,以正君臣,以笃父子,以睦兄弟,以和夫妇,以设制度,以立田里,以贤勇知,以功为己,故谋用是作,而兵由此起。禹汤文武成王周公,由此其选也。此六君子者,未有不谨于礼者也。以著其义,以考其信,著有过,刑仁讲让,示民有常。如有不由此者,在执者去众以为殃,是为小康。"由此,关于礼治社会的特征勾画得很生动了。孔子自己也曾说,对夏礼、殷礼皆能"知之"。礼治社会发展到孔子时代出现了一系列的问题,用司马迁在《史记·太史公自序》的话可概述为"弑君三十六,亡国五十二,诸侯奔走,不得保其社稷者不可胜数。"可以说,礼义制度受到了极大的损坏,"礼坏乐崩"。虽然有一些人还按礼制来处事,但大多是为一己之私,很少考虑礼治的社会功用了。所以,孔子感叹说:"中庸之为德也,其至也乎!民鲜能久矣。"在《论语·卫灵公》又说:"知德者鲜矣。"

在礼治社会出现危机时,如何来消除这一危机,作为一个从事礼仪的儒者来讲,孔子自然是主张严格地遵守礼制,以拯救社会。《论语·宪问》:"子曰:上好礼,则民易使也。"《论语·为政》又说:"道之以政,齐之以刑,民免而无耻。道之以德,齐之以礼,有耻且格。""为政以德,譬如北辰,居其所而众星共之。"孔子所主张的礼制,是以周礼为核心的。《论语·八佾》:"子曰:周监于二代,郁郁乎文哉,吾从周。"在孔子看来,礼制的遵守,当然是依靠人们自身的努力,所以,他提出了"仁"的概念,希望人们通过自身的努力,实现礼治的大同思想。但是,孔子并不是一个完全迂腐和不谙人情的人,相反,孔子是非常精晓人情世故的。他知道,一味让人们去恪守那些烦琐的礼制是不现实的;要让人们遵守礼制,必须是使人们所遵守的礼制符合人们发展自己和实现自己愿望的功用。因此,"中庸"这一概念就这样产生了。

三、《礼记》关于礼治方法论的论述

《礼记》本身就是一部礼治方法论的书,对于中庸的礼治方法论讲得更为透彻。具体说,《礼记》认为贯彻中庸,要考虑以下三种情况,或者说是要遵守以下三种原则。

第一,人情。人情就是人的欲望、情感。这是礼制的基础。《礼运》:"故圣王修义之柄,礼之序,以治人情。故人情者,圣王之田也,修礼以耕之……"。这里的"治人情"、"修礼"就是要了解人的复杂情绪状态,该诱导的诱导,该禁忌的禁忌。又《礼运》:"故圣人……必知其情,辟于其义,明于其利,达于其患。"这里的"情"指"喜、怒、哀、惧、爱、恶、欲"七情,"义"指"父慈、子孝、兄良、弟悌、夫义、妇听、长惠、幼顺、君仁、臣忠"十义,"利"指"讲信修睦","患"指"争夺相杀"。"故圣人之所以治人七情,修十义,讲信修睦,尚辞让,去争夺,舍礼何以治之?"

第二,经济。礼制之实施,必是量力而行,视自己的经济能力而定。《礼器》:"是故昔先王之制礼也,因其财物而致其义焉尔。"《檀弓上》载:"子游问丧具。夫子曰:称家之有亡。子游曰:有亡恶乎齐?夫子曰:有,无过礼;苟无矣,敛首足形。还葬,悬棺而封,人岂有非之者哉。"丧葬时,看家中财物有多少,财物多按礼制的规定备置葬具;财物不足,只要入土安葬就可以了。

第三,"时"、"顺"。礼制之实施,必须依据不同的时间、不同的情况而采用相应的措施。《中庸》:"君子之中庸也,君子而时中;小人之中庸也,小人而无忌惮也。"又《礼器》说:"故作大事必顺天时。"《乐记》:"天地之道,寒暑不时则疾,风雨不节则饥。教者,民之寒暑也,教不时则伤世;事者,民之风雨也,事不节则无功。""化不时则不生。"这就是说,只有因时而变,才能贯彻礼制,使万物生长发展。这种因时而变,也就是"顺"。《礼运》:"故礼之不同也,不丰也,不杀也。所以持情而合危也。故圣王所以顺。山者不使居川,不使渚者居中原,而弗敝也。用水、火、金、木,饮食必时。合男女,颁爵位,必当年德,用民必顺。"可见,顺也就是依不同的情况而遵守相应的礼制。

总之,中庸之推行,就是以实际情况而为其所用。为此,应考虑人情、经济、"时"、"顺"等条件。《礼器》:"礼也者,合于天时,设于地财,顺于鬼神,合于人心,理万物者也。是故天时有生也,地理有宜也,人官有能也,物曲有利也。"又说:"礼,时为大,顺次之,体次之,宜次之,称次之。"

四、中庸的历史哲学意义

中庸作为礼治的方法论,不仅鲜明易行,而且在历史哲学上具有深远的意义。

中庸具有否定神学历史观的意义。中庸强调的是人们既要遵守礼制又要发展自己,这无疑是说,历史是人们自己创造的,不是什么神仙皇帝创造的。虽然《论语·八佾》载孔子说,"祭如在,祭神如神在。"但这只是作为礼仪规范来讲的。实际上,孔子是不信神的。《论语·雍也》:"务民之义,敬鬼神而远之,可谓知矣。""子不语怪力乱神"。中庸的提出,无疑是告诉人们怎样来创造历史。在当时巫师占卜流行的春秋战国时代,能够提出这样的思想,不能不说是一个历史的进步。

中庸具有化解历史矛盾的作用。历史发展是充满矛盾运动的。就人类而言,它既是一部人类个体的发展史,同时又是一部社会发展史。作为人类个体的发展史,历史发展的动力在于理想和追求,"历史不过是追求着自己的目的的人的活动而已"。作为人类社会的发展史,历史发展的动力在于秩序,在于制度和稳定。由此,在人类社会历史中就存在着矛盾和冲突。列宁曾经说,据说,历史喜欢和人开玩笑,常要进这个房间,却走进了另一个房间。中庸提倡既尊重礼制,即坚持社会历史发展的动力,又能发展自己,即满足个体历史发展的欲望。这实际上就化解了历史发展中的矛盾。《中庸》:"仲尼曰:君子中庸,小人反中庸。君子之中庸也,君子而时中,小人之中庸也,小人而无忌惮也。"这里的"时中",就是任何时候都遵守礼制以达到个人的目的,"无忌惮"就是不顾礼制的要求只追求个人欲望的满足。"无忌惮"是孔子所不赞同的,但也是孔子时代的普遍现象,所以孔子感叹之至。"中庸其至矣乎,民鲜能久矣。"中庸的本质就是将个人的利益、个人的欲望融于社会利益、社会发展的洪流中去,从而求得个人与社会的共同发展。《论语·里仁》:"子曰:君子之于天下也,无适也,无莫也,义之与比。"作为一个懂得历史发展的人,既不曲意奉迎历史,也不回避历史,只是遵从历史发展的规律。这样,作为个人就可以达到自己的目的。在这里,孔子虽然没有谈到"和",但也多次讲到了"仁"的好处。《论语·里仁》:"仁者安仁,智者利仁。""唯仁者能好人能恶人。""苟志于仁矣,无恶矣。"《论语·公冶长》:"君子去仁,恶乎成名。"又:"仁而不佞。"又《论语·里仁》:"仁者静。""仁者寿。""仁"既然能带来这么多的好处,当然应该孜孜以求。《论语·里仁》:"君子无终食之间违仁,造次必于是,颠沛必于是。"在这里,求仁也就是求礼,就是要遵守礼制,也就是要"中"。当然,孔子并不是要人们盲目地、无条件地遵守礼制,以求得自身的发展。如前所述,孟子就提出"非义之义,非礼之礼",是可以不遵守奉行的。《论语·宪问》里孔子也提出"邦有道,谷;邦无道,谷,耻也。""三军可夺帅也,匹夫不可夺志也。""士可杀不可辱。"等等,这些都表明,中庸思想既尊重社会历史的发展,同时也尊重个体历史的发展。两者是共荣共衰的。

人类历史的发展,不仅是人类个体的历史、社会历史,同时也是一部人与自然关系的历史。在人类历史上,人类为求得生存,不断地开发和利用自然资源,最终会造成植被的破坏、环境的恶化。这样,人类历史与自然历史就存在着矛盾和冲突。中庸提出要遵守礼制,对自然资源的开发和利用要取之以时,用之有节,实际上是保护了环境,坚持了可持续发展。

中庸具有倡导人们顺应历史规律的意义。中庸的本义是遵守礼制达到自己的目的,实际上也就是号召人们顺应社会历史发展的规律,从而来发展自己,实现自己的价值。而就历史而言,除了人类历史、社会历史、自然历史,任何事物、现象也都有自己的发展史,都有自己的发展规律。那么人们在处理这些事物、现象时,只要能够遵从这些事物、现象的规律,就一定能够达到自己的目的,为我所用。《尚书·大禹谟》:"人心惟危,道心惟微,惟精惟一,允执厥中。"意思是说,人的欲望是高大的,而历史规律是纤微的。最好的也是惟一的道路,就是遵守顺应历史规律。对此,著名的哲学家张岱年先生说:"中庸思想的主要涵义是:在事物的发展过程中,对于实现一定的目的来说,有一个一定的标准,达到这个标准可以实现这个目的,否则就不可能实现这个目的。没有达到这个标准叫做不及,超过了这个标准叫做过。如果超过了这个标准,就不可能实现原来的目的,而会转变到原来目的的反面。所谓'中庸之为德'就是经常遵守一定的标准,既不过,亦不是不及,这是中庸的品德。"[①]张先生是从普遍的方法论上对中庸作的阐释,也是对作为礼治方法论中庸的升华,说明了中庸的普遍意义。

由上所述,中庸作为一种历史哲学,作为一种方法论,其意义是十分深远的。也许有鉴于此,《中庸》里孔子多次感叹:"中庸其至矣乎。""中庸不可能也。""终身用之,有不能尽者矣。"甚至连子思也说:"极高明而道中庸。"

五、中庸误读的原因分析

将中庸理解为折中调和,显然是一种误读。考其因,如前所讲,主要是脱离了当时的历史条件,只从字面上来解释。

此外,中庸的"中"也有"中间"的意义。"中"可看作是"中 zhōng",作方位名词来理解。再加上《论语·子罕》载孔子语有"叩其两端而竭"也就更易误读为"折中"了。其实,"中"为"中 zhòng"方是其本义。至于"中 zhōng",则是指箭靶;而无过,无不及,无偏,显然这是射箭的基本要求。如"君君""臣臣""父父""子子""善善""恶恶"之句式一样。现代中原地区的人们还保留着这一语言传统。如讲什么事情可以做或者同意什么就说"中中",如讲哪一个人既懂礼貌又能干就说"中用"。这里的"中"都是符合、合乎要求的意思。至于孔子说"叩其两端而竭"似是对对于遵守礼制与不遵守礼制两种情况而讲的,并没有折中之意。

考将中庸视为折中调和,始于宋儒。《中庸章句集注》载程子:"不偏之谓中,不易之为庸。中者,天下之正道;庸者,天下之定理。"这里的解释还没有理解为折中调和。至朱子才完全变了。"中者,不偏不倚,

---

[①] 张岱年:《论中国文化的基本精神》,《张岱年学术文化随笔》,中国青年出版社1996年版,第113页。

无过不及之名；庸者，平常也。"又："喜怒哀乐，情也；其未发，则性也；无所偏倚，故谓之中。发皆中节，情之正也，无所乖戾，故谓之和。"由此，"不偏不倚，无过不及"，"无所偏倚"的"中"就成了"中 zhōng"即折中调和的意思。中庸就是指人的情绪稳定正常，保持常态。这样理解，与中庸的本义相差就极大了。分析其原因，可能是社会形态发生了根本性的变化。唐宋时代是中国社会的一个大变革时期。此时的社会虽然还继承了周秦社会的礼治传统，但这种传统已经发生了变化。从经济上来看，此时的社会经济中心已由黄河流域转向了长江流域，生活的范围扩大了，生产的水平提高了，人们的欲望也相应复杂了。从政治上看，唐宋社会在周秦社会的血缘、贤能等级制度的基础上，淡化了家族意识，增加了才能意识。科举制的广泛推行，就是以人的才能为标准和以社会权力为尺度有机结合的基础上，从而来制定新的社会等级制度的突出表现。这种制度的长处不仅在于克服了血缘等级制的僵死呆板，使社会的等级制度变成了流动可变的，同时它也为广大的下层平民步入上层社会提供了机会和条件。因此，如果说周秦社会是一个贵族社会的话，可以说唐宋社会就是一个平民社会。这样的社会为人们实现自己的欲望提供了更多的机会和条件。从文化上看，唐宋社会增进了佛学思想，这使人们更注重个体的修养品格。在周秦社会，礼制的统治注重的是满足人们的欲望，用血缘的等级制规范人们的欲望。但它忽略了人们的精神世界。在唐宋社会，由于佛教的传入，人们把自己的欲望限制在最低的范围内，却更加关注人们的精神世界。这样，一方面是人的个性得到了张扬，欲望得到了满足，私欲得以肆意膨胀；另一方面是人的精神又要有所寄托，灵魂需要皈依，心灵需要抚慰。正是在这样的时代，朱子强烈地提出要遏制人们的无限膨胀的私欲，"灭人欲"；并创造性地把"礼"发展为"理"，把"礼制"看作是"天理"，要求人们来遵守，"存天理"。为达到此目的，理学家既继承了传统的天人合一思想，又吸收佛教的唯心思想，苦苦修行，端正心思。朱子说"致中和，天地位焉，万物育焉。"这句话的意思是"盖天地万物本吾一体，吾之心正，则天地之心亦正矣！"由此，可以说，如果中庸作为礼治方法论所关注的是对礼制的遵守，以求得个人和社会的协调发展从而更多关注物质生活的话，那么宋儒对礼治的心性方法论的解释则更多关注的是人的心灵，是一种精神的追求。由于佛教普度众生、不杀生等观念的影响，中庸作为适中调和、折中调和的代名词,与其作为礼治方法论的本义就日渐疏远了。

　　中庸误解为折中调和也有实践的原因。在社会实践中,中庸作为一种方法论,更多的是偏重于"用",偏重于实践者个人私欲的实现。因此,作为恪守礼制的"中"就变为折中调和的"中"了,而其本质则在于实践者打着调和折中维护众人利益的旗帜,更多地为自己谋取更大的利益。从而事实上抛弃了中庸所要强调遵守的礼制原则。这样,中庸就变为孔子所非常反对和讨厌的"乡愿",成为一些阴谋家谋一己之私的借口。所以,中庸就很容易地误解为折中调和了。在长期的历史发展中,中庸就是这样作为一种传统深刻地影响着我国人民的社会生活的。在今天,为建设新文化而汲取传统文化时,对于中庸的本义和历史实践中的意义无疑应该区别对待,方能真正弘扬优秀的传统文化。

经济思想专题

西汉前期经济思想的代表人物是贾谊、晁错和桑弘羊。其突出的特点,一是强烈的政治干预经济意识,二是对现实经济问题密切关注,三是对一些经济规律的认识。这些都使得汉代经济思想在中国经济思想史上占有重要的一席之地。

贾谊的经济思想

贾谊作为汉代著名的思想家,他在研究当时的政治问题时,对当时的社会经济问题也做了探讨,并提出了自己的独到建议,从而形成了他的较系统的经济思想。这些思想不仅对解决当时社会经济问题起到了巨大的作用,而且在中国古代经济思想史上也占有重要的地位。

一、论政治与经济的关系

在贾谊看来,政治与经济是互相制约、互相作用的。

政治的目的是发展经济,国泰民安。《新书·数宁》篇中,贾谊为汉文帝制定"圣王之起"的施政纲领,其中重要的一项就是发展经济。"因天下富足,资财有余,人及十年之食耳"。这样,国家太平,人丁兴旺,人就长寿。"大数既得,则天下顺治。海内之气,清和咸理,则万生遂茂。晏子曰:唯以政顺乎神,为可以益寿。发子曰:至治之极,父无死子,兄无死弟,途无襁褓之葬,各以其顺终。谷食之法,固百以是,则至尊之寿轻百年耳。"《修政语下》也说,圣王执政,"使民富且寿云"。因为人民可以免遭战乱、冻馁、刑罚和灾荒所造成的死亡。其中的冻馁、灾荒都讲的是经济,也就是圣王注意发展经济。"圣王在上,则君积于道,而吏积于德,而民积于用力。故妇为其所衣,丈夫为其所食,则民无冻馁矣。"

"圣王在上,则使民有时,而用之有节,则民无厉疾。"《修正语上》贾谊借大禹口说发展经济的目的是可以召唤、调遣人民。"民无食也,则我弗能使也"。由此决定政治活动必须符合人民的利益。"功成而不利于民,我弗能劝也。故环河而道之九牧,凿江而道之九路,洒(疏)五湖而定东海,民劳矣,而弗苦者,功成而利于民也"。由此可见,将发展经济看做是政治的目的和任务,来自于传统的民本思想。

政策对路就可以推动经济的发展,否则,就会阻碍经济的发展。贾谊将前一种政策叫"玮",后一种政策叫"瑰"。《瑰玮》篇开篇即说,"天下有瑰政于此,予民而民愈贫,衣民而民愈寒,使民乐而民愈苦,使民知而民愈不知避罥网,甚可瑰也。今有玮术于此:夺民而民益富也,不衣民而民益暖,苦民而民益乐,使民愈愚而民不罹罥网。"贾谊因此警告统治者要谨慎,要采取"玮术"而放弃"瑰政"。《孽产子》:"饥寒切于民之肌肤,欲其无为奸邪盗贼,不可得也。"

政治的目的是发展经济,执政者应慎重地选择"玮术"发展经济,但是对于政治统治下的人民和地方来说,又不能使他们过于发达。因为过于发达了就会产生不臣之心。《藩伤》说对于诸侯王,"既已令之为藩臣矣,为人臣下矣,而厚其力,重其权,使有骄心而难服从也"。《大都》篇说对于地方来讲,"若充之以资财,实之以重禄之臣,是轻本而重末也"。这样会"尾大不掉,末大必折"。因此,贾谊主张执政者一方面要发展经济使人民、地方富裕起来,另一方面又要对人民对地方经济实力加以限制,使其不至于强大到与中央政治抗衡。《藩伤》:"爱之故使饱粱肉之味,玩金石之声;臣民之众,土地之博,足以奉养宿卫其身。然而权力不足以侥幸,势不足以行逆。故无骄心,无邪行,奉法畏令,听从必顺,长生安乐,而无上下相疑之祸。活大臣全爱子,孰精于此?"在这里,贾谊讲的是对诸侯王的方案。诸侯王虽属皇亲贵族,但一旦分封各地,也就成了一方土地的人民,一个地方的政权。因此,贾谊的建议实际上是对人民和地方的经济政策。这一既想发展经济又害怕经济发展的政策,反映了贾谊作为统治者一分子的阶级局限性。

二、论时代的经济问题

贾谊所处的时代是距建国二三十年的文帝时代,这正是封建王朝的所谓瓶颈时期,亦即最困难、最关键的时期。这一时期除了政治上的皇帝继承、政策策略、法律制度等问题之外,经济上也出现了一系列的问题。在贾谊看来,这些问题有以下几个方面。

(一)侈靡

有汉之初,经济极为凋弊。"自天子不能具醇驷。"经过二三十年的休养生息,经济逐渐恢复发展起来。这时,社会上反而出现了腐化奢靡的风气。《俗激》:"今世以侈靡相竞","日甚,可谓月异而岁不同矣"。《时变》:"行惟狗彘也,苟家富财足,隐机盱视而为天子耳。唯告罪昆弟,欺突伯父,逆于父母乎?然钱财多也,衣服循也,车马严也,走犬良也。娇诬而家美,盗贼而财多,何伤!欲交,吾择贵宠者而交之;欲势,择吏权者而使之。取妇嫁子,非有权势,吾不与婚姻;非贵有戚,不与兄弟;非富大家,不与出入。"竞相浮华使人们不择手段。《孽产子》:"民卖产子,得为绣衣经履,偏诸缘。"《俗激》:"逐利乎否耳:虑非顾行也。今其甚者,到大父矣,贼大母矣,踝妪矣,刺兄矣。盗者虑探柱下之金,掇寝户之帘。攦两庙之器;白昼大都之中剽吏而夺之金。矫伪者出几拾万石粟,赋六百余万钱,乘传而行诸侯。此其无行义之尤至者已。其余猖獗而趋之者,乃豕羊驱而往。"不择手段地劫掠聚敛财富,使当时社会的价值观念也发生了扭曲。《时变》:"今世贵空爵而贱良,俗靡而尊奸;富民不为奸而贫为里骂,廉吏释官而归为邑笑。居官敢行奸而富为贤吏;家处者犯法为利,为材士。故兄劝其弟,父劝其子,则俗之邪至于此矣。"价值观的扭曲导致人们行为的失范,从而危害了社会秩序。"今俗侈靡,以出伦逾等相骄,以富过其事相竞。""胡以孝弟循顺为善书而为吏耳?胡以行义礼节为家富而出官耳?骄耻偏而为祭尊,黥劓者攘臂而为政。行惟狗彘也,苟家富财足,隐机盱视而为天子耳!"《孽产子》:

"民卖产子,得为之绣衣经履,偏诸缘。人之闲中,是古者天子后之服也。后之所以庙而不以燕也,而众庶得以衣孽妾。白縠之表,薄纨之里,緁以偏诸,美者黼绣,是古者天子之服也。今富人大贾召客者得以被墙。古者以天下奉一帝一后而节适。今富人大贾屋壁得为帝服。贾妇优倡下贱产子得为后饰。然而天下不屈者,殆未有也。"有钱财的人就能做官任吏,就能蔑视政府;有钱财的人就敢也能够享用古代皇后皇帝的衣饰。社会无序了,美丑倒置,善恶移位了。《无畜》:"汰流淫佚侈靡之俗日以长,是天下之大祟也。"

(二)"背本以末"

"背本以末"就是放弃农业生产而从事手工业、商业。贾谊认为,财富的根源是农业、土地,不从事农业生产,或者从事农业生产人数过少,都会给社会带来危害。《瑰玮》:"夫雕文刻镂,周用之物繁多。纤微苦窳之器,日变而起。民弃完坚而务雕镂纤巧,以相竞高。作之宜一日,今十日不轻能成;用一岁,今半岁而弊。作之费日,用之易弊。挟巧不耕而多食农人之食,是天下之所以困贫而不足也。"又说:"黼黻文绣纂组害女工。且夫百人作之,不能衣一人;方且万里不轻能具天下之力,势安得不寒?"日用器具的使用追求纤巧,而其制作又费时费工,为了赚钱大家都去做,而种地打粮的人越来越少,能不贫困吗?《孽产子》:"且试观事理,夫百人作之,不能衣一人也,欲天下之无寒,胡可得也?一人耕之,十人聚而食之,欲天下之无饥,胡可得也?"在贾谊的心目中,农耕人数的比例要大于从事手工业、商业,农耕是社会富有的坦途。而当时却恰恰相反。从事手工业、商业的人数越来越多,贾谊为此而"长大息也"。《无蓄》:"古人曰:一夫不耕,或为之饥;一妇不织,或为之寒"。"今背本而以末,食者甚众,是天下之大残也;从生之害者甚盛,是天下之大贼也。""残贼公行,莫之或止。""生之者甚少,而靡之者甚众。天下之势,何以不危!"

(三)"蓄积少矣"

贾谊认为,一个国家要想发展强大,必须有足够的粮食储备。而农业生产的效率是有限的,这就要求执政者必须时时关注财富的积蓄,否则后患无穷。《忧民》:"王者之法,民三年耕而余一年之食,九年而余三年之食;三十岁而民有十年之蓄。故禹水九年,汤旱七年,甚也,野无青草,而民无饥色,道无乞人。岁复之后,犹禁陈耕。古之为天下,诚有具也。王者之法,国无九年之蓄,谓之不足;无六年之蓄,谓之急;无三年之蓄,曰:国非其国也。"《无蓄》也首先讲蓄积之重要。"禹有十年之蓄,故免九年之水;汤有十年之积,故胜七岁之旱。夫蓄积者,天下之大命也。苟粟多而财有余,何向而不济?以攻则取,以守则固,以战则胜。怀柔附远,何招而不至?管子曰:仓廪实,知礼节,衣食足,知荣辱。"但是回观汉代,却几无蓄积。《忧民》:"今汉兴三十年矣,而天下愈屈,食至寡也。陛下不省耶?未获年,富人不贷,贫民且饥;天时不收,请卖爵鬻子,既或闻耳。曩顷不雨,令人寒心。一雨尔,虑若更生。天下无蓄若此,甚极也。"《无蓄》说:"汉之为汉,几四十岁矣,公私之积,犹可哀痛也。故失时不雨,民且狼顾矣。岁恶不入,请卖爵鬻子,既或闻耳矣。安有为天下阽危若此,而上不惊者?"没有蓄足,还竞相侈靡,这使得贾谊极为担忧。《瑰玮》:"夫奇巧末技商贩游食之民,刑侁乐而心县愆,志苟得而行淫侈,则用不足而蓄积少矣!即遇凶旱,必先困穷迫身,则苦饥甚焉。"《忧民》、《无蓄》两篇中,贾谊忧虑至极。"即不幸有方二三千里之旱,国何以相恤?卒然边境有急,数十百万之众,国何以馈之矣!兵旱相乘,天下大屈,勇力者聚徒而横击,罢夫羸老,易子孙而咬其骨。政法未毕通也,远方之疑者,并举而争起矣!为人上者,乃试而图之,岂将有及乎?"

(四)"不轻致输"

"不轻致输"就是"输致不轻",是说从各地运到中央政府的赋租,徭役费用太高。《一通》:"天子都长安,而以淮南东南边为奉地,弥道数千,不轻致输。"《属远》分析这种征收边远地区租役的方法是沿袭秦,而其危害甚大。秦统一后,"秦不能分尺寸之地,欲尽自有之耳。输将起海上而来,一钱之赋耳,十钱之费,弗轻能致也。上之所得者甚少,而民毒苦之甚深。故陈胜一动而天下振。今汉越两诸侯之中分,而乃以庐江之为奉地。虽秦之远边,过此不远矣。令此不输将,不奉主,非奉地义也。尚安用此而久县其心哉?若令此如奉地之义,是复秦之迹也。窃以为不便。夫淮南虠民贫乡也。徭使长安者,自悉以补,行中道而衣,行胜已赢弊矣。强提荷弊衣而至,虑非假贷自赍,非有以所闻也。履屦不数易不足以至,钱用之费称此,苦甚。窃以所闻县令丞相归休者,虑非甚强也,不见得从者。夫行数千里绝诸侯之地,而县属汉,其势终不可久。汉往者家号泣而送之,其来徭使者家号泣而遣之。俱不相欲也。甚苦属汉而欲王,类至甚也。逋逃而归诸侯者,类不少矣。"在贾谊看来,从边远的奉地收取赋役,路途遥远,运输艰难,费用高昂,中央政府的人不愿去征收,而边远地区的人又不愿来服徭送赋;一些人为此逃寄在诸侯王名下了。这对汉中央政府的统治,当然是很不利的。

(五)"铜布于下"

"铜布于下"即允许私人铸造货币。贾谊认为,这是社会上最大的灾难,《铜布》:"铜布于下,为天下灾。"为什么呢,贾谊认为有三个灾祸。一、"铜布于下,则民铸钱者,大抵必杂以铅铁焉,黥罪日繁"。铸钱者为了多铸钱,就用铅、铁来充作铜,在原料上做假,而按照汉法律,做假要处以黥刑。这样,做假者不绝,黥刑者也越来越多了。二、"铜布于下,伪钱无止,钱用不信,民愈相疑"。虚假的货币不能禁止,没有一定的信用,百姓互相怀疑,社会更加混乱了。三、"铜布于下,采铜者弃其田畴,家铸者损其农事,谷不为则邻于饥"。大家都去采矿炼铜,荒弃了农田,粮食没有人生产,难免饥饿。由此看来,允许民间铸钱,其祸害是很大的了。

三、经济问题的主张

贾谊考察了当时的社会经济,提出了一系列有关社会政治、国计民生的大问题。那么如何处理、解决这些问题?贾谊针对不同的问题,分别提出了解决的办法。

（一）对"侈靡"要"定经制"

贾谊分析当时社会"侈靡"的原因是缺乏制度建设，即没有严格的制度去约束人们。《俗激》："今世以侈靡相竞，而上无制度，弃礼义，捐廉丑，日甚，可谓月异而岁不同矣！"《瑰玮》："世以俗侈相耀，人慕其所不如，悚迫于俗，愿其所未至，以相竞高，而上非有制度也。"因此，贾谊主张建立制度来禁止"侈靡"。在贾谊看来，建立制度，一是要建立礼制，确定社会等级，并给各等级以不同的消费权利。《俗激》："岂如今定经制，令主主臣臣，上下有差，父子六亲，各得其宜，奸人无所冀幸，群众信上而不疑惑哉。此业一定，世世常安，而后有所持循矣。"《服疑》篇讲得更清楚："是以等级分明，则下不得疑。权力绝尤，则臣无异志。故天子之于其下也，加五等已往，则以为臣；臣之于下也，加五等已往，则以为仆。仆亦臣礼也。然称仆不敢称臣者，尊天子，避嫌疑也。"这样区分社会成员的等级，目的是规定消费的权利和水平。"制服之道，取至适至和以予民，至美至神进之帝。奇服文章，以等上下而差贵贱。是以高下异，则名号异，则权力异，则事势异，则旗章异，则符瑞异，则礼宠异，则秩禄异，则冠履异，则衣带异，则环佩异，则车马异，则妻妾异，则泽厚异，则宫室异，则床席异，则器皿异，则饮食异，则祭祀异，则死丧异。故高则此品周高，下则此品周下，加入者品此临之，埤入者品此承之。迁则品此者进，绌则品此者损。贵周丰，贱周谦。贵贱有级，服位有等。等级既设，各处其检，人循其度。"由此可见，礼制的实质是确定社会成员不同的消费权利、消费水平。礼制实际上也就是民法。在贾谊看来，建立制度，二是要建立法制，制定刑罚，对违礼，即违背消费规定的人予以惩罚。所以在《服疑》篇贾谊接着说："擅退则让，上僭则诛，建法以习之，设官以牧之。"

（二）对"背本以末"要重本务农

贾谊很明确地说，让那些从事手工业、商业的人去务农，从事农业生产。《瑰玮》："今驱民而归之农，皆著于本，则天下各食于力。末技、游食之民转而缘南亩，则民安性劝业，而无县愈之心，无苟得之志，行恭俭蓄积而人乐其所矣。"这种重农务本的主张是与贾谊的"玮术"联系在一起的,也就是说"驱民而归之农"是发展经济唯一的坦途。

(三)对"无蓄"要重本节用

在贾谊看来,汉兴近四十年来蓄贮甚少的主要原因是"背本以末"和"侈靡"。《无蓄》:"生之有时而用之无节,则物力必屈。古之为天下者至悉也,故其蓄积足恃。今背本而以末,食者甚众,是天下之大残也;从生之害者甚盛,是天下之大贼也;汰流、淫佚、侈靡之俗日以长,是天下之大祟也。残贼公行,莫之或止;大命泛败,莫之振救。何计者也,事情安所取?生之者甚少而靡之者甚众,天下之势何以不危?"因此,贾谊认为,要积蓄,一是要减少从事手工业、商业人口,"驱民而归农";二是要舍弃浮华,"行恭俭蓄积";三是对于统治者来讲,要用取"有时"。用"有时"就是使用农民要按照季节的变化,在农闲时使用,无夺农时。《修正语下》:"圣王在上,则使民有时,而用之有节,则民无厉疾。"取"有时"就是在获取、享用自然物时要按照季节的变化去采用,不能破坏他们的发展,不能竭泽而渔。《礼》:"不合围,不掩群,不射宿,不涸泽……草木不零落,斧斤不入山林;昆虫不蛰,不以火田;不麛,不卵,不刳胎,不殀夭,鱼育不入庙门,鸟兽不成毫毛不登庖厨。取之有时,用之有节,则物蓄多。"

(四)对"不轻致输"要"割地定制"

对于边远地区向中央政府输送赋役之困苦,贾谊认为,要消除这一困难,最好的办法是"割地定制",即分封皇帝的子孙到边远地区做诸侯王。这样可以解除长途奔波和运输之苦。《属远》篇:"古者天子地方千里,中之而为都,输将徭使,其远者不在五百里而至,输将者不苦其劳,徭使者不伤其费,故远方人安其居,士民者有欢乐其上。此天下之所以长久也。"由此,从经济上为"分封制"做了肯定。

(五)对"铜布于下"要"上收铜勿令布下"

这就是说,国家来统一管理货币,结束放任自流的局面。《铜布》篇里,贾谊认为,由国家统一管理货币,有七大好处,即"七福"。这就是:"民不铸钱,黥罪不积";"伪钱不繁,民不相疑";"不得采铜,不得铸钱,则民反耕田矣";"毕归于上,上挟铜积,以御轻重,钱轻则以术敛之,钱重则以术散之,则钱必治,货物必平矣";"挟铜之积以铸兵器,以假贵臣,小大多少,各有制度,以别贵贱,以差上下,则等级明矣";"挟铜之积,以临万货,以调盈虚,以收奇羡,则官必富而末民困矣";"挟铜之积,制吾弃财,以与匈奴逐争其民,则敌必坏矣。"概而述之,从经济上说,国家把铜加以垄断之后,可以使那些采铜、铸钱的人回到农耕上来;而国家垄断了铜矿的开采和铸钱的技术,可以积极地控制货币流通,平抑物价,从而使国家获得好处,使那些从事手工业、商业的人无利可图。而从政治上说,国家垄断货币,又可以使百姓避免因铸掺杂物的钱而获黥罪,并使其相信国家的统一货币,可以使国家有铜铸造礼器分给各阶层人享用,以表明其身份等级;可以与匈奴进行交换,从而与其争夺百姓。总之,贾谊把货币看做是政治统治的一个重要工具,国家必须垄断。

四、对经济发展规律的认识

在对贾谊经济思想的考察中我们发现,在对当时经济问题的分析研究中,贾谊在很多方面已认识到了经济发展的一些规律。应该说,这是很可贵的。

贾谊认识到经济的繁荣和发展与政治、政策是密切相关的。指出政治的目的是发展经济,特别是指出对路的政策能发展经济,不对路的政策能阻碍经济发展。这可以说是一个国家经济发展的重要前提。贾谊讲这一点的目的是劝谏汉文帝要"重本抑末"。《瑰玮》:"故以末予民,民大贫;以本予民,民大富。"这固然有其历史的局限性,但就其强调国家政治对经济发展的作用这一点讲,无疑是符合经济发展实际的一个历史进步。

贾谊看到了社会生活中人们唯利是图的本质。《铸钱》:"法使天下公得顾租铸钱,敢杂以铅铁为他巧者,其罪黥。然铸钱之情,非淆铅、铁及石杂铜也,不可得赢,而淆之甚微,又易为,无异盐羹之易,而其利甚厚。张法虽公铸铜锡，而铸者情必奸伪也。名曰顾租公铸，法也。而实皆黥罪也。有法若此，上将何赖焉。夫事有召祸而法有起奸。今令细民操造币之势，各隐屏其家而公铸作。因欲禁其厚利微奸，虽黥罪日报，其势不止……为民设阱，孰积于是。上弗早图之，民势且尽矣！曩禁铸钱，死罪积下；今公铸钱，黥罪积下。虽少异乎，末具也。民方陷溺，上且弗救乎？"

贾谊对货币的认识已达到了相当高的程度。他提出了"法钱"、"正钱"的概念。《铸钱》："法钱不立"，"正钱日亡"。"法钱"，"正钱"即统一的货币价值，它应有规定的形式、重量和成色。这是典型的本位币的概念。他认识到货币流动的客观性质，而依靠法律权力，不足以解决货币问题。"且世民用钱，县异而郡不同；或用轻钱，百加若干，轻小异行，或用重钱，平称不受。法钱不立，将使天下操权族，而吏急而一之乎，则大烦苛而民弗任，且力不能而势不可施；纵而弗苛乎，则郡县异而市肆不同，小大异用，钱文大乱。夫苟非其术，则何向而可哉？"他也指出了货币的调节作用。

五、贾谊经济思想的地位与作用

贾谊经济思想是在汲取前人特别是管子经济思想的基础上发展而来的，先秦思想家李悝、商鞅、荀子的农本思想，管子的政治与经济学关系的思想和货币理论，都可以从贾谊这里找到印痕。

贾谊经济思想的本质是国家干预经济的发展。这是对汉初的黄老无为政策的一种批判和反动。他主张积极地去发展、诱导经济。《铜布》："善为天下者，因祸而为福，转见而为功。"就是鼓励统治者要采取有力的措施将不利因素化转为有利的因素。他的"正钱"、"法钱"的概念正反映了经济发展中等价、平价交换的时代要求。

贾谊经济思想对后来社会产生了巨大的影响，晁错的贵粟主张，汉武帝时期的统一货币政策，桑弘羊的国家干预"王者塞天财"学说，以及后来的王符提出的"重本"观点，都得益于贾谊的作用。

晁错的经济思想

晁错生于汉高祖七年（公元前200年），卒于汉景帝三年（公元前154年），颍川人（今河南禹县人），晁错少年师从轵县（今河南济源）儒生张恢学习申商刑名之学说。由州郡文学掾升为太常掌故。文帝五年（公元前175年）曾上书谏废铸钱令，后来，由太常派遣跟从齐之大儒伏生学习《尚书》。大约在文帝十二年（公元前168年）学成回长安，即被派为太子舍人，第升为博士，后又拜为太子家令，被太子家称为"智囊"。文帝十六年（公元前164年）举贤良文学对策高第，迁中大夫。景帝即位，以错为内史，甚得信任。景帝二年（公元前153年）迁为御史大夫，曾更改法令三十种。景帝三年（公元前154年）吴楚七国以清诛错为名谋反，景帝即斩晁错于东市。

晁错一生写了不少政论文章。《汉书·艺文志》记载有三十一篇，流传到现在我们只能看到《汉书》所载的八篇文字。《汉书·晁错传》载有《言太子知术数疏》、《言兵事疏》、《守边劝农疏》、《募民实塞疏》、《举贤良对策》，《汉书·荆燕吴传》载有《削藩策》，《汉书·食货志》载有《论贵粟疏》、《减收农民租》。从这八篇文章看，晁错的思想极为丰富，内容涉及学术、政治、军事、经济等方面。在这里，我们只对其经济思想加以阐述和分析。晁错所处的时代是汉初政治渐趋巩固，经济逐渐繁荣，新的社会经济矛盾正在孕育的时期。从生平年月看，晁错与贾谊应是同时代的人。因此，对于当时的社会问题，他们有共同的认识和看法，只不过解决问题的思路有所不同。从两人的文章看，贾谊更偏重的是政治制度的建设，带有一种理想主义的色彩；而晁错则注意的是从政治实践中去解决问题，更带有实用主义的意味。因此，贾谊的思想味、学术味更浓，而晁错的实践味、实利味则强一些。关于这一点，我们可以从下面经济思想分析中特别是入粟拜爵和移民实边的分析看出一些端倪来。

在晁错看来，政治统治的基础是"人情"。《举贤良对策》："臣闻三王臣主俱贤，故合谋相辅，计安天下，莫不本于人情。"因此，国家政策的核心是适应和维护"人情"。"人情莫不欲寿，三王生而不伤也；人情莫不欲富，三王厚而不困也；人情莫不欲安，三王扶而不危也；人情莫不欲逸，三王节其力而不尽也。其为法令也，合于人情而后行之；其动众使民也，本于人事然后为之。取人以己，内恕及人。情之所恶，不以强人；情之所欲，不以禁民。是以天下乐其政，归其德，望之若父母，从之若流水；百姓和亲，国家安宁，名位不失，施及后世。"合乎"人情"的政策可以得到人民的支持和援助，就可以使"百姓和亲，国家安宁"。这种"本于人情"的观点与贾谊的"民本"思想的涵义是一样的，它把人民的愿望和要求看得比君主的愿望和要求还要重要，看作是历史发展的主力和核心，这无疑是秦汉农民战争洗礼之后当时社会的一种共识。正是在这一认识的基础上，晁错认为，政治的目的就是要发展经济，"开其资财之道也"。《论贵粟疏》："圣王在上而民不冻饥者，非能耕而食之，织而衣之也，为开其资财之道也。"圣明君王治理社会，人民不受冻不饥荒，不是君王自己会耕作生产出粮食让人民去享用，也不是君王自己会织布做出衣服让人民去穿戴，而是君王为人民开辟了生产粮食、发财致富的道路啊！这无疑是说，政治的目的就是要发展经济，使人民过上富裕幸福的生活。这种观点显然同贾谊的圣王执政"使民富且寿"的观点是一致的。

那么，怎样为民"开其资财之道"呢？晁错认为，这取决于政策导向，取决于统治者。他认为，既然人民都是"欲寿"、"欲富"、"欲安"、"欲逸"，都是"趋利如水走下"，那么关键就看统治者的决断。《论贵粟疏》："民者，在上所以牧之，趋利如水走下，四方亡择也。"比如，如果统治者特别重视珠玉，那么社会上就以追逐珠玉为目标，"夫珠玉金银，饥不可食，寒不可衣，然而众贵之者，以上用之故也"。当然，珠玉也有其自身的特点，"其为物轻微易臧，在于把握，可以周海内而亡饥寒之患"。这就造成了不良的后果。"此令臣轻背其主,而民易去其乡,盗贼有所劝,亡逃者得轻资也。"由此,晁错主张汉统治者应该以粟米为珍贵,使全社会都为多得到粟米去努力。"粟米布帛生于地,长于时,聚于力,非可一日成也;数石之重,中人弗胜,不为奸邪所利,一日弗得而饥寒至。是故名君贵五谷而贱金玉。"

晁错在分析政策对经济发展的导向作用的同时,还分析了经济发展与政治统治、社会安定的关系。他说,经济发展了,人民富裕了,那么,人民就易于治理,社会就太平。否则,人民不服从调遣,社会就动荡。《论贵粟疏》:"民贫,则奸邪生。""夫寒之于衣,不待轻暖,饥至于食,不待甘旨;饥寒至身,不顾廉耻。人情,一日不再食则饥,终岁不制衣则寒。夫腹饥不得食,肤寒不得衣,虽慈母不能保其子,君安能以有其民哉。"一些开明君王明白政治与经济这一关系,所以尽力去发展经济。"明主知其然也,故务民于农桑,薄赋敛,广蓄积,以实仓廪,备水旱,故民可得而有也。"

重视经济,发展经济,首先面临的问题是了解当代经济发展的概况和问题。这是每一位经济学家都要率先解决的问题。晁错当然也不能例外。

晁错介绍了当时社会的经济情况,指出了社会两极分化的趋向。在晁错看来,当时社会上农民生活愈来愈苦。《论贵粟疏》:"今农夫五口之家,其服役者不下二人,其能耕者不过百亩。百亩之收不过百石。春耕夏耘,秋获冬臧,伐薪樵,治官府,给徭役;春不得避风尘,夏不得避暑热,秋不得避阴雨,冬不得避寒冻,四时之间无日休息,又私自送往迎来,吊死问疾,养孤长幼在其中。勤苦如此,尚复被水旱之灾,急政暴(赋),赋敛不时,朝令而暮改。当具有者半价而卖,亡者取倍称之息,于是有卖田宅鬻子孙以偿责者矣。"而商人却愈来愈富有。"而商贾大者积贮倍息,小者坐列贩卖,操其奇赢,日游都市,乘上之急,所卖必倍。故其男不耕耘,女不蚕织,衣必文采,食必(粱)肉;亡农夫之苦,有仟佰之得。因其富厚,交通王侯,力过吏势,以利相倾,千里游遨,冠盖相望,乘坚策肥,履丝曳缟。此商人所以兼并农人,农人所以流亡者也。"农业生产产量低,生产艰难,迎来送往之费用支出繁多;赋敛苛重,水旱之灾,粮食价格低等因素,使得农民越来越困苦。而商业利润丰厚,经营容易,商人日渐阔绰,甚至吞并农业,使农民流离失所。可见,当时社会经济情况并不容乐观。

据此,晁错指出了当时社会经济存在着两个问题。一是"蓄积少"。《论贵粟疏》:"今海内为一,土地人民之众不避汤、禹,加以亡天灾数年之水旱",但是"蓄积未及";二是"本轻末重"即农贱商贵。"今法律贱商人,商人已富贵矣;尊农夫,农夫已贫贱矣。故俗之所贵,王之所贱也;吏之所卑,法之所尊也。上下相反,好恶乖迕,而欲国富法立,不可得也。"

怎样来解决这两个问题呢?作为学习而且崇尚刑名学说的晁错不像贾谊主张用礼制来解决,而是主张用法律,即建立严格的政治制度来解决。当然,这种政治制度的制定要符合"人情"即百姓的利益和要求。《举贤良对策疏》:"其立法也,非以苦民伤众而为之机陷也,以之兴利除害,尊主安民而救暴乱。其行赏也,非虚取民财妄予人也,以劝天下之忠孝而明其功也。故功多者赏厚,功少者赏薄。如此,敛民财以顾其功,而民不恨者,知与而安已也。其行罚也,非以忿怒妄诛而从暴心也,以禁天下不忠不孝而害国家者也。"法制的建设要符合"人情",目的是"兴利除害","尊主安民",使民"知与而安已"。可见,法制的主张与礼制的主张归根结蒂都是维护政治,使国泰民安。但晁错作为一个现实主义的政治家和思想家决不只是提出一个解决问题的思路,更重要的是针对当时社会经济情况提出了一个切实可行的政策,这就是"贵粟"。"贵粟"就是将粮食作为价值标准去评价和衡量社会成员,然后用"爵"位即提高社会地位的方式予以奖赏。简言之,就是入粟拜爵。《论贵粟疏》:"方今之务,莫若使民务农而已矣。欲民务农,在于贵粟,贵粟之道,在于使民以粟为赏罚。今募天下人粟县官,得以拜爵,得以除罪。如此,富人有爵,农民有钱,粟有所泄。夫能入粟以受爵,皆有余者也;取于有余,以供上用,则贫民之赋可损,所谓损有余补不足,令出而民利者也。"这就是说,募捐粮食交给官府,官府则授予募捐人爵位,或者赦免募捐人罪责。这样的话,就使得富裕的人有爵位(即在社会上有了地位),农民因出卖粮食而手里也有了钱,粮食也能流通起来。因为凡是能捐粮食而得到爵位的人都是有钱、富裕的人。所以,这样做实际上是从富裕人那里取来粮食来供给皇上使用,那么就可以同时减少农民的赋税,农民就可以得到好处了。在晁错看来,人粟拜爵既符合民心又可达到三个目的。"顺于民心,所补者三,一曰主用足,二曰民赋少,三曰劝农功。"这就是说,入粟拜爵既可满足君主有充足的粮食,又可减少农民的赋税,还可鼓励农民去耕作。晁错对这个建议充满信心。他认为,爵位是皇帝专有的,从口里说出没有穷尽;粮食是农民的,从地里长出来不会缺乏,而得到高爵和免除罪刑又是人们所追求的。这样,入粟拜爵实行不了几年,官府粮食就能充足起来。

入粟拜爵并不限于粮食,车马也可以,因为政府需要;拜爵和免罪之外,还可以免除徭役。晁错说:"今令:民有车骑马一匹者,复卒三人。车骑者,天下武备也,故为复卒。"如果缴纳车马的话,就可以免除三人的卒役;如果没有卒役的,则付给钱。但政府最喜欢的还是粮食,"粟者,王者大用,政之本务"。

入粟拜爵经过了两个阶段。第一个阶段是"入粟于边",即要求缴纳粮食的人要运送到边疆去缴纳;第二个阶段是"入粟郡县",即把粮食直接缴纳给所在郡县。第一阶段的目标是要使边疆贮备五年的粮食,"边食足以支五岁";第二阶段的目标是使郡县有一年的贮备粮,就可以不征农民租税,"足支一岁以上,可时赦,勿收农民租"。

据《汉书·食货志》载,晁错的入粟拜爵主张得到了汉文帝的采纳,予以实施了。"于是文帝从错之言,令民入粟边,六百石爵上造,稍增至四千石为大夫,万二千石为大庶长,各以多少数为差。"这一政策的实施也给汉政府带来了充足的粮食,鼓励了农业生产,汉政府逐渐强大起来。"后十三岁,孝景二年,令民半出田租,三十而税一也。其后,上郡以西旱,复修卖爵令,而裁其价以招民;及徒复作,得输粟于县官以除罪。始造苑马以广用,宫室列馆车马益增修矣。然娄敕有司以农为务,民遂乐业。至武帝之初七十年间,国家亡事,非遇水旱,则民人给家足,都鄙廪庾尽满,而府库余财。京师之钱累百钜万,贯朽而不可校。太仓之粟陈陈相因,充溢露积于外,腐败不可食。众庶街巷有马,阡陌之间成群,乘牸牝者摈而不得会聚。守闾阎者食粱肉;为吏者长子孙;居官者以为姓号……"由此可见,西汉中叶经济的繁荣昌盛与晁错的经济主张是密不可分的,正是他的入粟拜爵建议推动并促进了西汉中叶经济的发展。

入粟拜爵给汉政府带来了短暂经济繁荣是勿庸置疑的,但也不能过于夸大它的作用。因为它的实质是出卖政府的权力以换取财物。从其生产条件来看有一定的进步作用,但从后来漫长的古代社会中看,它却是历代政府腐朽没落的一个主要标志。它开辟了由卖爵到卖官也就是最终直接出卖政府的先例。到汉武帝时代,终于以给羊式封官的方式开始卖官了。所以,胡寄窗先生在《中国经济史》说,入粟拜爵"给以后封建王朝卖官鬻爵以补财政亏欠和营私肥己开了一个罪恶的先例"①。

移民实边是除了入粟拜爵之外晁错的另一个重要的经济思想。在《守边劝农疏》中,晁错首先分析了秦的教训,晁错说,移民实边,即"置戍卒焉"是秦王朝就开始的。但秦王朝的目的是扩张而不是自卫。"非以卫边而救民死也,贪欲而欲广大也。"而且,秦所移之民全是"谪戍",即把移民守边当作是对百姓的一种惩罚了。"秦之戍卒不能其水土,戍者死于边,输者偾于道。秦民见行,如往弃市,因以谪发之,名曰谪戍。"其结果造成人民极为不满,产生了反抗之心。"发之不顺,行者深怨,有背畔之心。"在晁错看来,移民戍边必须要给人民实惠,人民才会拼死守战。"凡民守战至死而不降北者,以计为之也。故战胜守固则有拜爵之赏,攻城屠邑则得其财卤以富家室,故能使其众蒙石矢,赴汤火,视死如生。"但是秦王朝对戍边士卒无"铢两"之报。"今秦之发卒也,有万死之害,而亡铢两之报,死事之后不得一算之复,天下明知祸烈及己也。"最终导致了秦的灭亡。"陈胜行戍,至于大泽,为天下之先倡,天下从之如流水者,秦以威劫而行之之敝也。"看来秦的灭亡还是政策不当所致啊!

进而,晁错又分析了移民实边的必要性。晁错说,胡族游牧生活,辗转不定,侵扰无时,难以防守。"胡人食肉饮酪,衣皮毛,非有城郭田宅之归居,如飞鸟走兽于广袤,美草甘水则止,草尽水竭则移。是以观之,往来转徙,时至时去,此胡人之生业,而中国之所以离南亩也。今使胡人数处转牧行猎于塞下,或当燕代,或当上郡、北地、陇西,以候备塞卒,卒少则人。"这样就很难反击匈奴人的侵掠。"陛下不救,则边民绝望而有降敌之心。救之,少发则不足;多发,远县才至,则胡人已去。聚而不罢,为费甚大;罢之,则胡复入。如此连年,则中国贫苦而民不安矣。"因此,要对付匈奴,必须移民实边,确立固定的居民以防守,随时准备反击匈奴的入侵。"选常居者,家室四作,且以备之。"而且要建筑城池。"以便为之高城深堑,具蔺石,布渠答,复为一城其内,城间百五十步。要害之处,通川之道,调立城邑,毋下千家,为中周虎落。"

---

① 胡寄窗:《中国经济史》,上海人民出版社 1978 年版,第 22 页。

怎样移民呢？晁错认为，要给移民提供一个优裕的生活环境即先建好房屋，准备好农具，然后招募有罪的人和免去徒刑罚作劳役的人到这里来定居；不够的话，就招募那些为赎罪而送来的成年奴婢和为了得到爵位而送来的奴婢；还不够的话，就招募百姓中愿意去的人。"先为室屋，具田器，乃募辠人及免徒复作令居之；不足，募以丁奴婢赎罪及输奴婢欲以拜爵者；不足，乃募民之欲往者。"在晁错看来，要想移民成功，还必须要实施相应的政策。如赐以高爵，免收赋税。"皆赐高爵，复其家。予冬夏衣，廪食，能自给自止。郡县之民得买其爵，以自增至卿。其亡夫若妻者，县官买予之。"而且，"胡人入驱而能止其所驱者，以其半予之，县官为赎其民。"也就是说，能够阻止或夺回被匈奴掳去的人口和牲畜的人，可以提到其中一半的奖励，其中的人口由政府赎回。这样，移民得到了实惠，而官府也得到了益处。其一，不需要再调东方之戍卒，"使远方无屯戍之事"，其二，守边移民居住在一起，熟悉地势，了解敌情，一旦有事，"则邑里相救助，赴胡不避死"，"塞下之民父子相保，无系虏之患"。因此，它"与秦之怨民，相去远矣"。

晁错的建议得到了采纳。《汉书·晁错传》："上从其言，募民徙塞下。"晁错为此十分高兴，又上了篇《募民实塞疏》，对移民实边又提了两点建议：一是对移民生活要妥当安置。要注意移民生活地方的气候、水、土壤、草木等自然环境，要妥善规划住宅、田地、道路、村落，还要安排医生、宗教祭祀、婚姻等。其目的"使民乐其处而有长居之心也"。二是对移民进行组织管理。使五家为一伍，设伍长；十伍为一里，设假士；四里为一连，设五百；十连为一邑，设假侯。这些官吏都要选择有才能，有保护能力，熟悉地形，了解民心的人担任。民住时让民众练习射箭的技术，出外时教育民众如何应付敌人。在内有一支训练有素的队伍，在外就能凭军威镇定局势。训练成熟后，不要让他们再迁徙。这样，边民"幼则同游，长则共事；夜战声相知，则足以相救；昼战目相见，则足以相识；欢爱之心，足以相死。如此劝以厚赏，威以重罚，则前死不还踵矣！"

综上所述，可以看出，晁错移民实边的主张，实际上是用经济手段来抵御匈奴的侵扰。这与贾谊的"三表"、"五饵"虽具体内容不同，然而其宗旨却是一致的。但显然，贾谊的"三表"、"五饵"带有一种天朝大国的傲慢和浪漫，而晁错的移民实边却有踏实稳健的作风，并显示出一种坚强不屈的性格。晁错明白地否定和亲政策，建议皇帝"绝匈奴不与和亲",这与晁错个人性格之"陡直刻深"恐不无关系。但不管怎样,移民实边政策,开后代屯田政策的先河。汉武帝时赵充国实行军屯,三国时曹操的屯田政策,都是晁错思想的继承和发展。胡寄窗先生在《中国经济史》中称赞说,"他的移民政策有一定的科学根据,绝非一知半解、闭门造车的主观主义设想。""惟以经济思想角度考察,他在两千年前就能提出这样周密细致的移民政策,毕竟难能可贵。"

桑弘羊的经济思想

桑弘羊生于西汉景帝四年（公元前153年），卒于西汉昭帝始元七年（公元前80年），洛阳人。武帝建元元年（公元前140年），桑弘羊十三岁，做了武帝侍中。武帝元鼎二年（公元前115年），南阳冶铁商人、大农丞孔仅升大农令，桑弘羊也迁升为大农丞。四年之后（元鼎六年，公元前111年），孔仅被免，桑弘羊被任为治粟都尉，领大农，代替孔仅管理天下盐铁。太初元年（公元前104年）改大农令为大司农，而且扩大了属官的名额。大司农下设大司农丞（或称中丞）、太仓、均输、平准、都内、籍田等五令丞，斡官、钱币两长丞，以及郡国诸仓、农监、都水六十五官长丞。由此，桑弘羊的职权更大了。天汉元年（公元前100年），由大司农署理进而为大司农正官。天汉四年（公元前97年）桑弘羊被贬为搜粟都尉。然而据今人安作璋先生考证，桑弘羊被贬后，大司农一官虚设，事实上桑弘羊仍然负责大司农职务。后元二年（公元前80年），武帝死，昭帝立。桑弘羊与霍光、金日䃅、上官桀等共受遗昭辅政。此年，桑弘羊迁升为御史大夫。昭帝元凤元年（公元前80年）桑弘羊因鄂邑长公主、燕王石等人谋反而被牵连捕杀，年七十三岁。

桑弘羊一生勤于政事，在主持大司农职务期间，桑弘羊协助汉武帝实行了盐铁、酒榷、均输、平准、铸币、屯田等重要措施。但他并无著作行世。《汉书·桑弘羊传》也仅仅有一传记，《食货志》中也没有载有关桑弘羊的奏折或有关经济方面的论文。我们现在对桑弘羊经济思想的探讨依据是西汉桓宽所编的《盐铁论》。此书是桓宽根据昭帝始元六年

(公元前81年)盐铁会议的记录整理而成的,客观地反映了桑弘羊与其讨论者的思想,是我们研究桑弘羊和当时社会思想文化的重要材料。

桑弘羊经济思想与贾谊相比,同晁错一样更注重现实问题的解决,但是又比晁错更具体更丰富。

一、论政治与经济的关系

桑弘羊认为国家政权建立的目的,亦即政治的目的是发展经济。《盐铁论·本议》:"古之立国家者,开本末之途,通有无之用;市朝以一其求,致士民,聚万货,农商工师,各得所欲,交易而退。《易》曰:通其变,使民不倦。"这就是说,政治的核心是开辟发展农业和工商业的途径,沟通物资有无,通过市场统一解决各方面的问题,招徕四方百姓,聚集各种货物,农夫、商人、工匠都可以在这里得到各自需要的东西,交换之后各自享用。正如《易经》所说,货物流通交换,百姓就不会懈怠。在桑弘羊看来,统治者发展经济的目的还不仅仅是谋取利益,同时还要通过经济的管理来治理社会,使社会平安稳定。《盐铁论·复古》:"令意总一盐铁,非独为利入也,将以建本抑末,离朋党,禁淫侈,绝并兼之路也。"现在官府发出盐铁官营,不但是为了得到些收入,也是为了促进农业,限制私人商业,分化割据势力,禁止奢侈堕落,杜绝相互兼并的道路。一句话,是为了稳定社会,加强政治统治。由此,统治者的职责就是使每一个人过上幸福的生活。《盐铁论·忧边》:"故王者之于天下,犹一室之中也,有一人不得其所,则谓之不乐。"而要发展经济,必须进行经济管理,不能放任自流。《盐铁论·力耕》:"王者塞天才,禁关市,执准守时,以轻重御民。丰年岁登,则储积以备乏绝;凶年恶岁,则行币物;流有余而调不足也。"统治者应该积极地控制自然财富,管理边境关市,掌握平衡物价的权力,守候时机,根据轻重之策来治理百姓。丰收年,就积贮物资以备不足时使用;灾荒年,就发放钱币,用积贮的物品来周济不足。

桑弘羊认为,社会经济的发展主要看政府的政策和举措是否得当。《盐铁论·通有》:"富在术数,不在劳身;利在势居,不在力耕也。"富足,效益取决于决策和形势,不在于亲自劳作。桑弘羊指出,社会生活是丰富的,社会生产因而要进行合理的分工,发展经济的措施也应是多样的。《盐铁论·水旱》:"陶朱为生,本末异经,一家数事,而治生之道乃备。"陶朱公的经营之道,就是农工商明确分工,使一家人做很多的事情,这样就奠定了经济发展的基础。桑弘羊批判了当时推行发展农业的政策。《盐铁论·力耕》说:"富国何必用本农,足民何必井田也?"使国家富裕为什么一定要采取井田制的办法呢?不是很多商人"累万金"吗?"贤圣治家非一宝,富国非一道。昔管仲以权谲霸,而纪氏以强本亡。使治家养生必于农,则舜不甄陶而伊尹不为庖。"经济发展并不是只有一条路,经济措施也不是只有一条。管仲用权谋而成就了齐桓公的霸业,而纪氏发展农业却灭亡了。经济生活除了农业之外,还有餐饮业。因此,要发展经济,统治者必须审时度势,采取切实可行的措施,制订行之有效的政策。"故善为国者,天下之下我高,天下之轻我重。以末易其本,以虚易其实。"在桑弘羊看来,适应、推动经济发展的政策措施应具备三个条件。一是社会有序发展。《盐铁论·禁耕》:"山海有禁而民不倾,贵贱有平而民不疑。县官设衡立准,人从所欲,虽使五尺童子适市,莫之能欺。"可见,经济的有序发展在于财物有明确的归属即产权明确,在于物价稳定,在于计量统一。只有这样,才不至于哄抢、欺骗,做到"民不倾"、"民不疑"、"莫之能欺",从而使"人从所欲"。二是投入少而获利大。《盐铁论·力耕》:"汝、汉之金,纤微之贡,所以诱外国而钓胡、羌之宝也。夫中国一端之缦,得匈奴累金之物,而损敌国之用。是以骡驴馲驼,衔尾入塞,驒騱騵马,尽为我畜;鼲貂狐貉,采旄文罽,充于内府;而璧玉珊瑚瑠璃,咸为国之宝。是则外国之物内流,而利不外泄也。异物内流则国用饶,利不外泄则民用给矣。《诗》曰:百室盈止,妇子宁止。"用金、织物可换取胡、羌的珍贵物品,用我们两丈的丝绸(古代一端为两丈)即可换得很多贵重的东西。这样,骡、驴等牲畜,鼠皮等皮货,璧玉等宝物,都会源源不断运入国内,满足人民的需要。这样,百姓各家都富足,妇孺安康。三是通过对经济的管理来加强政治统治。"今山泽之财,均输之藏,所以御轻重而役诸侯也。""役诸侯"也就是役使、调遣地方的统治者。桑弘羊这样强调政策的正确性,显然是为其执政时所颁布的盐铁等措施予以辩护的。但其论述政策与经济发展之关系,无疑是正确的,富有借鉴意义的。

在桑弘羊看来,经济的强大与否直接关系到政治统治的安危。作为最高统治者,必须要控制社会的自然财富,从而稳定统治。《盐铁论·刺权》:"今夫越之具区,楚之云梦,宋之钜野,齐之孟诸,有国之富而霸王之资也。人君统而守之则强,不禁则亡。"现在越地的具区湖,楚地的云梦泽,宋地的钜野泽,齐地的孟诸泽,都是使国家富强而称霸的资源。君主统一管理这些资源,国家就会强盛,不然国家就会灭亡。过去齐国就把自然资源的开发让给了卿、大夫,结果国君权势衰退了。《盐铁论·禁耕》:"异时盐铁未笼,布衣有朐邴,人君有吴王——皆盐铁初议也。吴王专山泽之饶,薄赋其民,赈赡穷乏,以成私威,私威积而逆节之心作。夫不蚤绝其源而忧其末,若决吕梁,沛然,其所伤必多矣。大公曰:一家害百家,百家害诸侯,诸侯害天下,王法禁之。"社会生活中如果个人财富过分膨胀,那么就会产生逆反、篡政的野心,如果不加以扼制,造成的危害会更大。《盐铁论·错币》讲的更明白:"民大富,则不可禄使也;大强,则不可以威罚也。"百姓的钱财太多了,国家就不能以俸禄驱使他;势力太强了,就不能用威力制服他。而灭火抽薪的办法,就是最高统治者应掌握国家的财富,发展经济。否则,就不能使政治稳定,"非散聚均利者不齐"。因此,桑弘羊颂赞盐铁政策。《盐铁论·刺权》:"令意所禁微,有司之虑亦远矣。"

二、论时代经济问题

桑弘羊生活在景、武、昭时代,而其主要的活动是武帝时期。在这一时期,桑弘羊作为主管经济事务的大司农,采取了很多发展经济而旨在解决当时经济问题的措施。昭帝以后,作为御史大夫,桑弘羊又对过去的经济活动做了总结和解释。显然,无论是经济措施还是经济总结,都体现了桑弘羊对时代经济问题的看法。

(一)财政收入问题

汉自建立,经惠、文、景几代的休养生息,经济逐渐恢复、发展和繁荣起来。武帝即位之后,凭借着雄厚的经济实力,连年对外用兵,支出大量的军费,致使国库空虚;而人民也由于负担过重,穷困失业,到处流亡;武帝主要安置大批流民,又耗费以亿计,这就更增加了政府的财政困难。在这样的情况下,如何解决财政困难,增加政府收入就成了时代最迫切的问题。

为了解决这一问题,汉武帝起用了当时的盐铁大商南阳的孔仅、齐之东郭咸阳。在他们的建议下,武帝实施了盐铁专卖,在盐铁产地设立盐铁专卖署,并由当地的盐铁商人充任盐官或铁官。武帝元封元年(公元前110年),桑弘羊被任命为治粟都尉,领大农,管理天下盐铁。桑弘羊贯彻盐铁专卖的措施,凡是产盐铁的地区,都设置盐铁官,管理煮盐、制造铁器和买卖盐铁等事务。当时所设置的盐铁官有37个,分布在全国28郡;铁官49个,分布在全国40个郡内。

盐铁生产本来就是当时社会的一项重大收入。《汉书·食货志》载董仲舒话,说"盐铁之利二十倍于古"。文帝时,对盐铁实行放任政策,其丰厚的利润也由商人、地方诸侯得去了。自盐铁专卖以后,盐铁生产的规模扩大了,汉政府的收入也相应增加了。《史记·平准书》:"而县官有缗钱之故,用益饶矣。"又说:"大农以均输调盐铁助赋,故能赡之。"《盐铁论·轻重》篇中御史也说:"当此之时,四方征暴乱,车甲之费,克获之赏,以亿万计,皆赡大司农,此皆扁鹊之力,盐铁之福也。"可见,盐铁专卖给汉政府带来了巨大的利益,解决了当时的财政困难。

但在盐铁专卖中也出现了一些问题。桑弘羊也看到了。《盐铁论·复古》:"故扇水都尉彭祖宁归,言:盐铁令品,令品甚明,卒徒衣食县官,作铸铁器,给用甚众,无妨于民。而吏或不良,禁令不行,故民烦苦之。"盐铁政策是正确的,但是由于官吏素质太差,不遵循规定,给老百姓也带来了一些麻烦。但这并不证明盐铁政策是错误的,而是"不良"的官吏造成的,所以一定要罢免这些官吏。桑弘羊对"文学"、"贤良"的建议是非常想不通的。

为了增加政府的收入,天汉三年(公元前98年),桑弘羊还设立了酒榷制度,对酒也实行专卖。《盐铁论·忧边》:"群臣尽力毕议,册滋国用,故少府丞令请建酒榷,以赡边给战士,拯救民于难也。""文学"对桑弘羊的攻评从反面说明了桑弘羊为增加收入而惨淡经营。《盐铁论·轻重》:"大夫君以心计策国用,构诸侯,参以酒榷。"可见,酒专卖是桑弘羊独自的主张了。

(二) 贡赋和物价问题

汉代各郡国每年都要向中央政府交纳贡赋。贡赋的内容以当地的土特产为主。交纳贡赋必须由各郡国运送至京都。这样就出现了问题。一是由郡国运到京都,路途遥远,辗转往复,贻误农时;二是贡赋的价值有的并不大,而运送至京都的费用支出高昂;三是贡赋的内容以地方特产为主,而这些特产讲究时令,长途贩运至京都,需时较长,已变味发霉了。为了解决这一问题,贾谊曾提出"割地定制"的主张。但"割地定制"只是解决了贡赋交纳给各地方政府即郡国的问题,至于由各地政府即郡国交给中央政府的问题并没有解决。桑弘羊则较妥善地解决了这一问题。元鼎二年(公元前115年)桑弘羊创立了均输法。《史记·平准书》:"弘羊为大农丞,管诸会计事,稍稍置均输,以通货物矣。"到元封元年(公元前110年),桑弘羊领大农,均输政策得以广泛实施。均输政策的主要内容是在全国各地设立均输官,负责当地贡品的收缴,然后看哪些地方需要或缺少这样的货物,就运送过去予以出卖;中央政府只要钱币。均输政策的依据显然是商业贸易,其利益在于一是减轻了各郡国的输送之苦,二是增加了政府的收入,三是调配各地货物之供给。《汉书·食货志》说:"于是天子北至朔方,东封泰山,巡海上,旁北边以归,所过赏赐,用帛百余万匹,钱金以钜万计,皆取大农。……一岁之中……诸物均输帛五百万匹,民不益赋,而天下用饶。"《盐铁论·力耕》篇中桑弘羊也说:"往者财用不足,战士或不得禄,而山东被灾,齐、赵大饥,赖均输之畜,仓廪之积,战士以奉,饥民以赈。"

与贡赋问题相联系的是物价问题,当时社会上仍延续着汉初以来的"无为"政策,对社会生产持自然发展的态度。于是人们竞相追逐商业的高利润。商人囤积居奇,垄断货物,哄抬物价,牟取高利。对此,一心谋求增加政府收入的桑弘羊自然不会坐视不理。在元封元年(公元前110年)桑弘羊实施了平准政策。《史记·平准书》:"置平准于京师,都受天下委输,召工官治车诸器,皆仰给大农。大农之诸官尽笼天下之货物,贵即卖之,贱则买之。如此,富商大贾无所牟大利,则反本,而万物不得腾踊,故仰天下物,名曰平准。"可见,平准与均输不同,均输的目是调配各郡国的贡赋,地点在全国各地,平准的目的是汇集全国的货物,地点在京都;均输是财政实物收入打入市场,平准则是政府直接参与经营商业。均输与平准共同的目的都是为中央政府谋取利润。

从盐铁会议的争论看,均输和平准在当时都收到了极大的效益。《盐铁论·本议》桑弘羊总结说:"往者郡国诸侯各以其方物贡输,往来烦杂,物多苦恶,或不偿其费。故郡国置输官以相给运,而便远方之贡,故曰均输。开委府于京师,以笼货物。贱即买,贵则卖。是以县官不失实,商贾无所贸利,故曰平准。平准则民不失职,均输则民齐劳逸。故平准、均输所以平万物而便百姓,非开利孔为民罪梯者也。"这就是说,平准、均输稳定了物价,调配了物资,使人民勤于耕作,按时耕耘休息;同时也抑制了商人,增加了政府的收入。

(三)货币问题

在西汉,货币流通的问题主要是由谁制造货币。汉初,是由政府统一铸造的。文帝时,"铜布于天下",由民间铸造。当时贾谊就指出,"铜布于天下,为天下灾",建议收回铸币权。但文帝并没有采纳贾谊的建议。所以至武帝时,货币问题仍然是一个棘手的问题。这表现在货币紊乱,币值不一,币质也不同。当时社会上有半两钱、荚钱、四铢钱、三铢钱、赤仄钱,有银币、皮币等,这使商品交换极为困难。而一些人为牟取暴利,不惜铤而走险。《史记·平准书》:"赦吏民之坐盗铸金钱死者数十万人。其不发觉相杀者,不可胜计。赦自出者百余万人,然不能半自出。天下大抵无虑皆铸金钱矣。犯者众,吏不能尽诛取。"但是"商贾以币之变,多积货逐利"。在这种情况下,为了彻底解决货币问题,元鼎五年(公元前112年),桑弘羊建议中央收回铸币权,汉武帝采纳了。《史记·平准书》:"悉禁郡国无铸钱,专令上林三官铸。钱既多,而令天下非三官钱不得行。诸郡国所前铸钱,皆废销之,输其铜三官。"这里的三官钱也就是五铢钱,因统于上林均输、钟官、办铜三官,所以又叫三官钱。币制改革,以前所有各种钱币一律废止,民间私铸钱者逐渐减少,币值遂统一。自此之后,直至平帝时,全国通行的货币都是五铢钱。对此,桑弘羊曾经做过总结。《盐铁论·错币》:"文帝之时,纵民得铸钱、冶铁、煮盐。吴王擅鄣海泽,邓通专西山,山东奸猾咸聚吴国,秦、雍、汉、蜀因邓氏、吴、邓钱布天下。故有铸钱之禁。禁御之法立而奸伪息，奸伪息则民不期于妄得而各务其职，不反本何为？故统一，则民不二也；币有上，则下不疑也。"文帝让人们随便铸钱、冶铁、煮盐。吴王刘濞垄断了煮盐业，邓通独占了铸钱业，华山以东奸伪狡猾的人都聚集在吴王刘濞手下，秦、雍、汉、蜀的人跑到邓通那里，吴王刘濞、邓通的钱遍布天下。所以有禁止私人铸钱的必要。朝廷的禁令施行了，就会使奸猾虚伪的行为得到制止。奸猾虚伪的行为制止了，人们就不会希望得到外财，各干各的事情，这样，人们不从事农业又干什么呢？所以国家统一铸钱，老百姓就不会三心二意，钱币由国家统一发行，老百姓就不会产生怀疑。可见，在桑弘羊看来，货币的统一促进了社会生产的发展，安定了民心，稳定了社会。

（四）实边屯田

为抵御匈奴的骚扰，解决边防驻军的供给，晁错提出了移民实边的建议。这一建议被采纳实施。武帝时，桑弘羊继续贯彻这一措施。元鼎年间，在桑弘羊的主持下，在上郡、朔方、西河及河西一带设置田官，发六十万人进入大规模的屯田。《史记·平准书》载：当时"中国繇到馈粮，远者三千，近者千余里，皆仰给大农。"实边屯田解决粮食供给问题。《盐铁论·西域》篇，桑弘羊谈到这一问题时说："胡西役大宛，康居之属，南与群羌通。先帝推攘斥夺广饶之地，建张掖以西，隔绝羌、胡，瓜分其援。是以西域之国皆内拒匈奴，断其右臂，曳剑而走。故募人田畜以广用。长城以南、滨塞之郡，马牛放纵，蓄积布野，未睹其计之所过。"在这里，桑弘羊批驳了对屯田实边的责难，指出其好处，第一，隔断羌、胡，使匈奴不能联合羌人进入中国；第二，沟通西域，以断匈奴右臂；第三，保证了西北边郡的农业生产。可见，屯田边疆，不仅具有经济上的意义，而且还有军事上的意义。

桑弘羊不仅贯彻了实边屯田的政策，而且还建议将这一政策扩充到西域等地。《汉书·西域传》载，征和四年（公元前89年），桑弘羊上书说："故轮台以东，捷枝，渠梨皆故国，地广，饶水草，有溉田五千顷以上。处温和，田美，可益通沟渠，种五谷，与中国同熟。其旁过少锥刀，贵黄金、采缯，可以易谷食，宜给足，不可乏。臣愚以为可遣屯田卒，诣故轮台以东,置校尉三人分护,各举图地形,通利沟渠,务使以时益种五谷。张掖、酒泉遣骑假司马为斥候,属校尉,事有便宜,因骑置以闻。田一岁,有积谷,募民壮建有累重敢徙者,诣田所,就蓄积为本业,益垦溉田。稍筑列亭,连城而西,以威西国,辅乌孙,为便。臣谨遣征事臣昌分部行边,严敕太守、都尉明烽火,选士马,谨斥候,蓄茭草。愿陛下遣使使西国,以安其意。臣昧死请。"轮台处于塔里木盆地之中心,是汉朝到西方去的使节和商队往来必经之地。轮台以东,焉耆、危须、尉黎一带,正是匈奴僮仆都尉经常驻扎的地区。当时桑弘羊建议屯田于此,就军事、政治、经济各方面来说,都是经营西域的良策,可惜没有被武帝采纳。直到元凤四年(公元前 77 年),昭帝采用此建议,使扜弥太子赖丹为校尉将军,田轮台。宣帝时,都护郑吉卒收其功,于是"匈奴益弱,不得近西域。"由此可以看出,桑弘羊无论在经济上还是军事上都有超人的见解和建树。

在盐铁会议上,桑弘羊总结屯田措施的实施,指出了屯田的目的是增加收入。《盐铁论·园池》:"诸侯以国为家,其忧在内。天子以八极为境,其虑在外。故宇小者用菲,功巨者用大。是以县官开园池,总山海,致利以助贡献;修沟渠,立诸农,广田牧,盛苑囿。太朴、水衡、少府、大农,岁课诸入,田牧之利,池𦱌之假,及北边置任田官以赡诸用,而犹未足。今欲罢之,绝其源,杜其流,上下俱殚,困乏之应也。"这就是说,政府为了增加收入,开辟园池,统一管理山海;兴修水利,发展林牧业,屯田北疆;即使这样,还嫌不足。因此,停止这些措施,财政收入就会困乏。由此,桑弘羊批判了"文学"们的错误说法。

三、主要经济观点

(一)重商观点

桑弘羊非常重视商业,认为商业同农业一样也是财富的源泉。《盐铁论·力耕》:"自京师东西南北,历山川,经郡国,诸殷富大都,无非街衢五通,商贾之所臻,万物之所植者。故圣人因天时,智者因地财,上士取诸人,中士劳其形。长沮桀溺无百金之积,跖硚之徒无猗顿之富,宛、周、齐、鲁,商遍天下。故乃商贾之富,或累万金,追利乘羡之所致也。富国何必用本农,足民何必井田也?"凡是全国繁华的地方都是商业发达的地区;商人都是很富有的人;国家的富强并不是只有农业一条路啊!在桑弘羊看来,商业作为财富的又一源泉,其作用在于一是供应充足。《盐铁论·本议》:"故工不出,则农用乏;商不出,则宝货绝。农用乏,则谷不殖;宝货绝,则财用匮。"没有商业流通,宝贵的货物就得不到供应,财富消费就会不足。又引《管子》话说:"有山海之货而民不足于才者,商业不备也。"有丰富的山海物产,而百姓仍然没有钱花,是因为工商业不发达呀!二是调节有无。《盐铁论·通有》:"天地之利无不赡,而山海之货无不富也,然而百姓匮乏,财用不足,多寡不调,而天下财不散也。""农商交易,以利本末。山居泽处,蓬蒿墝埆,财物流通,有以均之。是以多者不独衍,少者不独馑。若各居其处,食其食,则是橘柚不鬻,朐卤之盐不出,旃罽不市,而吴、唐之财不用也。"自然资源是很丰富的,而有的地方百姓物资不足,财用不均,是因为商业没有开展,财物没有调节。只有进行商业贸易,才有利于发展工农业,使穷乡僻壤货物流通,互通有无。这样就可以使财物多的地方不独自富裕,财物少的地方不至于缺乏。如果都是各自住在自己的地方,吃自己生产的东西,那么桔子、柚子就没有人卖,北方的池盐就运不出来,市场上就不会有毡子和毯子,吴、唐地区的竹子和木材就用不上了。可见只有通过商业交换,方可互通有无。

(二)对货币的看法

桑弘羊将货币看作是财富的象征。《盐铁论·贫富》:"余结发束脩,年十三,幸得宿卫,给事辇毂之下,以至卿大夫之位,获禄受赐,六十有余年矣。车马衣服之用,妻子仆养之费,量入为出,俭节以居之,俸禄赏赐,一二筹册之,积浸以致富成业。"桑弘羊说自己所以致富,是因为积累了大量由俸禄而来的货币。如上述,在《盐铁论·力耕》指出,长沮桀溺所以穷,那是他们"无百金之积"。商人之所以富,那是他们"或累万金"。桑弘羊还认识到了货币的功能在于流通交换和贮藏。《盐铁论

·错币》："交币通施,民事不给,物有所并也。"钱币流通交换有无,百姓的需要供给不足,因为有人把财物藏起来了。桑弘羊还看到必须对货币加以统一管理。他说,文帝时让人们私自铸钱,所以吴王刘濞、邓通的钱遍布天下,奸猾虚假的行为横行,百姓对政怀疑而不敢信任。所以才必须禁止私人铸钱,由政府统一发行货币,才能取得老百姓的信任。

(三) 消费观点

桑弘羊看到了消费可以刺激生产。《盐铁论·通有》:"君子节奢刺俭,俭则固。昔孙叔傲相楚,妻不衣帛,马不拜粟。孔子曰:不可,大俭极下。此《蟋蟀》所为作也。《管子》曰:不饰宫室,则林木不可胜用;不充庖厨,则禽兽不损其寿。无末利,则本业无所出,无黼黻,则女工不施。故工商梓匠,邦国之用,器械之备也。自古有之,非独于此。弦高贩牛于周,五羖凭车入秦,公输子以规矩,欧冶以熔铸。《语》曰:百工居肆,以致其事。"君子反对奢侈,但也反对过于俭朴,太俭朴就是简陋。过去孙叔傲当楚国丞相的时候,他的妻子不穿丝绸衣服,自己骑的马不喂粮食。孔子就曾经说:不可以过于俭朴,大人物要太俭朴就成了卑贱的小人了。这就是《诗经·蟋蟀》所讽刺的事情。《管子》也说,"要是不装饰宫殿,木材就不能充分利用;不充实厨房,禽兽就不会损伤性命,没有工商业,农业就得不到发展;衣服不装饰衣纹,那么女工就不能施展技巧了。"所以,各种工商木匠,不仅是国家建设需要的,也是为了制造各种器具兵械准备的。这是自古以来就有的,并不是现在才有。春秋时,郑国的弦高就曾到滑国去卖牛,虞国人百里奚曾经租车到秦国做生意,鲁班发明了圆规和曲尺,欧冶子冶铁铸剑。《论语》说各种工匠工作在作坊里,努力完成他们的生产和交换。因为社会需要他们的产品。

四、桑弘羊经济思想的文化意蕴

（一）地域文化的作用

桑弘羊在经济实践中看到了地域文化的一些特点。第一，认识到了地理位置的重要性。他看到一些地方经济发达主要是地处交通要塞。《盐铁论·通有》："燕之涿、蓟，赵之邯郸，魏之温、轵，韩之荣阳，齐之临淄，楚之宛、陈，郑之阳翟，三川之二周，富冠海内，皆为天下名都。非有助之耕其野而田其地者也，居五都之冲，跨街衢之路也。"这就是说，经济发达的地区都是交通便利的地方，"宅近市者"利用优越的空间条件，就可以使自己过着比乡村优裕得多的生活。《盐铁论·力耕》也说，全国各地殷富的都市，"无非街衢五通"，都是交通方便的地方。

第二，各地物质、文化虽不同，但通过交流，可以各取所需，共同享用。《盐铁论·本议》："陇、蜀之丹漆旄羽，荆、扬之皮革骨象，江南之柟梓竹箭，燕齐之鱼盐旃裘，兖、豫之漆丝絺纻，养生送终之具也，待商而通，待工而成。"《盐铁论·相刺》讲了各地方人民所以能分享不同的文化成果，一是由于客观上在于物美。"橘柚生于江南，而民皆甘之于口，味同也。"二是由于主观上人民有共同的本质。"好音生于郑卫，而人皆乐之于耳，声同也。越人子臧，戎人由余，待译而后通，而并显齐、秦，人之心于善恶同也。"

第三，强调中原与边疆的利益相一致。《盐铁论·地广》："是以圣王怀四方独苦，兴师推却胡、越，远寇安灾，散中国肥饶之余以调边境，边境强则中国安，中国安则晏然无事，何求而不默也。"《盐铁论·诛秦》："中国与边境，犹支体与腹心也，无肌肤寒于外，腹肠疾于内，内外之相劳，非相为赐也？唇亡则齿寒，支体伤而心间憯怛。故无手足则支体废，无边疆则内国害。"由此，桑弘羊坚决拥护武帝反击匈奴，经营边疆的措施。汉武帝讨伐匈奴，浑邪王投降，朝廷设五个郡国以抵御匈奴，又下令减少边防粮饷运输，放宽了徭役。开始劳苦，终于得到安定和幸福。

第四，治国必须要了解地域文化。《盐铁论·险固》："古者，为国必察土地、山陵、阻险、天时、地利，然后可以王霸。"桑弘羊批评"文学"不懂地域文化的重要性，目光短浅。《盐铁论·论邹》："诸生守畦田亩之虑，闾巷之固，未知天下之义也。"

（二）发展经济的动力

在桑弘羊看来，人的需要、欲求是经济发展的动力和源泉。《盐铁论·力耕》："故乃商贾之富，或累万金，追利乘羡之所致也。"在《万有》篇中，桑弘羊则指出过于俭朴即人们过于压抑自己的欲望，就会制约经济的发展。同时，桑弘羊也说，发展经济的目的就是要满足人们的需要。《本议》篇说，发展经济的目的是"各得所欲"。《禁耕》篇也说，平准的目的是"人从所欲"。在考察人的需要与经济发展的关系中，桑弘羊看到了追求财富是人的本性。《盐铁论·毁学》："司马子言：天下穰穰，皆为利往。赵女不择丑好，郑妪不择远近，商人不愧耻辱，戎士不爱死力，士不在亲，事君不避其难，皆为利禄也。儒墨内贪外矜，往来游说，栖栖然亦未为得也？故尊荣者士之愿也，富贵者士之期也。"桑弘羊的话可说是一语中的，道出了人类活动的本质。令桑弘羊头痛的是，人是贪得无厌的。《盐铁论·疾贪》："然。为医以拙矣，又多求谢。为吏既多不良矣，又侵渔百姓。长吏厉诸小吏，小吏厉诸百姓。故不患择之不熟，而患求之与得异也；不患其不足也，患其贪而无厌也。"做医生的医术不高却要更多的酬金，当官多数都不好，又要侵夺鱼肉百姓。大官欺小官，小官欺压百姓。因此，选官最怕选出的与想要的不一样，最怕选出的官贪得无厌。又说："贤不肖有质，而贪鄙有性，君子内洁己而不能纯教于彼。故周公非不正管蔡之邪，子产非不正邓晳之伪也。夫内不从父兄之教，外不畏刑法之罪，周公、子产不能化，必也。今一一则责之有司，有司岂能缚其手足而使之无为非哉？"贤与不贤以及贪婪鄙劣都是人的本质决定的。君子可以使自己纯洁，却不能叫别人也同样纯洁。从前周公并不是不纠正管叔和蔡叔的过错，郑子产并非不约束邓晳的非法行为。他们在家不听父母兄长的指教，在外不怕治罪，周公、子产不能把他们教育过来是必然的了。现在什么事情都责怪官吏，官吏又怎么能捆住人们的手脚而不使他们为非作歹呢？桑弘羊这样说，一方面说明他看到了人的欲望是无止境的,另一方面他也是为自己惩治贪官污吏不力而辩护。

(三)理想人格

从桑弘羊与"文学"的讨论看,他所理想的人格是像苏秦、张仪那样对社会做出突出贡献有智有勇的人。《盐铁论·褒贤》:"伯夷以廉饥,尾生以信死。有小器而亏大体,匹夫匹妇之为谅也,经于沟渎而莫之知也。何功名之有?苏秦、张仪,智足以强国,勇足以威敌,一怒而诸侯惧,安居而天下息。万乘之主,莫不屈体卑辞,重币请交,此所谓天下名士也。"可见,桑弘羊崇拜的是那些叱咤风云、威极一时的人物。这些人物要为国家民族做出贡献,而不是赢得个人的私利。这就是要"强国","要威敌"。《盐铁论·相刺》说,这样的人不在于读了多少的书,有多高的知识水平,"要在安国家,利人民,不苟繁文重辞而已。"这些人物要有"智",有"勇",贵在务实,而不是徒有虚名。"歌者不期于利声而贵在中节,论者不期于丽辞而务在事实。""所谓文学高第者,智略能明先王之术,而姿质足以履行其道。故居则为人师,用则为世法。"由此出发,桑弘羊认为商鞅就是这样的人。《盐铁论·非鞅》:"昔商鞅相秦也,内重法度,言刑罚,饬政教,奸伪无所容。外设百倍之利,收山泽之税,国富民强,器械完饰,积蓄有余。是以征敌伐国,攘地斥境,不赋百姓而师以赡。故利用不竭而民不知,地尽西河而民不苦。"又:"秦任商君,国以富强,其后卒并六国而成帝业。"李斯也是一个理想中的人。《盐铁论·毁学》:"李斯入秦,遂取三公,据万乘之权以制海内,功侔伊、望,名巨太山。"进而,桑弘羊批评儒生徒有虚名而无其实。《盐铁论·相刺》:"今文学言治则称尧、舜,道行则言孔、墨,授之政则不达。怀古道不能行,言直而行枉,道是而情非。衣冠有以殊于乡曲,而实无以异于凡人。"《盐铁论·能言》:"儒者口能言治乱,而无能以行之。"桑弘羊甚至对孔子也进行批评。《盐铁论·大论》:"文学所称圣知者,孔子也。治鲁不遂,见逐于齐,不用于卫,遇围于匡,困于陈蔡。夫知时不用犹说,强也;知困而不能已,贪也;不知见欺而往,愚也;困辱不能死,耻也。若此四者,庸民之所不为也,何况君子乎?"桑弘羊批评孔子"强"、"贪"、"愚"、"耻",目的是揭露"文学"们丑恶的本质,但也反映了他崇拜成功的理想人格,追求实惠和效益的经济意识。

盐铁会议的思想趋向

汉昭帝始元六年（公元前81年）二月，在汉京城长安召开了一次会议，针对汉武帝所实行的一系列政策进行讨论。这就是历史上有名的盐铁会议。对这次会议，当时儒生桓宽评其是"巨儒宿学"与"摄卿相之位"之间的"或上仁义，或务权利"的争论；后来一些学者，或者说这是桑弘羊与霍光个人之间的权利斗争，或者说这是汉代儒法之间的斗争；由此引出的问题是，桑弘羊是儒家还是法家，文学贤良是孔子之儒还是孟子之儒，等等。因此，揭示盐铁会议的本质，对于了解汉代历史事实，了解汉代思想文化的发展，无疑有着重要的意义。笔者不揣浅陋，对此作一论述，不当之处，谨请专家同仁雅正。

一、权利之争：盐铁会议的政治导因

在盐铁会议的讨论中，正方是御史大夫桑弘羊所率领的"群丞相史、御史"，反方是文学贤良，文学贤良的幕后操纵者是大司马大将军霍光，因此，盐铁会议的主角是桑弘羊和霍光。桑弘羊和霍光都是汉武帝时的重臣，而桑弘羊尤得汉武帝的宠信。据安作璋先生考证，桑弘羊负责大司农事务差不多有26年之久，"这点非常重要，是我们研究桑弘羊生平事业的有力线索之一。因为举凡盐铁、酒榷、均输、平准、铸币、屯田等重要措施,都是在这一时期进行的"①。可见,桑弘羊是汉武帝政策的主要的谋划者和制定者。至后元二年(公元前87年),武帝死,昭帝立,桑弘羊、金日䃅、上官桀等共受遗诏辅政。是年,桑弘羊迁御史大夫。而霍光逐渐执掌了朝政,与桑弘羊的矛盾突出出来。《汉书·霍光传》说,"帝年八岁,政事壹决于光。"《汉书·昭帝纪》载:"御史大夫桑弘羊数以邪枉干辅政,大将军(光)不听而怀怨望,与燕王通谋。"双方政治上的分歧很大。《汉书·田千秋传》载,田千秋、霍光与桑弘羊"并受遗诏,辅道少主……居丞相位……终不肯有所言,光以此重之……桑弘羊为御史大夫八年,自以为国家兴榷莞之利,伐其功,欲为子弟得官,怨望霍光,与上官桀谋反,遂诛灭。"霍光迫于桑弘羊过去的功绩和威望,不敢贸然行动;桑弘羊则依仗自己的功绩和治国安邦的才能对霍光的专权也瞧不起。这样,到昭帝始元六年(公元前81年),霍光采纳部下杜延年的建议,"举贤良,议罢酒榷盐铁"②。盐铁会议就是在这种情况下召开的。在会议中,桑弘羊据理抗争,使得文学贤良无言以对,以至于强词夺理,但结果文学贤良却又加官晋爵。因此,盐铁会议的召开,使霍光和桑弘羊的矛盾白热化了。桑弘羊被迫铤而走险,于盐铁会后谋反,而霍光则乘机消除了对手。《汉书·霍光传》载:"燕王旦自以昭帝兄,常怀怨望,及御史大夫建造酒榷盐铁,为国兴利,伐其功,欲为子弟得官,亦怨恨光,于是盖主、上官桀、安及弘羊皆与燕王旦通谋。"由此可见,盐铁会议的召开,实质上是霍光为剥夺桑弘羊的权利,扫除桑弘羊的威信而有目的有计划地进行的,是两个受命托孤大臣之间的权利争夺。《盐铁论·国疾》中文学说:"今公卿处尊位,执天下之要,十有余年,功德不施与天下,而勤劳于百姓。百姓贫陋困穷,而私家累万金。此君子所耻,而《伐檀》所刺也。"除了冠冕堂皇的理由外,显然是在赤裸裸地责备,攻讦。安作璋先生讲到这里时说:"在这里值得注意的有两个问题,第一,桑弘羊的'谋反'恰恰在盐铁会议的次年;第二,'谋反'事件告密的又是发起罢除盐铁的杜延年而延年因此有功,封为建平侯,并擢为太仆右曹给事中,其间蛛丝马迹不难寻绎。因此我怀疑桑弘羊的

---

① 安作璋:《汉史初探》,上海人民出版社1957年版,第62页。
② 《汉书·杜延年传》。

死可能是由盐铁问题引起的。"①应该说,安先生的怀疑是正确的。盐铁会议确属霍、桑之间权利争夺中矛盾激化的产物。需要指明的是,权利之争导致盐铁会议的召开,只是一种表面的现象,是一种偶然的因素。其内在的本质和历史的必然性尚须我们进一步探讨。

二、政策调整:盐铁会议的政治本质

有汉之初,由于秦的暴政和连年战争,经济凋敝,汉统治者采用黄老无为思想指导统治。在政治上采用宽松简约的法律;经济上少事工程,只收少量的税收;外交上对屡犯边境的匈奴采用和亲政策。因此,黄老无为政策的实质是要求统治阶级不要多事奢侈,烦扰农民,让他们春种秋收自然发展,即所谓休养生息。黄老政策的结果是汉初的经济繁荣了,社会得以稳定的发展,但无可避免的是黄老政治带来了一系列的弊端。从政治上看,一是作奸犯科之徒屡禁不止,二是诸侯王在经济上聚敛了财富,骄奢淫逸,权势日重。《盐铁论·错币》:"民大富,则不可以禄使也;大强,则不可以罚威也"。如《盐铁论·禁耕》:"吴王专山泽之饶,薄赋其民,赈赡穷乏,以成私威。私威积而逆节之心作"。从经济上看,社会财富集中在豪强地主和商人手中,他们兼并土地,恃财凌弱,与官吏贯通,霸道乡里,使百姓生活又出现了危机。《盐铁论·错币》:"交币通施,民事不给,物有所并也。计本量委,民有饥者,谷有所藏也"。从外交上,匈奴统治者并没有因和亲而停止对边境的骚扰。

汉初黄老政治是社会经济不发达条件下汉统治者被迫实行的,决不是统治者的主观意志。因此当经济繁荣、社会稳定,特别又要出现一些分裂中央政权危机时,统治者断然摒弃了"无为"思想,而行有为之实了。所以,汉武帝一反过去的政策,加强了集权统治。政治上任用酷吏张汤等人,采取严律峻法,打击豪强,惩治犯人。经济上则采用的是桑弘羊等人的建议,实行盐、铁、酒专卖;推行均输平准措施,禁止私人铸造货币,由中央政府统一管理;实行屯田。《盐铁论·错币》:"故人主积

---

① 安作璋:《汉史初探》,上海人民出版社 1957 年版,第 64~65 页。

其食,守其用,制其有余,调其不足,禁溢羡,厄利涂,然后百姓可家给人足也"。外交上则诉诸武力,用兵匈奴,开拓了边疆。《盐铁论·复古》:"先帝计外国之利,料胡、越之兵,兵敌弱而易制,用力少而功大,故因势变以主四夷,地滨山海以属长城,北略河外,开路匈奴之乡,功未卒"。可以说,武帝政治是西汉统治政策的第一次重大调整。这次调整的中心是加强中央集权,实质是政府要干预社会生活,行使其职能,其作用使汉进入了鼎盛辉煌时代。有论者认为这次政策的调整是由和平社会进入"战时经济",我们认为这种观点是错误的。因为,汉武帝的政策不仅限于经济方面,政治和文化方面也是很突出的。经济措施对他来说只是一个重要手段而已。《盐铁论·力耕》载桑弘羊曾经说:"王者塞天财,禁关市,执准守时,以轻重御民。"

武帝政策赢得了汉的繁荣昌盛,国富民强,但也无可避免地带来了一些问题。其中主要是经济问题。连年的对外战争使经济日益困乏,而盐铁专卖和均输平准虽然打击了豪农豪商,却役使了大量的农民。大批的官吏中饱私囊,贪污腐化。而长期征战,也使得军乏民困。《盐铁论·非鞅》:"盖文帝之时,无盐铁之利而民富。今有之而百姓困乏,未见利之所利也,而见其害也……故利蓄而怨积,地广而祸构,恶在利用不竭而民不知,地尽西河而民不苦也? 今商鞅之册(策)任于内,吴起之兵用于外,行者勤于路,居者匮于堂,老母号泣,怨女叹息"。因此,西汉政府面临着第二次调整政策的任务。早在武帝晚年,他就对自己的政治进行反思,下轮台诏,表示要纠错反正。只可惜天不假年,他还没有完成这一任务就去世了。昭帝即位时,只有八岁,霍光乘机独揽朝政,对忠实执行武帝经济政策的桑弘羊予以反诘发难;表面上,盐铁会议是一场权利之争,而实质上是通过权力移交这种方式来完成西汉政策的第二次政策调整。

第二次政策调整的中心问题是纠错反正,兴利除弊。《盐铁论·利议》记载文学的话说:"诸生对册(策),殊路同归,指在于崇礼义,退财利,复往古之道,匡当世之失,莫不云太平。"只是桑弘羊站在自己过去的立场上竭力为武帝的政策辩护,而文学贤良则站在现实反对的立场拼命反驳,针锋相对,互不退让。因此,盐铁会议说明了汉武帝时推行的各项政策是必要的、正确的,而现在的修正调整也是必需的、应该的。用"丞相"的话说,这次政策调整的目的,《盐铁论·执务》:"使百姓咸足于衣食,无乏困之扰;风雨时,五谷熟,螟螣不生;天下安乐,盗贼不起;流人还归,各反其田里;吏皆廉正,故以奉职,元元各得其理也"。至于如何调整政策,文学贤良主张以德治为中心。《盐铁论·本议》:"窃闻治人之道,防淫佚之愿,广道德之端,抑末利而开仁义,毋示以利,然后教化可兴,而风俗可移也"。政治上要轻刑罚,重无为;经济上务农桑,轻商贾;外交上以"德"、"义"服人。《盐铁论·本议》:"故善克者不战,善战者不师,善师者不阵。""古者贵以德而贱用兵。"《盐铁论·备胡》:"古者,君子立仁修义,以绥其民,故迩者习善,远者顺之。是以孔子仕于鲁,前仕三月及齐平,后仕三月及郑平,务以德安近而绥远"。这些主张虽有一些道理,但正如桑弘羊所说,是空谈,没有实际意义。

三、文化建设:盐铁会议的精神本质

　　盐铁会议不仅是汉政府的权利之争,也不仅是政策的调整,更重要的是文化建设,这可以说是其最本质的特征。

　　所谓文化建设是一个时代对人生和社会的理想化设计,是时代行为的精神依托。文化建设大体上是从确定人生价值和寻求建立社会秩序的方式两个方面进行。

　　有汉至盐铁会议时,文化建设已进行了两次。第一次文化建设是从汉高祖刘邦经惠、文、景至武帝前。这次文化建设是在战争刚刚结束,经济十分凋敝的情况下进行的。这次文化建设,从人生理想方面讲,统治阶级提出"无为"的思想。所谓"无为",如前所述,是要求统治者不要有所作为,不要用大规模的工程或其他事情烦扰农商;"无为"的本质是有为,因为刘氏贵族已经取得了政权,成为统治者,他们以为尽可以坐享其成,坐享荣华富贵。从社会秩序方面讲,汉初继承了秦以来的严法峻律,以约束百姓。易言之,采用法制的方式管理社会。

　　第二次文化建设是汉武帝时代。经惠、文、景的休养生息,经济繁荣了,有资本了,文化也发生了变化,进行了重建。在人生理想上采取积极进取的态度,把建功立业作为人生的目标。司马迁父子就倡导进取的人生。《史记·太史公自序》:"且夫孝,始于事亲,中于事君,终于立身，扬名于后世，以显父母，此孝之大者也。"司马迁惨遭腐刑也屈辱苟活，以实现自己的人生理想。《盐铁论·褒贤》记载的桑弘羊话说："伯夷以廉饥，尾生以信死。由小信而亏大体，匹夫匹妇为之谅也，经于沟渎而莫之知也。何功名之有？苏秦、张仪，知足以强国，勇足以威敌，一怒而诸侯惧，安居而天下息。万乘之主，莫不屈体卑辞而重币请交，此所谓天下名士也。夫智不足与谋，而权不能举当世，民斯为下也。"所以，可以说，这是一个英雄的时代。在社会方面，汉武帝一方面仍沿袭过去的法制管理方式。《盐铁论·刺复》："故憪急之臣进，而见知废格之法起。杜周、咸宣之属，以峻文决理贵，而王温舒之徒以鹰隼击杀显"。另一方面，又努力掌握经济，用经济方式管理社会。如前引桑弘羊所讲的话："王者塞天财，禁关市，执准守时，以轻重御民。丰年岁登，则行币物，流有余而调不足也。"

盐铁会议的召开，可以说是西汉第三次文化建设，这次文化建设是在经济又出现危机，社会即将动荡的情况下进行的。应该说，这次文化建设是在比第二次文化建设更好的情况下进行的。其主要任务是纠正武帝时文化建设的不足。因此，这次文化建设首先在人生理想上再一次倡导"无为"，同时强调节欲修德，去繁华，崇简朴。为此文学贤良提出了一系列主张：

古之君子守道以立名，修身以俟时，不为穷变节，不为贱易志，惟仁之处，惟义之行。临财苟得，见利反义，不义而富，无名而贵，仁者不为也。（《地广》）

《老子》曰：'贫国若有余，非多财也，嗜欲众而民躁也。'是以王者崇本退末，以礼义防民欲，实菽粟货财。（《本议》）

故利在自惜，不在势居街衢；富在俭力趣时，不在岁司羽鸠也。（《通有》）

故君子之仕，行其义，非乐其势也。（《刺权》）

今之在位者，见利不虞害，贪得不顾耻，以利易身，以财易死。无仁义之德而有富贵之禄，若蹈坎阱，食于县门之下，此李斯之所以具五刑也。（《毁学》）

在社会管理上，则放弃法制，主张教化，文学贤良说：

君子进必以道,退不失义,高而勿矜,劳而不伐,位尊而行恭,功大而理顺。(《非鞅》)

　　上自皇帝,下及三王,莫不明德教,谨庠序,崇仁义,立教化。此百世不易之道也。(《遵道》)

　　故君子急于教,缓于刑。(《疾贪》)

同时,又主张放弃经济利益,倡导德治。《盐铁论·本议》"孔子曰,'有国有家者,不患寡而患不均,不患贫而患不安。'故天子不言多少,诸侯不言利害,大夫不言得丧。蓄仁义以风之,广德行以怀之。是以近者亲附而远者悦服","夫导民以德,则民归厚;示民以利,则民俗薄"。又,《盐铁论·轻重》:"礼义者国之基也,而权利者政之残也。……故非特崇仁义无以化民,非力本农无以富邦也。"

需要指出的是,西汉政府第三次文化建设与前两次相同,都是在政权移交之后进行的。这可说是封建社会的一个共同特征。所不同的是第一次文化建设是刘氏夺得政权后自然进行的,第二次是以世袭的方式自然进行的,第三次则是以大臣之间的权利争夺的方式进行的。由于霍光、文学贤良是第三次文化建设的主要代表,那么,随着他们权利的稳固,这次文化建设最终取得了成功,并且对汉代以后的中国社会文化发展规定了基本道路,即以儒家思想为主要依据的文化建设模式。

四、儒学的发展:盐铁会议的学术本质

　　盐铁会议对政策调整的理论基础是儒学;文化建设的思想渊源,也是儒学。因此,可以说,盐铁会议是儒学发展的体现,是儒学在西汉的一个新的阶段。

　　儒学在西汉的发展,大致上经历了这样几个阶段,一个是汉初自高祖至景帝,这个阶段可以说是儒学兴起的阶段,其作用是制定汉家礼仪制度。二是汉武帝时期,这个阶段是儒学由装饰性的礼仪制度进入到思想意识领域。自董仲舒天人三策后,"罢黜百家,独尊儒术",设立五

经博士。自此以后,儒学作为汉朝政府的第一学问,备受推崇和传播。三是汉元帝以后,儒学由思想意识进入政治统治。汉政府正式启用儒生做主要的官吏,由此开始,儒学由政治的附庸一变而成为政治的主人。儒学控制了政治,将政治作为实现自己社会理想的工具了。在儒学的政治实践中,王莽可以说是儒学的牺牲品,刘秀则是成功的典型。显然,盐铁会议正处于儒学由思想文化向政治文化转变的过程中,是儒学政治化的主要标志。

从当时的历史情况看,在儒学由思想向政治转变的过程中,亦即在汉昭宣时,儒学有一个突出的特点是"不纯"。当时儒生从社会文化建设和政策调整的需要出发,急于寻求解救时弊的良策,除了儒家经典作为主要思想渊源外,还广泛地汲取诸子的思想。《盐铁论·周秦》中文学贤良在谈其政治理想时就主张黄老思想:"老子曰:上无欲而民朴,上无事而民自富。"《汉书·元帝纪》载汉宣帝曾说:"汉家自有制度,本以霸王道杂之,奈何纯任德教,周政乎?"这就道出了汉政府的学术政策的本质是唯我所需的。由此,汉代的儒学是杂取各家所长的。金春峰先生在《汉代思想史》中讲到盐铁会议时,说是孟子之思想的崛起,说文学贤良引《孟子》最多。据笔者粗略统计,文学贤良明引儒家著作约117处,其中《孟子》有15处,并不是最多的。因此,说盐铁会议是孟子之儒的崛起证据欠缺,忽视了盐铁会议的时代意义。

儒学发展的另一个特点是儒生众多。自武帝以后,儒学思想已深入人心,官府的博士弟子、私塾的学子无不以授受儒学为己任。因此儒生的人数也越来越多,相互的矛盾分歧也突出和激化了。盐铁会议上就表现出了在官之儒与在野之儒的分歧和斗争。也就是说,桑弘羊与文学贤良的讨论实际上是儒生内部掌权的与在野的讨论,是政儒与书儒之间的矛盾。在这里,我们同意徐复观先生的桑弘羊不是法家的主张。我们也认为桑弘羊是儒生。其理由有三。第一,桑弘羊在与文学贤良争论的过程中,除了依据事实抗争之外,也引用了大量的儒家思想言论。据粗略统计,明引儒家著作达51次之多。第二,桑弘羊在执政中,采用儒家积极入世的人生态度,用孔子"善善恶恶"的价值分析法处世。《盐铁论·后刑》:"古之君子善善而恶恶。人君不蓄恶民,农夫不蓄无用之苗。无用之苗,苗之害也;无用之民,民之贼也。锄一害而众苗成,刑一恶而万民悦。虽周公、孔子不能释刑而用恶。家之有钼子,器皿不居,况钽民乎？民者敖于爱而听于刑。故刑所以止民,锄所以别苗也"。第三,桑弘羊对于儒学持一种宽容的态度,希望儒生能跟他一样为国家出力。《盐铁论·利议》:"作世明主,忧劳万人,思念北边之未安？故使使者举贤良文学高第,详延有道之士,将欲观殊议异册,虚心倾耳以听,庶几云得？"可见,桑弘羊是以政儒的身份对待文学贤良的。由此可知,将盐铁会议说成是儒法斗争是错误的。

儒学发展的第三个特点是书儒干政,即一些饱学诗书满腹经纶的儒生公然地议论时政。可以说,这是儒学由思想文化向政治文化转变的一个主要标志。它的主要意义在于儒学开始参与政府的决策,儒生议论时政。这为后来儒学进一步控制政治奠定了基础。

儒学发展的这些特点说明,当时的政治与学术交织在一起,时不时地学术涉足政治,而政治则从学术里汲取营养。同时也说明,一个社会、一个民族的发展,真正起主宰作用的是学术文化,是思想。只有学术、思想才设计着社会未来的发展,决定着文化建设和政治的取舍。至于权利之争,固然是传统政治特点和时代因素所决定的,但毕竟是一种偶然因素。只有学术、思想的发展才是必然的、永恒的。

王充思想专题

王充(27~约97),字伴任。会稽上虞(今浙江上虞)人。著作有《讥俗》、《节义》、《养性书》和《政务》等,均已失传。目前传世的只有《论衡》十三卷,八十五篇,佚一篇。作为古代著名的思想家,王充的思想极为丰富。

在社会学思想上,王充认为,社会的本质古今相同且又不断进步,社会的发展是必然性与偶然性的相互统一,遵守着优胜劣汰的规则;社会价值观是"实诚",它包括现实中真实和社会中伦理;本着"使俗务实诚"的目的,王充论述了当时社会上的人生、天人关系、民俗禁忌、知识分子和学风等问题,并试验了辩证分析、心理分析和统计分析等社会学的方法。

在文学思想上,王充从理想人格切入,按照著作文章的能力把社会人分为俗人、儒生、通人、文人和鸿儒五类,并指出,鸿儒是其理想人格,其特征就是能够"造于眇思,极窅冥之深","能精思著文连结篇章";判断理想人格的标准就是在"观善心"的基础上撰写文章,包括"造论著说为文"、"文德之操为文"、"诸子传书为文"、"上书奏记为文"和"五经六艺为文","立五文在世,皆当贤也";成就理想人格的途径在客观上是社会的稳定、官员的推荐与个人的勤奋;文章的宗旨是要体现经国治世,"文有深指巨略",讲究修辞美学,所谓"文语感动人深","情见于辞,意验于言"。

在教育思想上,王充指出了教育的重要性,指出人性三品,生来就善或生来就恶的人是少数,绝大多数是中人,即使生来就恶的人也可以通过教育变为性善;孔子的七十二个门徒,在他们没有经过孔子的教育之前,都是民间的平庸无奇之辈,后来都有胜任卿相的才能。教育的内容主要是大道即儒家所讲的忠君爱国、文吏之事即秘书学和历史学知识。在教学方法上主张因材施教和敢于怀疑。王充还重视教师的引导作用,要求教师要博学古今、不断学习。

王充的社会思想研究

王充作为一代奇人，历代研究他的人何其多也！然而大都是从哲学和文学的角度来进行的。这固然无错，但作为社会的人，其思想是极为复杂的，所以应从多方面来研究。因此，我们变换一个角度，从社会学的角度，将王充看作是一个社会学家，然后考察一下王充的思想，岂非又一重天地？

抱着这样的想法再去阅读《论衡》，我们欣喜地发现，王充竟然是一个名副其实当之无愧的社会学家。他讨论当时的社会问题，诸如个人的生老祸福，社会的治乱盛衰，民俗的荒唐愚昧，文化的优雅晦涩，无一不阐幽发微，排解疑难，使人茅塞顿开。而其议论之诡异，为文之洒脱，观点之鲜明，无不显出一白发苍苍的饱学智者形象。如果说孔子是我国教育的鼻祖，老庄是哲学的始祖，司马迁是史学的泰斗，那么，王充可以说是社会学大家，中国社会学的创始人之一。

一、形而上学的社会发展观

王充的社会观是在批判当时流行的厚古薄今的错误社会思潮中体现出来的。

王充所处的时代，存在着浓郁的厚古薄今的思想。据《齐世篇》介绍,这种思想认为,过去的东西都是好的,现在的一切都是差的。如古代人修长娇媚,健康长寿,而现代人则短小丑陋,夭折早亡;古代人单纯朴实,易于教化,现代人则浮华轻薄,难于治理;古人重义轻身,现代人则趋利苟生,弃义妄得;甚至连古代的帝王也是品德高尚,文治武功,多有奇节,而现代的帝王都是品德低劣,只有靠兵力征服天下……对这种观点,王充从两个不同的方面进行批判,从而阐明了自己的社会观。

首先,王充从形而上学的角度,透过时空的表象,抓住万事万物同是秉气而生的朴素唯物观点,指出:古今社会在本质上都是一致的,并没有什么差异。《齐世篇》:"上世之天,下世之天也。天不变易,气不改更。上世之民,下世之民也,俱禀元气。""气之薄渥,万世若一。帝王治世,百代同道。"既然在本质上古今社会相同,那么,其他社会现象古今也是一样。《案书篇》举例说如圣人和社会太平古今都是一样,过去使社会达到太平的是圣人的治理,现在使社会达到太平的也是圣人的治理。所以说,圣人的德行,前后不殊,那么他们实现的太平社会,古今也无异。又如人的才能有高低之分,言论有是非之别,这一点古今社会都是相同的。总之,在王充看来,既然古今社会都是一样的,也就无所谓古代好现代差了。由此,在王充这里,厚今薄古思想显然是不对的。

其次,王充以发展的眼光、比较的方法,认为社会是发展的、不断进步的。他描绘了一幅社会进化的图画。《齐世篇》:"上世之民,饮血茹毛,无五谷之食;后世穿地为井,耕土种谷,饮井食粟,有水火之调。观上古岩居穴处,衣禽兽之皮;后世易以宫室,有布帛之饰。"他认为他所处的汉代是最繁盛的时代。《宣汉篇》:"周时仅治五千里内;汉氏廓土,牧荒服之外。""古之戎狄,今为中国;古之裸人,今被朝服;古之露首,今冠章甫;古之跣跗,今履高舄。以盘石为沃田,以桀暴为良民,夷坎坷为平均,化不宾为齐民,非太平而何?夫实德化,则周不能过汉;论符瑞,则汉盛于周;度土境,则周狭于汉,汉何以不如周?"又说:"今上(章帝)即命,奉成持满,四海混一,天下定宁。"

综上所述,可以看出,王充的社会观有两个方面的含义。一方面,无论古今,任何一个社会在本质上都是一样的。另一方面,社会是发展的、进步的。用唯物史观的观点来看,王充的这一社会观无疑是正确的。一些论者多从哲学和历史的角度批评王充,指责他是"宿命论"、"矛盾的见解",显然是没有把握王充思想之玄机和奥妙。

王充不仅在批判当时厚古薄今的社会思潮中阐述了自己的社会观,而且对社会的发展,对社会发展的样式做了独到的论述和探讨。

王充从命定论的观点出发,论述了社会发展的必然性与偶然性,隐约地指出社会发展具有规律性。王充认为,社会发展是由必然性所决定的。王充将这种必然性称为"气"、"命"、"时"、"天时"、"数"等。《初禀篇》:"人生性命,当富贵者,初禀自然之气,养育长大,富贵之命效矣。""得富贵大命,自起王矣!"《气寿篇》:"非天有长短之命,而人各有禀受也。"《治期篇》:"世之治乱,在时不在政;国之安危,在数不在教。""昌废兴衰,皆天时也。"王充认为,个人行为不能影响社会。相反,只能在社会发展的必然性面前得以体现。《治期篇》:"教之行废,国之安危,皆在命时,非人力也。夫世乱民逆,国之危殆、灾害,系于上天;贤君之德不能消却。"又说:"夫贤君能治当安之民,不能化当乱之世。"在《异虚篇》里王充又说:"故人之死生,在于命之夭寿,不在行之善恶;国之存亡,在期之长短,不在于政之得失。"这样,王充就肯定了必然性在社会发展中具有决定的意义,从而也肯定了社会发展具有自身的规律,而人在社会规律面前的作用极其微小。

与此同时,王充并没有忽略偶然性的研究。他认为,社会的发展具有偶然性,用他的话说就是"遇"。《逢遇篇》:"且夫'遇'也,能不预设,说不宿具,邂逅逢喜,遭触(合)上意,故谓之'遇'。"又说:"不求自至,不作自成,是名为'遇'。"在王充看来,偶然性是社会发展的基本形式。《偶会篇》:"尧命当禅舜,丹朱为无道;虞统当传夏,商均行不轨。非舜禹当得天下,能使二子恶也;美恶是非,适相逢也。"

这里难得的是,王充看到了偶然性受制于必然。《命禄篇》:"凡人遇偶及遭累害,皆由命也。"在《治期篇》里写道:"传曰:仓廪实,民知礼节;衣食足,民知荣辱。让生于有余,争起于不足。谷足食多,礼义之心生;礼丰义重,平安之基立矣。"但经济的丰饶仍取决于"时数":"案谷成败,自有年岁。年岁水旱,五谷不成,非政所致,时数然也。"可见偶然性虽然是社会发展的基本形式,但仍受制于必然性,被必然性所决定。王充的这一论述虽然过分地否定了人的作用,带有命定论的色彩,但毕竟触摸到了社会发展的规律性,对人们正确地认识社会有一定的启发。

王充还用自然优胜劣汰的发展规律来解释社会,试图说明社会的发展也是同自然界的生物一样通过优胜劣汰的形式进化的。在《物势篇》

里，王充首先指出，诸物之间的相贼相利，动物之间的相互蚕食，都是自然现象，"皆五行气使之然也"，进而，王充又指出，动物之间的相互制服，乃至于互相啖食，主要取决于它们齿牙的钝利、筋力的优劣、动作的巧便、气势的勇桀，用现在的话来概括就是"物竞天择，适者生存"。由此出发，王充分析社会的发展也是这样。他说，人生在世，"势不与敌，力不均等"，要么是凭借自己的能力征服别人，要么是凭借着兵刃制服别人。这与动物无异。"夫人以刃相贼，犹物以齿角爪牙触刺也。力强角利，势烈牙长，则能胜；气微爪短，胆小距顿，则服畏也。"王充总结取胜的条件有三点，一是"筋力"，二是"气势"，三是"巧便"。在《谰时篇》里，王充又指出，生物数量的多寡也是获胜的基本条件之一："天地之性，人物之力，少不胜多，小不厌大。"又说："狼众食人，人众食狼。敌力角气，能以小胜大者稀；争强量功，能以寡胜众者鲜。天道人物，不能以小胜大者，少不能服多。"显然，王充的这些看法也是正确的。总之，王充以生物发展的规律看待社会的观点，虽然是形而上学的，但在当时儒家伦理观念十分流行的社会里，毕竟是对儒学的一大冲击，具有进步的意义。

二、实诚：王充的社会价值观

任何一个社会学家在评判和解决社会问题时，总是要从一定的立场和观点出发。这一定的立场和观点就构成了社会学家衡量事物的标准，构成了他的社会价值观念。王充在对当时社会上的很多重大问题进行研究时，自然有自己的价值观念。王充曾说自己的著作是衡量是非的标准。《自纪篇》："《论衡》者，论之平也。"《对作篇》："故《论衡》者，所以铨轻重之言，立真伪之平。"那么，王充的社会价值观是什么呢？

要了解王充的价值观，首先要看王充为什么探讨社会问题，其次是看王充是如何分析和解决当时的社会问题的。

王充曾多次谈到自己研究的目的。在《自纪篇》里，王充说："伤伪书俗文多不实诚，故为《论衡》之书。"在《对作篇》里，王充说："圣人作经，贤者传记，匡济薄俗，驱民使之归实诚也。""是故《论衡》之造也，起众书并失实、虚妄之言胜真美也。""今《论衡》《九虚》《三增》,所以使俗务实诚也。"在《佚文篇》里,王充更是旗帜鲜明地说:"《论衡》篇以十数,亦一言也。曰:疾虚妄。"可见,王充《论衡》的目的就是剔除和批判其他书籍中那些虚妄的东西,确定那些真实可靠的,"使之归实诚"。显然,这里的"实诚"就是王充的价值观,是王充分析和研究社会问题的价值尺度。"实诚"的含义就是事实即真实。用王充的话说就是"真美"。它与"伪"、"虚"、"虚妄"是相对的。真实的东西是美好的,应该追求真实,保存真实。而要追求和保存真实就必须批判和揭露那些"伪"、"虚"、"虚妄"的东西。《对作篇》:"故虚妄之语不黜,则华文不见息。华文流放,则实事不见用。"而要做到这一点,在王充看来,一是要保存历史的真相,维持历史的原样。这就是要一是一,二是二,不能夸大也不能贬小。王充在《语增篇》说:"凡天下之事不可增损,考察前后,效验自列。自列,则是非之实,有所定矣。"在《艺增篇》中王充举例,汉光武帝时,郎中汝南贲光上书,称赞汉文帝因居住明光宫,天下太平,只判了三个犯罪的人。"颂美文帝,陈其效实"。光武帝批驳说,"孝文时不居明光宫,断狱不三人"。王充感慨地说:"积善修德,美名流之,是以君子恶居下流。夫贲光上书于汉,汉为今世,增益功美,犹过其实。况上古帝王久远,贤人从后褒述,失实离本,独已多矣。不遭光武论,千世之后,孝文之事载在经艺之上,人不知其增,'居明光宫,断狱三人',而遂为事实也。"正因如此,王充在《三增》篇里对许多历史事件予以订正。比如关于焚书坑儒,当时有人说秦始皇把儒生全部杀光了,原因是他们懂得诗书。秦始皇要灭掉诗书,所以要坑杀这些懂诗书的儒生。王充指出,焚坑是事实,但起因是儒生鼓吹分封制度,"不师今而学古,以非当世,惑乱黔首",并不是如当时说的是要"欲绝诗书",也不是全部坑掉了儒生。二是要对一些虚妄的事情和言论进行批评和揭露。王充在《卜筮篇》说:"世人言卜筮者多,得实诚者寡。"因此,他在《书虚篇》里对12个虚妄的事情予以批驳考证。有人说,孔子葬在泗水边,"泗水为之却流"。这是因孔子之德感动上天,天神保佑,不让泗水冲刷其墓。并以此说明孔子的后代当封侯。王充怀着对孔子的崇敬之情,指出,这是"虚言"。"孔子生时推排不容","生时无佑,死反有报乎?""孔子生时,功德应天,天不封其身,乃欲封其后乎?"可见,是虚假的。有人说,"舜葬于苍梧,象为之耕;禹葬会稽,鸟为之田。盖以圣德所致,天使鸟兽报佑之也。"王充指出，真实的情况是"苍梧多象之地，会稽众鸟所居"。"象自蹈土，鸟自食草。土蹶草尽，若耕田状。"这是一种自然现象，并不是上天要保佑舜禹。王充说风凉话："天欲报舜禹，宜使苍梧、会稽常祭祀之。使鸟兽田耕，不能使人祭"，"天之报佑圣人，何其拙也，且无益哉！"还有书记载，说伍子胥被吴王夫差杀死后装入口袋沉入江中。伍子胥为了发泄自己的愤恨，"驱水为涛，以溺杀人"。王充从无神论出发指出，河流有波涛，是因为河床浅狭和潮汐的影响。又说，伍子胥活着的时候不能"营卫其身"，死后被煮成肉汤，"骨肉糜烂"，"筋力消绝"，"安能为涛"？诸如此类的考证，还有很多。

"实诚"又被称为"纯诚"。至于什么是"纯诚"，"纯诚"有何意蕴，王充并没有明白地论述。如前所引，王充曾反复讲："驱民使之归实诚也"，"使俗务实诚也"。在谈到著作《论衡》的初衷时，《对作篇》："冀悟迷惑之心，使知虚实之分。实虚之分定，而华伪之文灭；华伪之文灭，则纯诚之化日以孳矣。"由此，我们可以推知，王充所讲的"实诚"、"纯诚"与社会教育有关，大概是指社会的政治伦理道德。《宣汉篇》："故夫王道定事以验，立实以效。效验不彰，实诚不见。"就是说，圣王之道就是出现太平盛世，其标志就是百姓安顺社会稳定。如果百姓不安顺，社会不稳定，"实诚"也不会出现。可见，"实诚"是指政治伦理道德观。王充在研究一些社会现象时，除了对虚妄的东西予以批判，也用儒家的政治伦理道德观来予以解释。他在《四讳篇》里解释"被刑为徒，不上丘墓"时，就以儒家的"身体发肤，受之父母，弗敢毁伤"观点来予以说明，"以为先祖全而生之，子孙亦当全而归之"。而被刑为徒少德薄行遭受刑罚，羞见先人。

总之，王充的社会价值观是"实诚"。"实诚"有两层意义：一是现实中真实的，二是社会中伦理的。虽然王充论述最多的是真实，几乎没有讲伦理的。但王充还是将真实作为手段，以伦理作为目的的。如前引，"实虚之分定，而华伪之文灭；华伪之文灭，则纯诚之化日以孳矣"。只有确定真实，才能更好地发挥伦理的作用。所以，王充为了弘扬儒学，承传圣业，对儒学提出了很多的疑问。《问孔篇》："苟有不晓解之问，追难孔子，何伤于义？诚有传圣业之知，伐孔子之说，何逆于理？"甚至对于当代一些社会现象的批判，目的也是要歌颂当代的政治。《须颂篇》："国德溢炽，莫有宣褒，使圣国大汉有庸庸之名，咎在俗儒不实论也。"

无疑,王充的社会价值观还是值得肯定的。真实性是学术文化发展的生命,体现了王充学术思想具有可贵的科学性。而伦理道德性则反映了社会学发展的时代性和阶级性。这两方面显然是构成一个社会学家价值观念的灵魂。任何一个社会学家若失去任何一面,就不可能进行科学的和有效的研究。

三、王充的社会责任感及其对社会问题的分析论述

作为一个社会学家,王充有着极其强烈的社会责任感和参与意识。《对作篇》:"孟子伤杨墨之义大夺儒家之论,引平直之说,褒是抑非,世人以为好辩。孟子曰:'予岂好辩哉?予不得已!'今吾不得已也。虚妄显于真,实诚乱于伪。世人不悟,是非不定。朱紫杂厕,瓦玉集糅。以情言之,岂吾心所能忍哉!卫骖乘者越职而呼车,恻怛发心,恐上之伪也。夫论说者闵世忧俗,与卫骖乘者同一心矣。愁精神而幽魂魄,动胸中之静气,贼年损寿,无益于性。祸重于颜回,违负黄老之教,非人所贪,不得已,故为《论衡》。文露而旨直,辞奸而情实。"可见,王充不顾劳神费力,损年折寿,坚持要研究当时的社会问题,是他有感于"虚妄显于真,实诚乱于伪,世人不悟,是非不定",于心不忍,不得已而为之。

正是带着这样的社会责任感,王充对当时社会上的很多问题诸如政治、风俗民情、学术研究等做了探讨。《自纪篇》:"充既疾俗情,作《讥俗》之书;又闵人君之政,徒欲治人,不得其宜,不晓其务,愁精苦思,不睹所趋,故作《政务》之书。又伤伪书俗文多不实诚,故为《论衡》之书。"《对作篇》:"《政务》为郡国守相、县邑令长陈通政事所当尚务,欲令全民立化,奉称国恩。《论衡》九虚三增,所以使俗务实诚也;《论死》《订鬼》,所以使俗薄丧葬也。"可见,王充所论及的社会问题有风俗、民情、政治、学术等。详细考察王充对这些问题的分析和论述,对于我们了解东汉社会,了解王充的思想,自然有着十分重要的意义。

(一) 人生问题

人在社会上,生老病死,福禄财喜,多不尽人意。因此,社会人生问题是每一个时代,每一个人都面临的一个基本而又复杂的问题。王充所处的东汉初年的太平盛世,正是人们祈求福寿最炽烈却又难尽人意的时代。因而释解人生疑难,使人们对人生有一个正确的看法,以积极的态度去生活,正是当时社会所要求的。王充不辱历史所赋予的使命,旁征博引,讨论人生,果然有很多独到的见解。即使今天,有很多的见解也还有其积极的意义。

1. 关于人的出生

王充认为,人的出生是"气"。《物势篇》:"夫天地合气,人偶自生也。犹夫妇合气,子则自生也。夫妇合气,非当时欲得生子,情欲动而合,合而生子矣。"正如草木无论"长短巨细"都生于"实核"即种子一样,就是皇帝老子也是由"气"而生。《初禀篇》:"王者禀气而生"。据此,王充批判了汉儒所说的圣人不是因人气,而是"更禀精于天"的观点。当时一些儒生为美化圣人,称颂圣人的出生是不凡的,如说禹是由于其母吃了燕卵而生的,尧、刘邦都是其母与龙交而生,等等。王充说这是"虚妄言也"。《奇怪篇》:"物生自类本种"。"含血之类,相与为牝牡,牝牡之会,皆见同类之物。精感欲动,乃能授施。若夫牡马见雌牛,雄雀见牝鸡,不相与合者,异类故也。今龙与人异类,何能感于人而施气?"由此,批判了"君权神授"的观点。

2. 关于人的寿限

寿限问题是人生的最基本问题。王充认为,人是禀气而生的。人的寿命的长短与禀气有关。若禀充实坚强之气,身体健康,寿命就长;若禀受虚劣软弱之气,身体虚弱,寿命就短。比如一个妇女如果生孩子过多过密,怀孕时伤感,那么生下的小孩就会因禀气少而短命。可见,人的形体和寿命是固定的,不可更改。《无形篇》:"形不可变化,命不可减加","形不可变更,年不可增减。"《气寿篇》:"非天有长短之命,而人各有禀受也。"王充的这一论述虽然是宿命论,但驳斥了当时社会上积德行善、服食仙丹妙药即可改变形体,延年益寿,以及修道成仙等邪说谬论,因此,有极大的进步意义。进而,王充指出了人的寿命长短与社的稳定有关:"儒者说曰:'太平之时,人民佃长,百岁左右。'气和之所生也。""气和为治平。故太平之世多长寿之人。"《命义篇》:"人命有长短,时有盛衰,衰则疾病,被灾蒙祸之验也。"如"历阳之都一宿沉而为湖,秦将白起坑赵降卒于长平之下,四十万众同时皆死。春秋之时,败绩之军,死者蔽草,尸且万数。饥馑之岁,饿者满道,瘟气疫疠,千户灭门。""万数之中,必有长命未当死之人,遭时衰微,兵革并起,不得终其寿。"王充隐约看到了延年益寿的方法。《自纪篇》:"养气自守,适食则酒。闭明塞聪,爱精自保;适辅服药引导。庶冀性命可延,斯须不老。"

3. 关于人的性情

王充继承了古人的观点,认为人的本性是有善有恶的。善恶的区别在于出生时承受了不同的气。《本性篇》:"人禀天地之性,怀五常之气,或仁或义,性术乖也。"《率性篇》也说:"禀气有厚泊,故性有善恶也。"显然,这是一种唯心观点。但王充又认为人的本性是可以改变的(详见下篇《教育思想》),这又具有唯物的因素。《率性篇》:"人之性,善可变为恶,恶可变为善。"在王充看来,人的本性的变化,一是由于社会环境的影响。"蓬生麻间,不扶自直;白纱入缁,不练自黑"。"夫人之性犹蓬纱也,在所渐染而善恶变矣。"因此,"尧舜之民可比屋而封,桀纣之民可比屋而诛。"二是由于教育的作用。王充认为,无论性恶之人与性善之人怎样有别,只要通过教育,正像人们雕琢美玉,制作珍珠,磨铸刀剑一样,一定有所成就。"教导以学,渐渍以德,亦将日有仁义之操。""孔门弟子七十之徒,皆任卿相之用;被服圣教,文才雕琢,知能十倍,教训之功,而渐渍之力也。"三是利用法令限止人的性情。叔孙通制定礼仪,使汉初那些拔剑而争功的大臣性格变得驯顺。正是圣教威德改变了他们的性格。因此,不怕性恶,而怕不服圣教。不服圣教,将会触犯法律而自取祸患。四是人们自己控制自己的情绪,从而改变性格。"西门豹急,佩韦以自缓;董安于缓,带弦以自促。"显然,王充这些论述是正确的。

4. 关于人的福禄

荣华富贵,加官晋爵,是每一个人都祈望得到的。但社会发展的事实是,才智出众、品行端正的人不一定能得到,而才智底下、品行污浊的人反而有可能得到并终身享用。如何看待这一问题呢?王充通过全面考察,予以详细的论述。首先,王充继承了儒家"人生有命,富贵在天"

的思想，认为富贵是与生俱来的。人是禀气而生的。《命义篇》："富贵所禀，犹性所禀之气。""得富贵象则富贵，得贫贱象则贫贱"。又说："人禀气而生，含气而长，得贵则贵，得贱则贱。贵或秩有高下，富或赀有多少。"据此，王充认为，人的富贵荣华与才智品行并不是统一的。《命禄篇》："贵富有命，福禄不在贤哲与辩慧。故曰：富不可以筹策得，贵不可以才能成。智虑深而无财，才能高而无官。""是故才高行厚，未可保其必富贵；智寡德薄，未可信其必贫贱。"而且，人的富贵荣华也不是竭力可以得到的。贫贱之人想力求富贵，就像挖沟遇上水害，伐薪碰上老虎一样，不仅得不到，反而招致祸患。即使得到了，也守不住。"命当贫贱，虽富贵之，犹涉祸患矣；命当富贵，虽贫贱之，犹逢福善矣。故命贵，从贱地自达；命贱，从富位自危。"其次，王充认为，富贵荣华的得到是一个非常偶然的事情。《幸偶篇》说，万物之生，"俱禀元气，或独为人，或为禽兽。并为人，或贵或贱，或贫或富。富或累金，贫或乞食；贵至封侯，贱至奴仆。非天禀施有左右也，人物受性有厚薄也。"《逢遇篇》也说"操行有常贤，仕宦无常遇。""或高才洁行，不遇，退在下流；薄能浊操，遇，在众上。"这里的"遇"，指的是君主的赏识和重用。可见，王充的这一论述与上述的"人生有命，富贵在天"的命定论是矛盾的。又次，《累害篇》讲，仕途坎坷，社会复杂，使才洪行淑的人不能得到富贵。在野时，有朋友的怨恨，同学的嫉妒，交往的不周；任官时，同事的毁谤，上级的偏爱，举荐者的私好。王充称这些为"三累三害"，致使有才智之人不得重用。最后，王充认为，才洪行淑的"贤儒"注重品德修养，无意求得富贵。《状留篇》："计学问之日，固已尽年之半矣。锐意于道，遂无贪进之心。及其仕也，纯特方正，无员锐之操。故世人迟取，进难也。"《逢遇篇》："仕宦有时，不可求也。夫希世准主，尚不可为，况节高志妙，不为利动，性定质成，不为主顾者乎？"

王充的人生观表达了当时中小地主阶级知识分子渴望福禄却又得不到的既无可奈何又颇显清高的阿Q心态。王充所处的时代，正是社会经济动荡之后进入稳定发展的东汉前期。此时，由于儒学之发达，社会上饱学之士人才济济，大家身怀"修齐治平"之志，跃跃欲试。然而僧多粥少，加之东汉王朝的建立者南阳豪族刘氏把握朝政，非南阳及其发祥地之人不用，这样就使其他各地士人望洋兴叹，空怀抱负。因此，为什么能薄操浊"反尊贵"，才高行淑"却卑贱"，就成为当时的一个重要问题。远离京都会稽出身中小地主家庭的王充,自然也是愤愤不平,急时之所急,悉心研究,提出自己的看法,给世人一个说法。虽然没有摆脱儒家的命定论,且不无矛盾,但毕竟有其进步的意义。

(二)天人关系

天人关系是两汉社会思潮中一个重要的问题。许多哲学家、史学家都进行探讨论述。自董仲舒以后,天人感应的神学目的论充斥社会。这种观点认为,任何自然现象都是上天意志的体现,是上天有意的安排。因此人应该遵天命,服从上帝的意志。王充对此极其不赞同。他经过自己的研究,提出了一套天道自然无神论的独到见解。

王充认为,天是自然的。天是没有生命没有意志的自然东西。凡是有生命有意志的东西,因为要吃要看,都有眼睛和嘴巴。但是"天无口目"。《自然篇》:"何以知天无口目也?以地知之。地以土为体,土本无口目。天地,夫妇也。地体无口目,亦知天无口目也。"既然天是自然的,是没有意志的。那么,世界上的万事万物是怎样生成的呢?王充说这是由"气"而生。"天地合气,万物自生,犹夫妇合气,子自生矣。"在这里,王充吸取了老子的自然无为学说,指出天地合气以生万物也不是天有意的。"曰:天之动行也,施气也。体动气乃出,物乃生矣。由人动气也,体动气乃出,子亦生也。夫人之施气也,非欲以生子,气施而子自生矣。天动不欲以生物,而物自生。此则自然也;施气不欲为物,而物自为,此则无为也。谓天自然无为者何?气也。"可见,天地生人生物是一个自然过程,除了"气"的作用外,并没有什么目的。一切都是自然无为的。一年四季的变化也是自然的。"天道无为,故春不为生,而夏不为长,秋不为成,冬不为藏。阳气自出,物自生长;阴气自起,物自成藏。"又说:"春观万物之生,秋观其成,天地为之乎?物自然也。如谓天地为之,为之宜用手。天地安得万万千千手,并为万万千千物乎?"寒暑交替也是自然的,无目的的。《寒温篇》:"春温夏暑,秋凉冬寒","四时自然","寒温,天地节气,非人所为"。《感虚篇》:"寒温自有时。"水旱也是自然无目的。《寒温篇》:"水旱之至,自有期节。"《感虚篇》:"天地之有水旱,犹人之有疾病也。疾病不可以自责除,水旱不可以祈谢去。"日月也是一种自然。"日月行有常度。"

据此，王充指出，天是不会观顾人的。《谴告篇》："夫天道，自然也，无为。如谴告人，是有为，非自然也。"针对"古之人君为政失道，天用灾异谴告之"的谬论，王充说，灾异的发生如人生病一样有其自身的规律。"血脉不调，人生疾病；风寒不和，岁生灾异。"这是自然的，与人事无涉。当然，自然变化可以影响人。《变动篇》："天且雨，蝼蚁徙，蚯蚓出，琴弦缓，痼疾发。"但人的活动不会感动上天。"人不能动地，而亦不能动天。""寒暑有节，不为人改变也。"

王充进而分析了天人感应的实质。《谴告篇》："六经之文，圣人之语，动言天者，欲化无道，惧愚者之言。"可见，天人感应论实质是儒生为推行自己的政治主张，劝诫君主，恐吓百姓，以维护社会统治秩序而产生的。所以，他们说的天，实际上就是他们自己。"上天之心，在圣人之胸。及其言谴告，在圣人之口。"因此，王充主张应该探讨"圣人"的意思，不要去求索上天之意。"不信圣人之言，反然灾异之气，求索上天之意，何其远哉！"

也许是有鉴于此，王充虽然用了很多文字来批判天人感应论，但同时他又认为，作为统治人民的一种工具，即使知其是"虚妄"，也应坚持，以"慰民之望"。《明雩篇》说水旱灾害是"天之运气，时当自然"，"虽雩请求，终无补益"。但是如果久旱不雨，君主便必须举行雩祭，以表示"惠愍恻隐之恩"，"慰民之望"。雨涝是自然的产物，"云积为雨，雨流为水"。用祭祀祈祷的办法以解除雨涝是不行的，必须采用疏导的方法。但是作为君主的一种有"恻怛忧民之心"的表示，是应该的。

因此，王充虽然批判了天人感应，但他又详细地论证符瑞，千方百计地为汉代寻找吉祥物。这样，就引起在评价王充上的分歧。称赞者说王充是无神论者，批评者说他是卫道士。其实，只要我们从当时的历史条件出发，从王充的价值观出发，就会看到，既反对符瑞又寻找符瑞，这种矛盾的心理正构成了有血有肉的王充。因为人都脱离不了社会条件的限制，王充的社会学说毕竟还是为统治者服务的。他自己就说自己是继董仲舒之后，又一个真理的探求者。《明雩篇》："欲极道之深，形是非之理也。不出横难，不得从说；不发苦诘，不闻甘对"，"推《春秋》之义，求雩祭之说；实孔子之心，考仲舒之意"。明白于此，我们就不会责备王充有阿谀时世之文，而会敬佩他竟在那样的一种氛围内的客观理智的思考和探讨！

(三)民俗问题

汉代民俗文化方面有许多问题,如鬼神、忌讳、祭祀等。对此,王充也进行研究和探讨,并提出了许多见解。

1. 关于鬼

汉代人相信,人死后就变成了鬼,有知觉,经常出来祸害活着的人。王充不同意这种世俗观念。《论死篇》:"死人不为鬼,无知,不能害人。"他分析说,人是由精气生成的,精气是由血脉构成的。"人死血脉竭,竭而精气灭,灭而形体朽,朽而成灰土。何用为鬼?""人之死,犹火之灭也。火灭而耀不照,人死而知不惠(慧)。""火灭光消而烛在,人死精亡而形存。谓人死有知,是谓火灭复有光也。"显然是不可能的。"夫死,骨朽筋力绝,手足不举","何以能害人也?"。又从元气是人的来源和归宿来进一步分析形神关系。"人未生,在元气之中;既死,复归元气。元气荒忽,人气在其中。人未生无所知,其死归无知之本。何能有知乎?"因此,他明确指出:"天下无独然之火,世间安得有无体独知之精?"精神必须依靠形体才产生,世间根本没有什么死人的灵魂存在。由此出发,王充在《死伪篇》对传说中的鬼神记载逐一进行清算。在清算中,王充认为鬼神是人的凶兆。《订鬼篇》:"人且吉凶,妖祥先见。""鬼之见也,人之妖也。"既然不信鬼,却又把鬼神看成是一种凶兆,说明王充的无神论还是有局限的。

2. 关于丧葬

汉代崇厚葬。《薄葬篇》:"谓死如生。闵死独葬,魂孤无副;丘墓闭藏,谷物乏匮。故作偶人以侍尸柩,多藏食物,以歆精魂。积侵流至,或破家尽业,以充死棺,杀人以殉葬,以快生意。"厚葬的危害极大。王充对此坚决反对,力主薄葬。他分析厚葬的原因是"儒家论不明,墨家议之非"。对这两家进行批判。他指出,墨家的有鬼论与他们的薄葬主张是矛盾的;而儒家的"不明死人无知之义"的厚葬主张,是使"财尽民贫,国空兵弱","国破城亡,主出民散"的奸计。要实行薄葬,必须使人明白"死人无知,厚葬无益。"

3. 关于禁忌

汉代社会多禁忌。王充对此不是一概予以否定,而是从实际出发,分析各种禁忌的实质与意蕴，从而表示"吾不从其讳"的信念。在《四讳篇》里，王充对各种禁忌进行分析。

衣：忌讳倒挂帽子。王充说这是因为"似死人服，或说恶其反而承尘溜也"。还忌讳扫帚互相拂灰，"为修冢之人冀人来代己也"。

食：忌讳做豆浆时听到雷声，人们将不吃。目的是促使人们抓紧时间做，不要待到来年春天。

住："讳西益宅"。王充分析说，"夫西方，长老之地，尊者之位也。""西益宅，益主不增助，二上不百下也。于义不善。故谓不详。不详者，不宜也。"这就是说，在住宅西方建房，意味着要增添尊长，而不添晚辈。尊长多而晚辈少，从礼仪上说是不妥的。因此，西益宅不吉利，是从礼仪上讲的，而不是真的有吉凶。

行：这方面禁忌特多。忌讳人在井口上磨刀。王充说这是因为怕刀掉入井中，也有人说这是因为井与刀构成了"刑"，井刀相见，恐怕受刑。忌讳人坐在屋檐下，这是怕房上瓦掉下来砸着人头。忌讳"妇人乳子，以为不吉。将举吉事，入山林，远行，度川泽者，皆不与之交通。乳子之家，亦忌恶之，舍丘墓庐道畔，逾月乃入，恶之甚也。"王充指出，这是"欲使人常自洁清，不欲使人被污辱也，夫自洁清则意精，意精则行清，行清而贞廉之节立矣！"也就是要人清心寡欲，专心致志去做事情。

王充在分析这些禁忌之后，指出，"夫忌讳非一，必托之神怪。若设以死亡，然后世人信用畏避"。其实质是"咸劝人为善，使人重慎，无鬼神之害，凶丑之祸"。但同时，王充对那些荒诞的毫无根据的禁忌进行讥讽。比如当时"日禁之书"就讲，人们无论做什么事情，像洗头、裁衣、写字等都要选择吉时良辰，否则"转为凶恶"。王充说，"百祀无鬼，死人无知"，"祭之无福，不祭无祸"，"况日之吉凶，何能损益"？因此，应根据"人事可否"办事，不应"间日之吉凶"。因而他号召人们"明其是非，使信天时之人，将一疑而倍之"。而对各种禁忌，王充则明白地说："吾不从其讳"。

4. 关于占卜

用占卜算卦决吉凶，定行动，是古代社会的一种普遍现象。当时一些儒生非常热衷此道，认为这是向天地提问题并得到天地回答的一种很好的办法。王充批评这种处世方法。《卜筮篇》："天道称自然无为"。天地无口耳，不会回答人们提出的问题。可见，卜筮全是荒谬的。但为什么卜筮得以流行呢？王充认为，这是组织宣传的一种方式。《辨祟篇》："圣人举事，先定于义。义已定立，决以卜筮，示不传己，明与鬼神同意共指，欲令众下信用不疑。"可见，卜筮是拉大旗作虎皮，骗取人们的信服的手段。王充还认为，卜筮客观上也反映了事物的吉凶。《卜筮篇》："夫钻龟揲蓍，自有兆数。兆数之见，自有吉凶。而吉凶之人，适与相逢。吉人与善兆合，凶人与恶数遇。犹吉人行（道）善事逢吉事，顾睨见祥物，非吉事祥物为吉人瑞应也。凶人遭遇凶恶于道亦如之。"这里，王充又陷入到唯心命定论和因果报应的泥潭。这说明，由于历史条件的局限，王充还不能完全科学地解答当时的社会问题。

5. 关于祭祀

汉人崇信祭祀，认为祭祀一可以得福，二可以除凶。祭祀中有种形式叫做"解除"。届时，主人备一桌酒席，像对待活人一样招待鬼神。席散后，主人再召集一帮手持棍棒的人将鬼神赶走。这事很可笑。《解除篇》："祭祀无鬼神。"人的祸福"在人不在鬼，在德不在祀"。"行尧舜之德，天下太平，百灾消灭"；"行桀纣之行，海内扰乱，百祸并起"。所以说，"论解除，解除无益；论祭祀，祭祀无补；论巫祝，巫祝无力"。旗帜非常鲜明。王充进而分析祭祀的本义："主人自尽恩勤而已"。《祭意篇》："凡祭祀之义有二：一曰报功，二曰修先。报功以勉力，修先以崇恩。力勉恩崇，功立化通，圣王之务也。"所以，还是应有一套完整的祭祀制度的。

（四）知识分子问题

汉代儒学发达和教育发展，培养了一大批的知识分子。这些知识分子在治国安邦和文化传播方面确实起了巨大的作用，但也带来了一系列的社会问题。王充作为一个知识分子，自然特别关心这个阶层的问题。

由于社会发展的需要，一些知识分子到官府做事，从事行政工作。汉代将这些人称为文吏。那些没有从事行政工作的知识分子被称为儒生。当时社会上都以为文吏比儒生好。《程材篇》："论者多谓儒生不及彼文吏。见文吏利便而儒生陆落，则低訾儒生以为浅短，称誉文吏谓之深长。"文人相轻，即使是知识分子之间也互相攻讦。《谢短篇》："夫儒生能说一经,自谓通大道以骄文吏;文吏晓薄书,自谓文无害以戏儒生。各持满而自藏,非彼而是我。不知所为短,不悟于己未足。"王充对此极不赞同。

对于社会的舆论,王充针锋相对进行反驳。《程材篇》:"夫文吏瓦石,儒生珠玉也。"分析说:文吏和儒生都是要辅佐"将"即主人的。但文吏是以能办理日常烦琐的事物为主,儒生是以宣传政治理想、出谋划策为主。可说各有千秋。"夫文吏能破坚理烦,不能守身,身则亦不能辅将。儒生不习于职,长于匡救,将相倾侧,谏难不惧。""文吏以事胜,以忠负;儒生以节优,以职劣。二者长短,各有所宜。"《量知篇》:"儒生、文吏,俱以长吏为主人者也。儒生受长吏之禄,报长吏以道;文吏空胸,无仁义之学,居位食禄,终无以效,所谓尸位素餐者也。"这里,王充鲜明地称颂了儒生怀有政治理想(先王之道),善于谋略,比文吏强。进而,又指出儒生比文吏有学问有品德。"夫儒生之所以过文吏者,学问日多,简练其性,雕琢其材也。故夫学者所以反情治性、尽材成德也。材尽德成,其比于文吏亦雕琢者,程量多矣。"此外,王充分析了文吏比儒生好说法所产生的社会原因。指出,这是官本位的价值观作祟。《程材篇》:"用吏为绳表也。儒生有阙,俗共短之;文吏有过,俗不敢訾。归非于儒生,付是于文吏也。"这种官本位的价值观造成了极坏的社会后果:"是以世俗学问者,不肯竟经明学,深知古今,急欲成一家章句。义理略具,同趋学史书,读律讽令,治作情奏,习对向,滑习跪拜,家成室就,召署辄能。徇今不顾古,趋雠不存志,竞进不案礼,废经不念学。是以古经废而不修,旧学暗而不明,儒者寂于空室,文吏哗于朝堂。"

对于"文人相轻",王充则明确指出,文吏与儒生都有缺点,都不懂历史。《谢短篇》:"夫儒生所短,不徒以不晓薄书;文吏所劣,不徒以不通大道也。反以闭暗不览古今,不能各自知其所以业之事,未具足也。"对于儒生来讲,他们只懂五经。五经前后,原始社会史和秦汉史,都不知道。"夫知古不知今,谓之陆沉","夫知今不知古,谓之盲瞽"。对于文吏来讲,也只知道传达文书,审判案件,至于有关的各种政治制度(即所谓吏道)是怎样产生演变而来,也就不知了。因此,无论是文吏,抑或儒生,"皆浅略不及,偏驳不纯,俱有阙疑,何以相言?"

批判了官本位的知识分子观和文人相轻,王充又将当时的知识分子予以排队和划分。《超奇篇》:"能说一经者儒生,博览古今者为通人,采掇传书以上书奏记者为文人,能精思著文连结篇章者为鸿儒。故儒生过俗人,通人胜儒生,文人逾通人,鸿儒超文人。故夫鸿儒,所谓超而又超者也。"所谓"鸿儒",《效力篇》说是进则"怀先王之道,含百家之言";《定贤篇》说是"治家则亲戚有伦,治国则尊卑有序";《超奇篇》说是退则"实诚在胸臆,文墨著竹帛"。这实际上是王充自身的写照,表明了王充理想中的知识分子形象。

汉代知识分子很多,但能从事行政管理工作的很少,特别是出身下层的中小地主知识分子,他们勤学苦修,成为"鸿儒"却无缘问津官府,展示自己的抱负。这使得王充愤愤不平。在谈到人生问题时,王充讲这是由于"禀气"造成的,天生的,无可奈何。在谈到知识分子的作用时,王充直指当时的选官制度,批评为"将"无能。《效力篇》:"大智之重,遭小才之将,无左右沙土之助。虽在显位,将不能持,则有大石崩坠之难也。"正像伐木于山,人们只能取拿得走的,至于大木,十围以上,取不动,只好弃置不用了。正像孔子,周游列国不为所用,"非圣才不明,道大难行,人不能用也。""论者不曰才大道重,上不能用,而曰不肖不能自达。"王充的这些观点,无疑带有阿Q的自我解脱之意。

(五)学风问题

汉自武帝以后,儒学甚为发达。同时也就出现了不良的学风问题和美化圣人的现象。《问孔》:"世儒学者,好信师而是古,以为贤圣所言皆无非。专精讲习,不知难问。"《实知》:"儒者论圣人,以为前知千岁,后知万岁;有独见之明,独听之聪;事来则名,不学自知,不问自晓。故称圣则神矣。"对此,王充首先指出,圣人也是人,他们也有很多的缺点。语言上,"仓卒吐言","不能皆是"。比如孔子曰:"富与贵,是人之所欲也。不以其道得之,不居也。贫与贱,是人之所恶也。不以其道得,不去也。"《问孔》篇里,王充说:"此言人当由道义得,不当苟取也;当守节安贫,不当妄去也。"但是显然这是一个病句。"夫言不以其道得富贵,不居,可也;不以其道得贫贱,如何?","贫贱何故当言'得之'?""当言'去',不当言'得'。"王充批评说,儒家著作里,也多有浮夸不安之辞。《儒增》说儒书记载尧舜时一人不刑,西周成康时刑措不用四十余年。古代兵刑不分,小刑用斧钺,大刑用甲兵。尧舜和周成王时都发生过战争。因而王充指出,儒书所记载,不符合事实。又如,儒书说孔子周游七十余国。王充根据实际考证,不过十几个国家。王充指出,这正如"言其不言、不笑、不取也。俗言竟增之也"。其次,王充指出,圣人也是学而后知,思而后得。《实知》:"人才有高下,知物乃学,学之乃知,不问不识。"孔子自己也说:"吾十有五而志乎学。"可见圣人是人不是神。"所谓神者,不学而知;所谓圣者,须学以圣。以圣人学,知其非神。""天地之间,含血之类,无性知者。"又说,"圣贤不能性知,须任耳目以定情实。其任耳目也,可知之事,思之辄决;不可知之事,待问乃解。""圣贤之知,事宜验矣。贤圣之才,皆能先知。其先知也,任术用数,或善商而巧意,非圣人空知。"这就是说,圣贤的见识也是通过事实千方百计得到的。最后,王充指出了正确的学习方法。一是要实事求是,不唯师训。《问孔》:"凡学问之法,不为无才,难于距师,核道实义,证定是非也。"二是要用心思考。《薄葬》:"夫论不留精澄意,苟以外效立事是非,信闻见于外,不诠订于内,是用耳目论,不以心意议也。夫以耳目论,则以虚象为言,虚象效,则以实事为非。是故是非者,不徒耳目,必开心意。"总之,王充认为,圣人也是人,人们要是潜心学习,用心思考,也能成为圣人。《知实》:"贤圣可学,为劳佚殊。"

综上所述,王充广泛地探讨了当时社会上的各种问题,嫉恶虚妄,证定是非,不厌其烦。读王充,我深深感悟到,王充对当时的社会问题探讨之广,分析之全面,议论之精辟,远非笔者之庸俗才能所能参悟并恰当地表述出来的。但笔者从字里行间似乎看到了一位关心社会、忧虑时事的智者。正如《对作篇》所讲:"《论衡》细说微论,解释世俗之疑,辩照是非之理,使后进晓见然否之分。"

四、王充的社会学研究方法论

王充不仅全面地探讨社会问题,而且每每有独到的见解。除了他有强烈的社会责任感之外,恐怕也得益于他较为科学的研究方法。这使得我们不能不探讨他的思维方法。

1. 辩证的方法

辩证的方法是科学的思维方法之一。它要求人们要用联系和发展的眼光看问题。如前所述,王充在谈到人死后无知时曾讲到,人没有生时存在元气之中,死后又复归元气。元气飘忽,人气在其中。人未生时无有灵知,死后又归于无灵知,怎么会有灵神呢？在批判当时人们服食药物,追求长生不老时,王充指出,生与死是辨证的。长生不老是不可能的。《道虚篇》:"有血脉之类,无有不生,生无不死。以其生,故知其死也。天地不生,故不死;阴阳不生,故不死。死者,生之效也;生者,死之验也。夫有始者必有终,有终者必有始。唯无终始者,乃长生不死。"因此说,"诸学仙术为不死之方,其必不成。"王充还通过揭示对方自相矛盾的地方揭示天人感应的荒谬。《雷虚篇》:"政事之家,以寒温之气为喜怒之侯。人君喜即天温,怒则天寒。雷电之日,天必寒也。高祖之先刘媪曾息大泽之时也,梦与神遇。此时雷电晦暝。天方施气,宜喜之时也,何怒而雷？"分析大胆、尖锐,又精辟。似此论述可说是举不胜举。

2. 心理分析法

研究社会成员行为的心理,揭示社会现象的内在原因,似乎是20世纪初年的事情。然而,读《论衡》,使我们惊异的是,王充在分析一些社会问题时,也常常寻求其心理因素,而且寻求的是集团心理、社会心理。王充在谈到天人感应观念时,指出,这是由于人们触景生情,"以见鸟迹而知为书,见蜚蓬而知为车。天非以鸟迹命仓颉,以蜚蓬使奚仲也。奚仲感蜚蓬,而仓颉起鸟迹也。""怀嫌疑之计,遭暴至之气,以类之验见,则天怒之效成矣!"而实际上,"天道无为",天与人事并无关系。王充说鬼神是不存在的,那么为什么会见鬼呢？《订鬼篇》分析说:"凡天地之间有鬼,非人死精神为之也。皆人思念存想之所致也。致之何由？由于疾病。人病则忧惧,忧惧则见鬼出。凡人不病则不畏惧。故得病寝衽,畏惧鬼至,畏惧则存想,存想则目虚见。"可见,鬼神的出现完全是心理的作用,是人的幻觉。这种幻觉不仅病人有,而且"卧乱"、"狂者"都有。"卧、病及狂,三者皆精衰倦。目光反照,故皆独见,人物之象焉。"由于精神衰倦,沉于幻想,在幻觉中就有了鬼神。王充还从心理学的角度指出,佞人的出现是由于不能用礼仪来约束自己的情欲。《答佞篇》:"佞人知行道可以得富贵,必以佞取爵禄者,不能禁欲也。知力耕可以得谷,勉贸可以得货,然而必盗窃,情欲不能禁者也。""心情贪欲,志虑乱溺也。"又说："君子则以礼防情，以义制欲，故得循道。"王充还从心理方面，揭示了"虚妄"存在的社会因素。《艺增篇》："俗人好奇，不奇，言不用也。故誉人不增其美，则闻者不快其意；毁人不益其恶，则听者不惬于心。"同时，王充也分析了作者的心理。《书虚篇》："夫世间传书诸子之语，多欲立奇造异，作惊目之论，以骇世俗之人；为谲诡之书，以著殊异之名。"

3. 统计学的方法

王充用统计学方法不是研究经济，而是对各种社会问题加以分析和论述。《书虚篇》举出传书中 12 个虚妄失实的例子逐一驳斥；《异虚篇》举出 10 个，《感虚篇》举出 15 个典型事例，驳斥天人感应；《道虚篇》举出 10 种汉代广为流传的所谓得道成仙的事例进行批驳；《语增篇》批评了当时社会上 7 种"虚赠之语"；《儒增篇》批评"儒书"歪曲历史，夸大事实的 16 个事例；《艺增篇》揭露儒经歪曲事实的 8 个事件；《定贤篇》批驳了 19 种识别人的错误观点。总之，王充对各种相关的问题予以统计排列，然后再加以分析论述，使得他对当时社会问题的研究更全面，更深刻。到 20 世纪 50～60 年代，由于电子计算机的广泛使用，西方学者才在人文社会科学领域进行计量研究，殊不知 2000 年前的王充已经在计量研究。可说这是我国学者的骄傲！统计方法使得王充的文章显得驳杂拖沓，甚至难以卒读，但同时也较为完整地再现了当时社会的风尚，为后人提供了资料。正如《书虚篇》所自夸的："事众文饶，水大鱼多。"

王充的理想人格观及其文论

"文如其人",人与文是不可分的。王充在谈文时,实际上是在谈人;而在论人时,又在讲文。因此,认识王充的理想人格观是把握王充文论的基础和锁钥,而认识王充的文论则可加深对其理想人格观的认识。

一、基于作文基础之上的理想人格观

王充的理想人格观在其对社会上的人和儒生的论述里体现出来。

王充在《超奇篇》里,将社会上的人分为五类。一是俗人,即凡夫俗子。《别通篇》说这些人的特征是只知道"饱食快饮","腹为饭坑,肠为酒囊",稍稍用心就想睡觉休息。二是儒生,即"能说一经"者。三是通人"博览古今"者。四是文人,即"采掇传书以上书奏记"者。五是鸿儒,即"能精思著文连结篇章"者。王充最推崇的是鸿儒。"故儒生过俗人,通人胜儒生,文人逾通人,鸿儒超文人。故夫鸿儒,所谓超而又超者也。以超之奇,退与儒生相料,文轩之比于敝车,锦绣之方于缊袍也,其相过远矣。如与俗人相料,泰山之巅壒,长狄之项跖,不足以喻。故夫丘山以土石为体,其有铜铁,山之奇也。铜铁既奇,或出金玉。然鸿儒,世之金玉也,奇而又奇矣。"

王充认为,儒生胜俗人。"儒生说名于儒门,过俗人远也"。但儒生内部是"才相超乘,皆有品差"。有的人一经也不懂,而有的人懂经论道,带徒聚众,教诲后生,很是风光。有的人不会写公文,也不能提出一种主张,而有的人却能陈述为政的得失,提出可行的建议,其言语符合儒经,但只能引经据典,却不能系统地写出文章。如谷子云、唐子高就是这样的人。还有的人能从从古至今的书籍中抽出资料排列出来,纪著往事,像司马迁、刘子政那样,写出系统的文章,达数万字之多,远远超出谷子云、唐子高。但他们只是因袭以前的现成的记载,并没有自己独特的见解。陆贾、董仲舒论说世事,虽都是个人的见解,不是凭借外人,然而内容浅显,道理不深,读者还只能称它们为传论。阳成子作《乐经》,杨子云作《太玄经》,不仅抒发个人的独到见解,而且能够穷尽深远难见的大道理。这要不具备差不多圣人的才能,是做不到的。孔子作《春秋》,阳成子和杨子云写《乐经》和《太玄经》,很显然是步孔子之后尘,具有与孔子相提并论之宏大精美的才能。在这里,王充像剥果皮一样,层层剥去,终于坦露出了自己的思想内核:王充所景仰的人物是能够抒发个人独到的见解,穷尽深远难见的大道理,即所谓"造于眇思,极窅冥之深"之人。

在《书解篇》里,王充又把儒生分为"文儒"与"世儒"。"著作者为文儒,说经者为世儒"。这二者哪一个最好呢?王充说:世儒事业容易做,所以世人学之者多,通过平凡的事情就可以分出高下来,所以在宫廷里专门为他们设些官位。文儒所做的事情,卓越不凡,难以成就。然而,人们以为他们的书少,学业没有传授,门下也没有弟子,因而不如世儒。实际上,他们"书文奇伟,世人亦传"。世儒解释儒经发表荒诞无稽的言论,文儒著述书写的是有实际内容的文章。比较二者,哪一个更贤不是很清楚吗?王充又说,古代贤能的人,撰写著作,都是记述自己的事业,使自己显名于世的,比如周公、孔子,汉代的陆贾、司马迁、刘子政、扬子云。而今世儒不写文章,虽然尊贵当时,文儒若不记述他们,其事迹也不会流传下去。比如以解释《诗》闻名的鲁申公,解释《书》成名的千乘欧阳、公孙氏,假若不是司马迁在《史记·儒林列传》记载他们,世人是不会知道的。王充问道,凭自己的学业出名的人与依赖别人才出名的人相比,哪个更好呢?能够记载一百个人的事迹使他们出名,与仅仅能使自己出名的人相比,哪个更高?可见,王充是推崇文儒的。

综上所述,王充的理想人格观是"鸿儒"、"文儒",也就是能"造于眇思,极睿冥之深","能精思著文连结篇章"者。

二、理想人格观衡量的标准

衡量理想人格观的标准,用王充的话说,就是定贤的标准。王充是非常重视的,他专门写《定贤篇》来论述这一问题。他认为,由于世人没有掌握正确的标准,使那些庸俗的士人凭着能言善辩和小聪明,占据着官爵之尊,期望着显赫的荣誉,于是赢得了贤能的美名。而那些真正贤能的人杂集于庸俗的士人之间不被识别出来,结果沦落在乡野街头,贫贱终老,不能为国家立功,甚是可悲。因此,王充对世俗的十几种定贤标准给予批判:"仕宦得高官身富贵","事君调和寡过","朝廷选举皆归善","人众所归附宾客云合者","居位治人,得民心歌咏之","居职有成功见效","全身免害,不被刑戮,若南容惧'白圭者'","委国去位,弃富贵就贫贱","避世离俗,清身洁行","恬淡无欲,志不在于仕,苟欲全身养性","举义千里,师将朋友无废礼","经明带徒聚众","通贤古今秘隐传记无所不记","权诈卓谲,能将兵御众","辩于口,言甘辞巧","敏于笔,文墨两集","敏于赋、颂,为鸿丽之文","清节自守,不降志辱身",等等,王充认为这些都不可能做定贤的标准。

那么,究竟以什么为定贤的标准呢?王充指出,"观善心"。"善心"就是"治家则亲戚有伦,治国则尊卑有序"。"心善则能辨然否"。否则,就会"白黑不分,善恶同伦,政治错乱,法度失平"。有"善心"的"贤人","才能未必高也而心明,智力未必多也而举是","虽贫贱困穷,功不成而效不力,犹为贤矣"。

如何观"善心"呢?《定贤篇》:"必以言。有善心则有善言。以言而察行,有善言则有善行矣。"《超奇篇》:可由于"君臣治术,身不得行,口不能绝,表著情心,以明己之必能为之也。"使"世则不得见口谈之实语"。因此只有借助于文章。《定贤篇》:"笔墨之余迹,陈在简策之上,乃可得知。"《超奇篇》则说:"笔能著文,则心能谋论,文由胸中而出,心以文为表。"因而,又说"文有深指巨略"。可借助于著作文章来考察其心善与否。

据此，王充在《佚文篇》对文章作了归类，排比了次序，从而使其衡量理想人格的标准具体化，可操作。

第一，"造论著说为文"，"尤宜劳焉"，更加值得嘉奖。因为"发胸中之思，论世俗之事"；"论发胸臆，文成手中"；"颂上恢国，国业传在千载，主德参二日月"。一句话，其心仁善，是理想的人格。在王充看来，孔子、桓谭就是这样的人物。《定贤篇》："孔子不王，作《春秋》以明意。案《春秋》虚文业，以知孔子能王之德。"《超奇篇》说桓谭《新论》为"论世间事，辩照然否，虚妄之言，伪饰之辞，莫不论定。"因此，《定贤篇》："孔子不王，素王之业在于《春秋》。然则桓君山不相，素丞相之迹存于《新论》者也。"

第二，"文德之操为文"，按照王充的原意，此指那些据礼仪规定来修饰自己，使行为不出差错的人。而这样的人，在王充看来，"徇利为私，无为主上"，并没有可值得称赞的。但依据《书解篇》："空书为文，实行为德。"（即只见诸文字叫"文"，实际去做为"德"）并联系《效力篇》所讲的"文儒"，这里的"文德之操为文"似指那些"怀先王之道，含百家之言"，又蒙受重用的"文儒"。若如是，则王充推崇的是历史上的管仲、商鞅、申不害、萧何等人。

第三，"诸子传书为文"，此盖指如司马迁、扬雄、周长生等人。

第四，"上书奏记为文"，即指那些"陈便宜荐吏士"的人，如谷子云、唐子高等。

第五，"五经、六艺为文"，此指解释儒经、掌握儒学知识的人，即当时社会上的博士及其弟子等。

"立五文在世，皆当贤也。"以上五类文章，无论能够在社会上成就哪一种，都被看作是贤人的。可见，王充衡量理想人格的标准，一方面极为苛刻，另一方面又较为宽松。这反映了王充思想上的矛盾。

三、成就理想人格的途径

王充把精心著文的人看作是理想的人。那么，如何做到这一点，也就是如何成就其理想人格呢？

王充认为，要成就理想人格，首先需要社会的稳定和繁荣。《超奇篇》说，周代之所以有繁荣昌盛的文化，是因为处在百代之末，长时期孕育的结果。而汉也处在百代之后，"文论辞说，安得不茂！"又说："汉氏治定久矣，土广民众，义兴事起，华叶之言，安得不繁！""文章之人滋茂汉朝者，乃夫汉家炽盛之瑞也。"因此，王充号召人们来歌颂当代。《须颂篇》："涉圣世不知圣主，是则盲者不能别青黄也；知圣主不能颂，是则暗者不能言是非也。""颂文谲以奇，彰汉德于百代，使帝明如日月，孰与不能言，言之不美善哉！"

其次，依靠有眼光官吏的帮助和推荐。王充说：有写文章能力的人，只有得到有能力的官吏的帮助和推荐，才能够使自己的力量发挥作用。有写文章的能力没有得到帮助和推荐，那么就会因其有能力而遭到排斥和打击。王充作了个比喻，又长又大的物什，只有大力之人才能举起。重载的车，只有强力之牛才能牵拉。当重载之车爬坡，强牛在前拉，大力人在后推，才能爬过坡去。假如牛羸人疲，重载的车不仅爬不上坡，往后退，而且还将堕入坑谷，有翻车摔碎的后果。因此，《效力篇》指出："文儒怀先王之道，含百家之言，其难推引，非徒任车之重也，荐致之者，罢羸无力，遂却退窜于岩穴矣！"他说，管仲、申不害、萧何能建立功勋，使国家富强，正是因为得到有能力的君主的任用。可见，王充是非常重视官吏的推荐和提拔的。

最后，要勤奋学习，使自己确有真才实学。王充非常重视人的自身素质。《超奇篇》说，诏书按四科选拔官吏，富有文采，说明诏书是好文章。而上书的人，却闭着眼睛瞎说，言事粗丑，文不美润，不知他讲的什么，文辞又华而不实，像这样的人不被发配边疆就已是很幸运的了，怎么还能被征拜为郎中似的宠臣呢？因此，王充强调人自身要有真才实学。他在《谢短篇》里，指出儒生和文吏的缺点是"闭暗不览古今"，因此号召他们要学习和掌握历史知识，弃其短，扬其长，成为一个有"文力"经得起召唤的人。

由上述可以看出，王充成就理想人格的论述还是比较全面客观、符合事实的。

四、王充的文论观点

王充论人,是以文为尺度的,那么,文应该是什么样子?读《论衡》,我们深深感到,王充文论有其精到的见解。

王充认为,文如树的花、叶,果实的外壳,只是人的外在表现,它必有其内在的本质,内涵的真实。《超奇篇》:"有根株于下,有荣叶于上;有实核于内,有皮壳于外。文墨辞说,士之荣叶、皮壳也。实诚在胸臆,文墨著竹帛,外内表里,自相副称。意奋而笔纵,故文见而实露也。人之有文也,犹禽之有毛也。毛有五色,皆生于体。苟有文无实,是则五色之禽,毛妄生也。"那么,这里"实诚"的"实"是指什么呢?研揣王充的论述,似蕴含的是治国施政的方略。"文有深指巨略,君臣治术,身不得行,口不能绁(泄),表著情心,以明已之必能为之也。孔子作《春秋》以示王意。然则孔子之《春秋》,素王之业也,诸子之传书,素相之事也。观《春秋》以见王意,读诸子以睹相指"。在王充看来,治国施政一是要"匡济薄俗,驱民使之归实诚也"。刘歆写《六略》,目的就是增善消恶,劝阻那些放纵的人,驱使那些游手好闲的人,希望引导他们往好的方面去,走正道。孔子著《春秋》是为了匡正时弊。《对作篇》:"求毫毛之善,贬纤介之恶;拨乱世,反诸正,人道浃,王道备"。孟子著书是要消除杨朱墨翟在经学上的混乱,韩非写书是想使韩国强大,陆贾写《新语》是要探讨刘邦得天下的原因,桓谭著《新论》为的是纠正错误的事情和言论。二是要解决处理疑难麻烦的事务。《超奇篇》:"州郡有忧,能治章上奏,解理结烦,使州郡无事,有如唐子高,谷子云之吏,出身尽思,竭笔腠动,烦忧适有不能者哉!"三是要"表德颂功,宣褒主上,《诗》之颂言,古臣之典也。"比如孔子即歌颂圣主尧。《须颂篇》:"大哉,尧之为君也;唯天是大,唯尧则之。荡荡乎民无能名焉。"总之,无论是哪一方面,只有体现了治国施政的方略,才是好文章。《对作篇》:"贤圣之兴文也,起事不空为,因因不妄作。作有益于化,化有补于正。"说穿了,文应载道,载道之文才有用。有用之文多多益善。《自纪篇》:"为世用者,百篇无害;不为用者,一章无补。如皆为用,则多者为上,少者为下。"由此出发,王充对那些专务词藻的汉赋予以强烈的蔑视。《定贤篇》:"文丽而务巨,言眇而趋深,然而不能处定是非,辩然否之实。虽文如锦绣,深如河汉,民不觉知是非之分,无益于弥为崇实之化。"《自纪篇》也说:"深覆典雅,指意难睹,唯赋颂耳。"

王充在"文以载道"基础上指出,文章应饱含情感,文以情动人。《超奇篇》:"心思为谋,集扎为文,情见于辞,意验于言。"又说:"精诚由中,故其文语感动人深。是故鲁连飞书,燕将自杀;邹阳上疏,梁孝开牢。书疏文义,夺于肝心,非徒博览者所能造,习熟者所能为也。"

在文字表述上,王充主张用通俗晓畅的语言,使读者易于接受。《自纪篇》:"高士之文雅,言无不可晓,指无不可睹。观读之者,晓然若盲之开目,聆然若聋之通耳。"又说:"口言以明志,言恐灭遗,故著之文字。文字与言同趋,何为犹当隐闭指意?"因此,无论讲话也好,写文章也好,总是以让人明白为好。"夫论以分明为公,笔辩以获露为通,吏文以昭察为良。"但是,要真做到明白晓畅却不容易。"夫笔著者,欲其易晓而难为,不贵难知而易造;口论务解分而可听,不务深迂而难睹。"要考察文章的好坏,就以道理讲得明白与否为标准。"察文,以义可晓。"王充说,做文要做到通俗晓畅,"口则务在明言,笔则务在露文。"

王充主张文章应有自己的个性。《自纪篇》:"饰貌以强类者失形,调辞以务似者失情。""文士之务,各有所以,或调辞以巧文,或辨伪以实事。必谋虑有合,文辞相袭,是则五帝不异事,三王不殊业也。美色不同面,皆佳于目;悲音不共声,皆快于耳。酒醴异气,饮之皆醉;百谷殊味,食之皆饱。谓文当于前合,是谓舜眉当复八采,禹目当复重瞳。"在王充看来,为文个性越鲜明突出,就越有生命力,越能感人。

综上所述,可以看出,王充谈文,实是衡人,是在论述其理想的人格观,论述其理想人格观是怎样展现,如何成就的。正如王充自己在《超奇篇》中说:"采玉者心羡于玉,钻龟者知神于龟。"

五、理想人格观的成因及其影响

王充所理想的人格是能著书写文的鸿儒,而写出的文又必须得体现出治国施政的方略。因此,王充理想人格观体现了他无可奈何的矛盾心情。一方面,王充理想人格观的实质是入世的,是积极向上的。而在当时社会条件下,唯有做官,辅佐君王,才能更好地展示自己治国施政的才能。这一点,王充也深深认识到了。他对管仲的推崇即是明证。另一方面,要出将入相,施展自己的抱负和志向,却又极其难。因为在当时,一个人要做官有两条路子。一条是幸遇明君,一条是有地方官的推荐。但是这两条显然都是自己做不了主的,要靠所谓的运气造化。用王充的话说就是"时"、"命"。若时运不济,做不了官(其实,王充愤愤不平的正在于斯。他在《逢遇篇》、《累害篇》、《命禄篇》、《气寿篇》、《命义篇》、《别通篇》等篇章做了较为冷静的分析),如何施展自己的抱负呢?王充想到了写文章,通过写文章来表明自己的志向和才能。《对作篇》:"文有深指巨略,君臣治术,身不得行,口不能绁,表著情心,以明己之必能为之也。"又说:"故夫贤人之在世也,进则尽忠宣化,以明朝廷;退则称论贬说,以觉失俗,俗也不知还,则立道轻为非;论者不追救,则迷乱不觉悟。"可见,王充理想人格观虽然有矛盾,但毕竟是乐观向上的,颇有"铁肩担道义,妙手著文章"的豪迈气概。

无疑,王充理想人格观的思想根源是儒学,是儒家"修身齐家治国平天下"的翻版。王充曾专门拜师学习儒经,专门钻研过儒学,受益极大。《自纪篇》:"手书既成,辞师,受《论语》、《尚书》,日讽千字。经明德就,谢师而专门,援笔而众奇。"《后汉书·王充传》也载:"充少孤,乡里称孝。后到京师,受业太学,师事扶风班彪。"《袁山松书》也载:"充幼聪明,诣太学,观天子辟雍,作《六儒论》。"这些都说明,儒学对王充世界观和理想人格观的形成,有着很大的塑造作用。尽管他写了《问孔篇》、《刺孟篇》来揭示儒学创始人的一些错误,但这是在尊重和爱护的基础上来批评的。《问孔篇》:"苟有不晓解之问,追难孔子,何伤于义?诚有传圣业之知,伐孔子之说,何逆于理?"可见,王充批评孔子的目的是要"传圣业",并不是真的就反对孔子。况且,孔子为政不得退而著书的经历,正是为王充树立了榜样。王充认为这是最美丽的人生。"孔子作《春秋》,以示王意。""素王之业也。"

当然,王充理想人格观的形成还与王充自身的经历和志向分不开。《后汉书·王充传》说王充"仕郡为共曹,以数谏不合去。"仕途失意,不受重用,王充愤然离开了官场。"仕路隔绝,志穷无如。"于是想到写文章。对此,王充直言不讳:"充仕数不耦,而徒著书自纪。"可见,王充所理想之著书写文章以书怀志向的人格正是自我写照。王充曾经回忆说,"六岁"时就有"巨人之志",及之成人,"在乡里慕蘧伯玉之节,在朝廷贪史子鱼之行。见污伤不肯自明,位不进亦不怀恨。贫无一亩庇身,志佚于王公;贱无斗石之秩,意若食万钟;得官不欣,失位不恨。处逸乐而欲不放,居贫苦而志不倦。"又说:"忧德之不丰,不患爵之不尊;耻名之不白,不恶位之不迁。"当有人问王充,"吾子涉世落魄,仕数黜斥;材未练于事,力未尽于职,故徒幽思属文,著记美言,何补于身?众多欲以何趋乎?"王充说:"身与草木俱朽,声与日月并彰,行与孔子比穷,文与扬雄为双,吾荣之。"又说:"德汪濊而渊懿,知谤沛而盈溢,笔泷漉而雨集,言溶瀄而泉出,富材羡知,贵行尊志,体列于一世,名传于千载,乃吾所谓异也。"可见,王充所理想的著书写文章以抒志的人格也是其内心的自我流露。

  王充的理想人格观的意义是不可低估的。首先,他为后世在仕途失意的士人指出了一条能够展示自己抱负的切实可行的道路。所谓文章立身,不仅在当时谶纬流行方术弥漫的气氛内是一个进步,而且对以后乃至于今天的知识分子来说具有很大的影响。如南朝宋的范晔官场坎坷遂致力于史书的编纂,唐李白失宠潜心于诗歌的创作,都使自己的才华得以倾泄。即使今天,不是还有很多的人坚持此道吗!其次,他承前启后,发扬了落魄文人议政之风气。自孔子以后,一些士人虽不受重用,但针砭时弊,匡世救俗,蔚蔚成风。比王充较早的桓谭作《新论》讥讽时弊,很使王充崇拜。而王充的《论衡》等论著,也给后人以极大的影响。据《袁山松书》:"充创作《论衡》,中土未有传者,蔡邕入吴始得之。恒秘玩以为谈助。其后王朗为会稽太守,又得其书,及还许下,时人称其才进。或曰:不见异人,当得异书。问之,果以《论衡》之益,由是见传焉。"《抱朴子》:"时人嫌蔡邕得异书,或搜求其帐中,果得《论衡》,抱数卷持志。邕丁宁之曰:'唯我与尔共也,勿广也。'"最后,王充要求写文章应体现治国施政方略,对后世文学的发展而特别是唐代文学运动不无启发作用。"文以载道"成为中国古代文论的核心思想。

王充的教育思想研究

王充作为一代思想大家,在教育教学方面也有独到的见解,在《本性篇》、《率性篇》、《命义篇》、《知实篇》里,王充讲了教育的作用和重要性;《问孔篇》、《三增篇》、《实知篇》、《薄葬篇》则谈了学习的态度和方法;《程材篇》、《量知篇》、《谢短篇》讲了教学的内容即知识论;《效力篇》、《别通篇》、《超奇篇》专门讲了教师的作用及其应该具备的条件。

一、关于教育的必要性和可能性

为什么进行教育?这是每一个教育学家都要回答的问题。在王充看来,教育的必要性在于人性。这可从两方面来看。一方面,人性是有善恶的。人性禀气而成。《率性篇》:"禀气有厚泊,故性有善恶也。"正像曲蘖多少决定酒味的好坏一样,"酒之厚泊,同一曲蘖;人之善恶,共一元气。气有多少,故性有贤愚。"因而,王充将人性分为三品。《命义篇》:"亦有三性:有正,有随,有遭。"王充又将孔子的上智、中人、下愚结合起来。他认为,上智者,即正者,是生来就善的人。"禀五常之性也";下愚者,即遭者,是生来就恶的人,"遭得恶物象之故也";中人,即有随,无善无恶,善恶相参,"随父母之性"。王充认为,极善极恶的人,其本性不易改变。中人则可以通过教育使之变型。《本性篇》:"夫中人之性,在所习焉。习善而为善，习恶而为恶也。"可见，王充带有命定论的人性观点，虽有"天生圣人"的意思，但还是点出了教育对人性形成的作用。王充说，生来就善或生来就恶的人很少，绝大多数是中人。即使生来就恶的人也可以通过教育变为性善。因此，王充又特别强调后天环境教育对于人性形成的作用。他说，教育改造人性，好像蓝丹染练丝，染之蓝则青，染之丹则赤。青赤一成，与真色无异。《率性篇》："是故杨子哭歧道，墨子哭练丝也。盖伤离本，不可复变也。"他还用"蓬生麻间，不扶自直；白纱如缁，不练自黑"为例，证明人性可以改变。"夫人之性，犹蓬纱也，在所渐染而善恶变矣。"他用棠溪、通畅、龙泉、太阿等宝剑是一般铁矿石锻炼而成为例，说铁矿石尚能变易故质，人当然更能通过教育改变自己的习性。"夫性恶者心比木石，木石犹为人用，况非木石。"这样，王充实际上承认了任何人的性情都可以通过教育改变。这与他的性三品固然有所出入，但表明王充看到了教育在改变人性中的必要作用。

另一方面，王充认为，人的知识都不是天生的，而是后天学习得来的。《实知篇》："天地之间，含血之类，无性知者。""人才有高下，知物由学。学之乃知，不问不识。"即使圣贤之人，也是学习和运用思维获得知识的。"所谓神者，不学而知。所谓圣者，须学以圣。以圣入学，知其非神。"《知实篇》也说："贤圣之才，皆能先知。其先知也，任术用数，或善而巧意，非圣人空知。"因此，人们只要肯付出艰辛的劳动去学习，都可以获得贤圣的称号。"贤圣可学，为劳佚殊。故贤圣之号，仁智共之。"

王充不仅论述了教育的必要性，同时也论述了教育的可能性。王充以孔子教育活动为例，说明教育的开展是可行的。他说，孔子的七十二个门徒，在他们没有经过孔子的教育之前，都是民间一些平庸无奇之辈，后来都有胜任卿相的才能。这是因为"教训之功而渐渍之力也"，即蒙受孔子教诲，经过知识和能力的培养，才使他们的知识增加十倍。其中最突出的是子路。在未入孔门前，人们都说他没有坚定的志向，非常顽皮。他常常头戴雄鸡形状的帽子，身佩公猪尾巴，粗野勇猛。只要听到读书的声音，就摇头晃脑，振臂跳跃，口里打着呼哨，影响别人学习。捣蛋极了！后来孔子引导教育他，渐渐感化他，消除了粗俗，收敛了骄气，具有了处理政事的能力。这充分说明，教育可以使性恶转变为善。又如端木赐，王充认为，这人本来命中无财，因为学会了经商，结果积累了财富。可见，教育也可以改变命运。《率性篇》："性恶之人，亦不禀天善性,得圣人之教,志行变化。"

教育既然改变人的本性,改变人的命运,因此,王充提醒人们重视教育,重视学校的发展。决不能因为教育看来无用就废止。《非韩篇》:"庠序之设,自古有之,重本尊始,故立官置吏。官不可废,道不可弃。"

但王充并不认为教育是万能的。当教育对一些丑恶的人性改变不了时,他主张诉诸法律。《率性篇》:"学校勉其前,法禁防其后。使丹珠之志亦将可勉。""是故叔孙通制定礼仪,拔剑争功之臣,奉礼拜伏,初骄居而后逊顺,圣教威德,变易性也。不患性恶,患其不服圣教,自遇而生祸也。"

二、关于教学的内容

读王充,我们可以看出,关于教学的内容,有三个方面。

第一,大道,即宣传儒家的伦理道德礼义思想为主,培养人们忠君爱国。《非韩篇》:"国之所以存者,礼义也。民无礼义,倾国危主。今儒者之操,重礼爱义,率无礼之士,激无义之人,人民为善,爱其主上,此亦有益也。"王充认为,将大道作为教科书,是根本正确的。否则,所学的东西就无用。《量知篇》:"不入师门,无经传之教,以郁朴之实,不晓礼义,立之朝廷,植笮树表之类也,其何益哉?""人无道学,仕宦朝庭,其不能招致也,犹丧人服粗,不能招吉也。"需要指出的是,王充所说的大道,除了儒家的伦理之外,还指那些王充看来正确的诸子理论。比如黄老学说的元气自然论。《自然篇》:"从道不随事,虽违儒家之说,合黄老之义也。"

第二,文吏之事,也就是现在的秘书学,主要是培养能辅助长官处理烦琐的日常事务,判理案件的官员。这方面是当时社会的热门专业。《程材篇》:"非文吏,忧不除;非文吏,患不救,是以选举取常,故案吏取无害。"于是,人们争相学习:"聪慧捷疾者,随时变化,学知吏事。"但王充最瞧不起文吏,《程材篇》:"文吏瓦石,儒生珠玉。"《量知篇》:"夫文吏之学,学治文书也,当与木土之匠同科,安得程于儒生哉?"不把秘书学看成是教学必须的内容,将文吏看成是泥瓦匠、木工,是雕虫小技。他甚至讥笑文吏是吃糟糠,而儒生是吃黍粱。

第三，历史学知识。《谢短篇》："夫知古不知今，谓之陆沉"，"夫知今不知古，谓之盲瞽"。不懂历史知识就是无知，是瞎子、聋子。王充所说的历史，一是指"五经之后，秦汉之事"即当代史。二是指五经之前，"天地始开，帝王初立者"即古代史。三是指五经时的事情即近代史。四是指文化史，如《诗》《春秋》是如何产生的。五是指政治制度史，比如："古者封侯，各专国土，今置太守令长，何义？"

三、关于教学的态度与方法

王充认为，无论是教与学，都应以实事求是的态度，不盲从，不迷信，即不能"信师而是古"。《语增篇》："凡天下之事，不可增损，考察前后，效验自列。自列，则是非之实有所定矣。"《知实篇》："凡论事者，违实不引效验，则虽甘义繁说，众不见信。"他认为，无论课讲得怎么动人，如果缺乏事实的根据就难以令人置信。

在教学方法上，王充主张用典型的实例去诱导和感化，《非韩篇》："闻伯夷风者，贪夫廉，懦夫有立志；闻柳下惠风者，薄夫敦，鄙夫宽。"

王充主张因材施教。《率性篇》："天道有真伪，真者固自与天相应，伪者人加知巧，亦与真者无以异也。"因此，对于本性好的人采用劝勉感化的方法；对于本性恶的，则加以淬火。"今夫性恶之人，使与性善者同类乎？可率勉之，令其为善。使之异类乎？亦可令与道人之所铸玉，随侯之所作珠，人之所摩刀剑钩石焉，教导以学，渐渍以德，亦将日有仁义之操。"因材施教不仅是对不同的人采用不同的教学方式，而且也是对同一个人不同的年龄阶段采用不同的教学方式。《命义篇》："性命在本，故《礼》有胎教之法：子在身时，席不正不坐，割不正不食，非正色目不视，非正声耳不听；及长，置以贤师良傅，教君臣父子之道。"

王充主张学习要敢于提问，敢于怀疑。《问孔篇》："凡学问之法，不为无才，难于距师，核道实义，证实是非也。"又说："苟有不晓解之问，追难孔子，何伤于义？诚有传圣业之知，伐孔子之说，何逆于理？"

王充主张要独立思考，"必开心意"。《薄葬篇》："夫论不留精澄意，苟以外效立事是非，信闻见于外，不诠订于内，是用耳目论，不以心意议也。夫以耳目论,则以虚象为言。虚象效,则以事实为非。是故是非者,不徒耳目,必开心意。"

王充主张学习应该有正确的思维方法。这种方法就是历史的方法和比较的方法。王充在《实知篇》作了很多的论述。"缘前因古,有所据状","揆端推类,原始见终","放象事类以见祸,推原往验以处来","以今而见古,以此而知来",等等。

四、关于教师

王充将教师称为通人。《超奇篇》:"通书千篇以上,万卷以下,弘畅雅言,审定文牍,而以教授为人师者,通人也。"王充认为,通人博学多才学富五车。《别通篇》:"胸怀古今之事,百家之言",掌握了"治国肥家之术,刺世讥俗之言",是十足的"富人",比那些财主强多了。"以文书御天下,天下之富,孰与家人之财?"王充甚至认为教师作用抵得上百万人。《效力篇》:"说一经之儒,可谓有力者?曰:此有力者也。陈留庞少都每荐诸生之吏,常曰:王甲某子,才能百人。太守非其能,不答。少都更曰:言之尚少,王甲某子,才能百万人。太守怒曰:亲吏妄言。少都曰:文吏不通一经一文,不调一师一言,诸生能说百万章句,非才知百万人乎?太守无以应。夫少都之言,实也。"

王充肯定教师的作用,但也对教师提出很高的要求。一是教师要博学古今。《效力篇》:"诸生能传百万言,不能览古今,守信师法。虽辞说多,终不为博。"《谢短篇》:"温故知新,可以为师。古今不知,称师如何?"《正说篇》:"温故知新,可以为师。今不知古,称师如何?"二是教师要不断学习,充实自己。《别通篇》:"孔子病,商瞿卜期日中。孔子曰:取书来,比至日中何事乎?圣人之好学也,且死不休,念在经书,不以临死之故,弃忘道艺。其为百世之圣,师法祖修,盖不虚矣。"

综上所述,王充在教育的作用、教育的内容即知识论、教学的方法和教师等方面都作了精辟的论述。这不仅反映了王充卓越的见识,而且也反映了汉代教育的发达和繁荣。当然,王充的重道德轻技能的知识论,也反映了古代教育方面的缺陷和不足。

其他思想专题

　　谶纬，是流行于西汉末到东汉年间的社会思潮。谶是指已被证实了的预言，纬指对儒家经典的解释，谶纬即用谶语来解释儒经或从儒经寻章摘句成谶语。谶纬的实质，只是借助于神来表达人的愿望，反映了人们对现实社会的不满和对未来社会的向往，是一种变革社会的理论，其特征是具有神秘性和随意性，相对于原始的正统的儒学来说，十分荒诞浅薄。谶纬是东汉王朝的法典和国宪，处理政事的依据。其影响所及，一是学习谶纬成了当时士大夫的风气，二是导致了道教的产生，三是导致东汉社会多忌讳。

　　荀悦作为东汉末年的思想家，其思想极为丰富和复杂。在哲学思想上，荀悦认为，天地万物根源于"道"，产生于"道"并以不同的形式体现着"道"，实施着"道"。这样，"道"在荀悦这里成了统摄一切的东西，成了宇宙的本体，发展的源泉。在政治思想上，荀悦把统治者即"君臣"看作是构成政治的主要因素，他对历史上的统治者予以总结，分成六种，"有六主，亦有六臣"；指出，政治就是统治者管理被统治者，用荀悦的话说就是"人主承天命以养民者也"。在伦理思想上，荀悦承袭了孔子的"仁义"和董仲舒的"三纲六纪"，特别看重互利即"相与"，推崇"平直真实"的伦理关系，反对特权、贵族阶级的超常行为。在教育思想上，荀悦承继了王充的性三品说，认为教育的实施，一是进行世界观、历史观和人生观的教育，即进行思想教育，二是进行知识的传授，包括政治、地理、历史等，三是进行榜样和实例的教育。荀悦看到教育并不是万能的，主张在进行教育即正面诱导的同时，必实施刑法，对屡教不改的予以惩罚。在历史思想上，荀悦看到了历史是在不断发展的，而且，历史的发展是由简单到复杂，由低级到高级的。他经常持一种积极进取的精神。在养生思想上，荀悦认为，人们只要按照事物的规律去做事、锻炼就可以长寿。第一，保持一种平静的心情和求真的精神。第二，正确地锻炼身体。第三，乐观向上，顺其自然。荀悦的思想虽然十分丰富和复杂，但就其整体而言，应该说还是儒家。虽然他的思想中拥有很多道家的成份，吸收了道家的思想因素，但是仍然是儒家的思想占主导。

  儒学在汉代的发展，指导并影响了汉代社会、汉以后乃至今天的中国社会。它构成了中华文化的最基本内容。我们将之称为"汉文化精神"。主要包括：一是人本主义精神。所谓人本主义精神就是以人为本，将人作为价值的目标和核心。从汉代儒生的实践看，人本主义主要有两个方面的内容。一方面，人本主义强调人民的作用，将人民的利益看作是第一要务；另一方面，人本主义又强调个人的作用，将个人价值的实现置于重要地位。二是礼治精神。作为一种社会思想的礼治精神，其实质是强调社会的有序，坚持社会的秩序。这种社会的有序或秩序，在儒家看来就是上下有序、内外有别。从汉代儒生的论述和实践看，他们认为礼中最大的是孝，"夫孝，天之经也，地之义也，人之行也。君子务本，本立而道生。"礼治的实施和礼治精神的发扬，促进了当时社会的稳定和繁荣，表现了爱国主义精神，是一套完整的社会管理理论。三是天人合一精神。天人合一是汉儒在儒学发展中提出的一个重要思想。这一思想认为，自然的发展与人类的发展是互相影响互相作用的，人们应根据自然的变化来调整并规范自己的言行。天人合一具有世界观和方法论的意义，政治上具有劝谏的作用。

论 谶 纬

谶纬是流行于西汉末年和东汉时期的一股社会思潮。史学家多已指出了它的封建神学、迷信的性质,而进行专门论述的文章倒不多见。因此,本文试图从社会史的角度予以探讨,不为标新,惟以求实。敬请专家赐教!

一、谶、纬和谶纬

谶纬产生的时代问题,古今学者颇有歧义,现代学者的认识尤为不一致。大体上,可归结为三种看法。

1. 开始于秦汉

"谶的起源很早,如司马迁记载秦朝流行的'亡秦者胡也',即其一例。汉初京房的易学、齐诗、公羊传也有一些谶纬的成分。"①

2. 开始于西汉武帝的董仲舒

"汉武帝尊崇的儒术,是儒家的今文学派……在董仲舒神秘主义的

---

① 任继愈:《中国哲学发展史》第二册,人民出版社1998年版,第95页。

影响下,今文经学同谶纬神学结合起来。"①

3. 开始于西汉哀帝、平帝之际

"到了西汉末期的哀(帝)平(帝)(公元前 6 年～公元 6 年)之际,在连年天灾和农民起义高涨的压力下,西汉王朝摇摇欲坠,封建统治者只有乞灵于宗教迷信的宣传,企图假借天命和神的启示来欺骗奴役人民。于是,一种把儒家经典和宗教迷信进一步紧密结合起来的谶纬神学就大肆泛滥起来。"②

其实,即使古人,对谶纬产生的时代的认识也是不一致的。汉司马迁认为产生于战国时代的秦。《史记·赵世家》记载:扁鹊讲秦穆公寤而述上帝之言,"公孙支书而藏之,秦谶于是出矣"!而东汉的张衡在其上疏中说:"刘向父子领校秘书,阅定九流,亦无谶录。成哀之后,乃始闻之。""则知图谶成于哀平之际也。"

分歧若是,孰是孰非呢?有人认为司马迁与张衡的意见实际上是一致的,区别仅在于有无成书。"按谶在先秦就有。但只是片言只语,不成为书。编定成书,当始于汉哀帝平帝时,这跟王莽篡位大造图谶有关。"③然而据《史记·秦始皇本纪》载,在始皇三十二年,燕人卢生使入海还,因奏"《录图书》曰:'亡秦者胡也。'"据学者考证,《录图书》就是谶纬之书。《资治通鉴·秦纪》胡三省注:"《录图书》如后世谶纬之书。"可见在秦代谶纬已经有了成书。因而此说似欠妥当。

考各家的论述,产生分歧的原因是对谶纬意义理解的不同。因此,要弄清谶纬产生的时代,必先搞清楚谶纬的意义。

那么,谶纬是什么呢?诸家皆以为,谶就是"诡为隐语,预决吉凶"的预言;纬是与"经"相对而言,指对儒家经典的解释。而实际上,谶纬的意义是很复杂的。它当有下面三个意义,而这三个意义正是分别产生于现代学者所说的三个时代。

一是谶,又称做"符"、"符命"、"录"、"图书"、"候",等等。《说文》:

---

① 刘泽华、杨志玖等编著:《中国古代史》上册,人民出版社 1979 年版,第 394 页。

② 何兆武、步近智:《中国思想发展史》,中国青年出版社 1990 年版,第 164 页。

③ 《文心雕龙注释·正纬第四》注释 98,刘勰著,周振甫注,人民文学出版社 1981 年版,第 31 页。

"验也,谓记其已验之事。"张衡也说:"立言于前,有征于后。故智者贵焉,谓之谶书。"① 可见谶的本义是指已被证实了的预言。司马迁说它起源于战国的秦。实际上,谶的起源当追溯到殷商甚至更早,因为甲骨卜辞所记载的有的就是占卜时的预言与被证实后的情形。张衡在上书中曾说:"臣闻圣人明审律历,以定吉凶,重之以卜筮,杂之以九宫。经天验道,本尽于此。"② 可见,谶的起源与远古人类的占卜分不开。其时,人们尚不能正确地认识自然和社会,于是就频繁地祭祀,祈求太平和幸福。随着经验的积累,知觉感觉的丰富和提高,人们的祈求有时也能得到验证(这就是谶的萌芽)。这使得人们逐渐意识到,只要把自己的愿望(通过上帝和神)表示出来,以后有可能实现(这就是谶的产生)。如果说谶最初还反映了人类对自然和社会生产力的发展的愿望,随着人类主体意识的增强,有一种情形在谶语里越来越占有重要的地位。亦即谶由潜意识里的直觉开始向显意识的理智转变。谶由原意为被验证了的预言引申为对未来的预言。直至秦统一后,谶的这种意义就更明显了。《史记·项羽本纪》:"南公曰:楚虽三户,亡秦必楚。"反映了楚人对秦统治的仇恨和不满。《秦始皇本纪》:"始皇帝死而地分","今年祖龙死",反映了秦末人民的不满和反抗。《陈涉世家》:"大楚兴,陈胜王",则反映了陈胜吴广用谶来发动群众起来斗争。

二是纬,指对儒家经典的解释。纬当在孔子之后就已经产生了。孔子弟子对其老师的思想的讲解,实际上都可以看作是纬。孔子据鲁史所作的《春秋》,"微言大义","借文辞的微妙不同显示是非褒贬",只有"靠解释才能明白"③。这些解释就可说是纬。

三是谶纬,即用谶语来解释儒经,或从儒经寻章摘句成谶语。此产生于西汉武帝以后。汉武帝"罢黜百家,独尊儒术",在长安设太学,置五经博士,专门讲授儒经,并择优而仕。公孙弘以治《春秋》为丞相封侯,"自此以来。公卿大夫士吏,彬彬多文学之士矣"。④ 因此,社会上早已有的思潮谶就与纬不期而合。《孝经援神契》说高祖之兴,"宝玉……

---

① 《后汉书·张衡传》。
② 《后汉书·张衡传》。
③ 陈其泰:《公羊历史哲学的形成和发展》,《孔子研究》1989年第2期。
④ 《汉书·儒林传序》。

上有刻文,孔子跪受而读之曰:'宝文出,刘季握,卯金刀,在轸北,字禾子,天下服'"。《演孔图》:"有人卯金兴起丰"。《保乾图》:"汉之一师为张良,生韩之陂汉以兴",等等。所谓卯金刀,指"刘"字,禾子指"季"字。丰是高帝刘季的故乡。这是说,汉高祖的兴起,张良的出现,上天早已告诉孔子了。可见,谶纬是谶发展的一个转折,即由俚语俗言而成经;谶纬是儒学发展之滥觞,是儒学的世俗化和神秘化。《演孔图》说"孔子论经,有鸟化为书,孔子奉以告天,赤雀集书上化为黄玉,刻曰:孔提命,作应法"。又说"得麟之后,天下血书鲁端门曰:趋作法,孔圣没;周姬亡,彗东出;秦政起,胡破术;书纪散,孔不绝"。这就把孔子整理的古籍说是谶书了。同时也把孔子的形象也神化了:自有其超凡的特征。《孝经钩命诀》说,孔子海口、牛唇、舌理七重、虎掌、龟脊、辅喉、骈齿。《演孔图》也说孔子的形状:首类尼丘山,长十尺,大九围。

  谶与纬的合流,还与儒经自身的神秘性分不开。孔子作《春秋》,获麟而止,本身就具有神秘性。西汉推崇的由董仲舒倡导的儒学,是以"史义"为主的"公羊学"。公羊三世说历史哲学,具有"能随时代的变迁而不断引申出新的含义"之"怪"①;加之董氏又阐发了天人感应的理论,推论灾异并成为一时风尚。这就为谶纬的产生奠定了理论基础。

  谶纬的产生,最主要的还是时代的产物。西汉末年,由于连年的土地兼并,社会危机日益加剧,农民起义不断,统治者的一些有识之士经常以陈述灾异为手段,规劝统治者改革弊政,但没有得到响应。这使得他们对朝廷失去信心。他们依据"五德终始"的学说,公开散布"汉运将终"。至哀帝时,采纳了夏贺良的建议,改"建平"年号为"太初元年",自称"陈圣刘太平皇帝",以示已经"更受命于天"。然而各种矛盾依然如故,夏贺良被处死,又恢复了建平年号。统治者这种不致力于弊政改革而寄希望于改年号的荒诞做法,不仅没有挽救社会危机,反而为谶纬的产生提供了温床。至哀帝死后,外戚王莽掌握了政权。此人野心勃勃,动辄引经文以行己之私。一些钻营投机之徒,乘机利用谶纬为王莽称帝制造舆论。谶纬因此而大流行了。

---

  ① 陈其泰:《公羊历史哲学的形成和发展》,《孔子研究》1989 年第 2 期。

二、作为一种变革社会的理论

　　撕下谶纬荒诞、神秘和庸俗的面纱,我们就会看到谶纬的实质,只是借助于神来表达人的愿望,反映了人们对现实社会的不满和对未来社会的向往。"亡秦者胡也","大楚兴,陈胜王","刘秀发兵捕不道,卯金修德为天子",等等,皆是如此。因此,谶纬实际上是作为一种变革社会的理论而出现的。其目的是要号召人民,取得人民的支持和谅解。

　　谶纬的这种性质,是时代使然。"没有革命的理论,便没有革命的运动"。如上所述,西汉末年社会发生了严重危机,一场改朝换代的运动正在酝酿之中。因此,一些有识之士率先抛出了"五德终始,汉运将尽",应"再受命"的论调。而王莽则网罗文人方士为自己造声势,"告安汉公莽为皇帝","赤世计尽,黄德当兴","火德销尽,土德当代","皇天革汉而立新,废刘而兴王"①。在这里,显然,当局者是把谶纬作为变革社会的工具。

　　谶纬的变革社会的性质,其思想渊源,一是沿袭了谶的本义,借鬼神来表达人的愿望。二是五德终始说,此说是以金木水火土相生相胜的关系来解释朝代更替的理论。三是河图洛书。据学者研究,"河图是游牧时期所用的气象图;洛书是游牧时期的罗盘图"。可见,河图洛书是远古人类"选时择向"的依据,原就具备着改变现状的功能。② 四是《易》。据专家考证,"文王有灭纣之志,而作《易》是他发动诸侯及纣臣来反对纣的手段之一"③。可见,《易》也是一种变革社会的思想。

　　谶纬的变革社会的性质,还可以从东汉统治者对其的态度来看。东汉统治者笃信谶纬,但在开国前后是大有区别的。当旧秩序一片混乱,新秩序尚未建立时,刘秀等人所信奉的谶纬实际上是多谶而少纬。如"刘氏复兴,李氏为辅","刘秀发兵捕不道,四夷云集龙斗野,四七之际

---

　① 《汉书·王莽传》。
　② 韩永贤:《对河图洛书的探索》,《内蒙古社会科学》,1988年第3期。
　③ 侯廷章:《推翻"文王作周易说"的论据不实》,《南都学坛》1989年第3期。

火为主"。显然,这是借谶语召集人才骗取百姓的支持。当刘氏政权建立之后,刘秀即"宣布图谶于天下"(中元元年,公元56年),其目的是使谶纬定型化,不准再私造。而当新政权得到进一步的巩固之后,统治者逐渐放弃谶而重纬。章帝时,大会诸儒于白虎观,讲经论义以谶释经,遂成《白虎通》。这就使谶纬再次钦定为封建王朝的法典和政纲。但《白虎通》的内容,虽援引谶纬达二十多处,然而主要是依据自然现象论述封建的社会秩序,同时又提出了三纲六纪的封建伦理规范和政治准则。显然多是纬的内容。即使有一点谶的内容,也是为巩固封建统治而提出来的。如"臣可以为君,君不可更为臣",其意是说,刘邦、刘秀可以由臣爬上君之宝座,但再也不可为臣了。又如讲到五行关系时,特别突出"土居中央"的理论:"木非土不生,火非土不荣,金非土不成,水非土不高。土扶微助衰,历成其道。故五行更王,亦须土也。王四季,居中央,不名时。"这样把土解释为五行之首,说成一切物质元素中最根本的元素,其目的是强调"土德汉运"的刘氏王朝的重要性和不可变更。东汉统治者这种由重视谶到强调纬的变化,正是说明其变革社会的成功;同时,也说明作为一种社会理论,谶纬的功能仅在于变革社会而已。

谶纬在东汉以后的遭遇,更能体现出它的变革社会性质。魏晋以后,一些地主阶级野心家利用谶纬夺取政权。但在夺得政权之后,为了防止别人再玩弄故伎,常常严禁图谶。其中最为典型的数隋朝。隋文帝杨坚取代北周时说:"河洛出革命之符,星辰表代终之象";"朕应箓受图,君临海内"①。隋初,王劭也对杨坚说:"所以于《皇参持》、《帝通纪》二篇陈大隋符命者,明皇道帝德,尽在隋也。"②但到开皇十三年(公元539年)下令"私家不得隐藏纬候图谶"③。"炀帝即位,及发使四处搜天下书籍与谶纬相涉者皆焚之。为吏所纠者至死。自是无复其学,秘府之内,亦多散亡。"④

总之,不论从谶纬的内容还是从谶纬的产生、渊源,还是从谶纬的实践来看,它都是一种变革社会的理论。它所服务的对象,无论统治者还

---

① 《隋书·高祖纪上》。
② 《隋书·高祖纪上》。
③ 《隋书·经籍志》。
④ 《隋书·高祖纪上》。

是被统治者,无论地主阶级还是农民阶级,总之都是企图改变社会现状建立新秩序者。

　　作为这样的理论,谶纬与其他封建理论相比,一是具有神秘性。王莽时儒生哀章私造的铜盒,刘秀称帝的依据"赤伏符"等,皆借助天神以蒙骗世人。可以说,封建四条枷锁之一的神权,即由此而来并得以加强。二是具有随意性。谶纬可以随意制造,也可以随意解释。《汉书·王莽传》载,大司空甄丰的儿子甄寻看上了平帝的遗孀,就造符命"故汉氏平帝后黄皇室主为寻之妻"。黄皇室主即汉平帝妻,王莽的女儿。所以王莽很恼火,要逮捕他,他逃走了,其父畏罪自杀。一年后抓到了甄寻,因其手里写有谶"天子"字,无人敢动他。王莽看了之后解释说,这是"一大字",或者说是"一六字"。"六"者,戮也。这表明你甄寻父子当一同戮死。《后汉书·公孙述传》载,公孙述根据"废昌帝,立公孙"等谶语,多次向中原发布文告,希望骗取人们的拥护。刘秀很担心。他在给公孙述的信中说:"公孙"是宣帝不是你,你要以王莽为鉴,给自己留条后路。在信末署名处刘秀则自称"公孙皇帝"。

　　由此可见,谶纬对于原始的正统的儒学来说,不仅十分荒诞浅薄,而且也是一种倒退。所以,当时一些正经的儒生对之嗤之以鼻。《后汉书·桓谭传》载,刘秀曾想以谶语来决定灵台处所,他向桓谭询问,桓谭说自己不读谶书,并且说谶书不是正经。结果惹得刘秀大怒,要杀他。"谭叩头流血,良久及得解。"《郑兴传》载,帝欲以谶断郊祀,郑兴说自己没有学谶,当光武帝责问他时,他说:"臣于书有所不学,而无所非也。"与桓谭、郑兴二人相比,尹敏采取了幽默的态度。《尹敏传》载,刘秀坚持让尹敏去校释图谶,尹敏就在谶书的空白处写道:"君无口,为汉辅。"意思是说我姓尹的可以做你刘秀的丞相。当刘秀责问他时,他说:"臣见前人增损图书,故学为之耳。"刘秀虽然很不赞成,但也没有难为他。到后来,张衡上书干脆揭露谶纬的虚伪,建议"宜收藏图谶,一禁绝之"。

　　大概东汉统治者也意识到谶纬太浅薄,所以在政权得以稳固之后,赶紧炮制封建的法典《白虎通》。孙叔平先生在谈到《白虎通》的产生时曾不客气地指出:"东汉到底是处在先秦诸子百家争鸣以后,又经过两次大规模农民战争的时代,拿'谶'之类的鬼话来作为一朝的'国宪'、'经典',那也未免太不像话了,所以一定要弄出一部多少说几句人话的官书。"①

三、在东汉社会的地位与作用

东汉王朝是以谶纬作为其思想基础的。因此谶纬在东汉被称为"内学"与"秘经"。可见,作为一种封建理论,谶纬成了东汉王朝的法典和国宪,处理政事的依据。汉光武帝用谶纬来决定官吏的任免,处理政事。《后汉书·王梁传》载,《赤伏符》里有"王梁主卫作玄武"语,名姓、地名都相符合,于是就任命王梁为大司空。《景丹传》载,有谶语"孙咸平狄",于是就以平狄将军孙咸为大司马。《光武本纪》载,因《河图》有"赤九会昌"之文,光武于高祖为第九世,所以祭祀太庙到汉元帝为止,而成、哀、平三帝则在长安祭。当灵台地址由于大家意见不一确定不了时,光武说:"吾以谶决之。"至明帝时,以谶纬来释经,"诏东平王苍正《五经》章句,皆命从谶"。樊儵"以谶记正《五经》异说"②,曹褒以五经谶语制定礼乐。③

谶纬对东汉社会乃至以后的中国社会产生了巨大的影响。

1. 学习谶纬成了当时士大夫的风气

东汉统治者以谶纬来决定军国大事,使一些善于附会图纬的人做官,反对者则受冷落。范晔在《后汉书·郑范陈贾传论》里就感叹道:"桓谭以不善谶流亡,郑兴以逊辞仅免,贾逵能附会文致,最差显遗,世主以此论学,悲矣哉!"因此,东汉儒学者争学图纬,遂成一代风气。"醻好《老子》,犹善图纬"。"时尚书有缺。诏将大夫六百石以上试对政事天文道术,以高第者补之,醻自恃能高而忌故太史令孙懿,恐其先用,乃往后懿。既坐言无所及,唯涕泣流连。懿怪而问之,醻曰:图书有汉贼孙登,将以才智为中官所害,观君表相似当应之。懿忧惧,移病不试。由是醻对第一,拜尚书。"在争权夺利、勾心斗角时也利用谶纬来搞阴谋了。

---

① 孙叔平:《中国哲学史稿》上,上海人民出版社2000年版,第317页。
② 《后汉书·樊儵》。
③ 《后汉书·曹褒传》。

2. 导致了道教的产生

由于"谶纬之学盛行,儒生与方士逐渐合流,造成了极为浓厚的宗教气氛,这对道教的孕育和出现,起了极大的推动作用。道教融合了谶纬思想,用他们神化孔子的办法来神化老子,并吸取谶纬术为其方术之内容"①。据《后汉书·襄楷传》载,顺帝时,琅玡人宫崇曾把他的老师于吉所得的神书《太平清领书》奉上,"有司奏崇所上妖妄不经,乃收藏之。后张角颇有其书焉"。按李贤注,于吉神书,"即今道家《太平经》也"。可见,道教的产生与谶纬有着密切的关系。

3. 导致东汉社会多忌讳

东汉是一个多忌讳的时代。《论衡·四讳篇》载,俗有大讳四。一曰西益宅;二曰被刑为徒,不上丘墓;三曰讳妇人乳子以为不吉,将举吉事,入山林、远行、度川泽者,皆不与之交通,乳子之家亦忌恶之;四曰讳举正月五月子,以为正月五月子杀父母,不得已举之,父母祸死,则信而谓之真矣。此外还有"世讳作豆浆恶闻雷,一人不食","讳捶刃井上","毋承屋檐而坐","毋反悬冠","毋偃寝","毋以箸相受","毋相代扫",等等。这些忌讳的成因故然很多,但谶纬在东汉的广为流行恐难辞其咎。司马谈在《论六家要指》里说:"阴阳之术,大详而众忌讳,使人拘而多所畏。"《汉志》亦说:"阴阳者流……及拘者为之,则牵于禁忌,泥于小数,舍人事而任鬼神。"阴阳术是谶纬的主要思想基础,因而可以说,东汉那么多的忌讳正是谶纬造成的。

四、理论和心理分析的尝试

谶纬作为一种社会理论,就其整体和全部而言,无疑是错误荒谬的。但东汉统治者为什么将之作为法典和国宪,并拥有众多的信徒呢?此后的历代统治者又为什么屡禁不止呢?我们试从理论和心理方面作一探讨。

从理论上来说,真理和谬误是一个矛盾着的统一体。恩格斯说:"真

---

① 吕鸿儒、辛世俊:《宗教的奥秘》,河南人民出版社1989年版,第150页。

理和谬误,正如一切在两极对立中运动的逻辑范畴一样,只是在非常有限的领域内才具有绝对的意义","对立的两极都向自己的对立面转化,真理变成谬误,谬误变成真理。"①这就是说,正确的理论与错误的理论是相互包含着的,并孕育着向对立面的转化,两者并没有绝对的区别界限。谶纬作为一种社会理论,是错误的。但就西汉末年统治者的腐败、阶级矛盾的尖锐,不改变生产关系就不能使生产力得到发展等情况来看,谶纬正是当时人们企图改变现存社会的强大的思想武器。以汉光武帝为首的地主阶级的有识之士毫不犹豫地信奉、倡导、笃行,说明了他们对当时的国情和民情的洞察与正确抉择。

从心理上说,由于生产力发展有限,人们认识水平低,整个社会成员的某些心理适应了谶纬的产生和发展。因为自然灾害和统治者的残酷剥削压迫,使人们产生了畏惧情绪。"天人感应"思想的传播,使人们意识到,给人们带来痛苦和灾难的是统治者,是统治者的荒淫和腐败。但由于对统治者的恐惧,人们不敢明目张胆地提出推翻统治者的口号,只能采取隐讳的办法。同时,由于人们生活的困苦,人们期望美好的生活,加之"天人感应"作祟,使人们在冥冥之中又觉得"天随人意","天"也希望人们过上幸福日子。因此追求幸福的生活,扫除幸福生活道路上的障碍即推翻现存的统治者,是"顺天应命"的事情。人们这种由恐惧而向往而使命的心理,就通过谶纬曲折地表达出来,从而使谶纬得以产生和发展。

马克思曾说:"相当长的时间以来,人们一直用迷信来说明历史,而我们现在是用历史来说明迷信。"②从历史而言,西汉末年阶级矛盾的激化和社会危机的加深,使谶与纬合流,成为变革社会的思想武器。东汉统治者借此建立了政权,又把它作为自己的国宪和法典,致使东汉社会多忌讳乃至道教产生。而这一切都与真理的相对性和群众的恐惧感与幸福欲分不开。

---

① 《马克思恩格斯选集》,人民出版社1972年版,第3卷,第130页。
② 《马克思恩格斯全集》,人民出版社1961年版,第1卷,第425页。

荀悦思想述论

荀悦，字仲豫，东汉颖阴（今河南许昌）人。生于桓帝建和二年（公元148年），卒于献帝十四年（公元209年），享年62岁。荀悦早年隐居不仕，到49岁时方任职于曹操的镇东将军府，后迁黄门侍郎，官至秘书监、给事中。

荀悦是战国著名儒学大师荀子的第十三世孙，也是东汉末年的一代大儒。史书记载他"年十二，能说《春秋》"，学综儒史。曾著有《崇德》、《正论》、《申鉴》、《汉纪》等论著，传世的只有《申鉴》、《汉纪》。

对于荀悦的思想，历代学者多肯定他对史学的贡献，是儒家，并批判他崇信阴阳五行和天人感应。真正揭示他思想精华的却不多见。比如现代的几部著名思想史著作如侯外庐主编的《中国思想通史》、金春峰的《汉代思想史》、许复观的《两汉思想史》中都没有讲到荀悦的思想。可以说，这是汉代思想史和学术文化史研究中的一大缺憾。当然，也有一些著作谈到了荀悦的思想，如周桂钿的《秦汉思想史》，但是只有"政体"、"俗嫌"和"人性"三节，这对于丰富的荀悦思想来说，应该说是远远不够的。最值得一提的是哈佛大学博士陈启云先生的博士论文《荀悦与中古儒学》，这是一部笔者所见到的唯一的有关荀悦的专著。这部专著凡25万字，分七个部分，第一部分是导言，叙述荀悦的研究情况，第二、三和第四部分探讨荀悦的时代和家世，第六、七部分则以《汉记》和《申鉴》为中心研究荀悦的思想。但这部专著主要是从文献的角度探讨

《汉记》和《申鉴》，对于荀悦的思想研究应该说也是不够的。① 在这里，我们依据《申鉴》、《汉记》对荀悦的儒学思想加以整理，以揭示他对儒学所做出的贡献。

一、哲学思想

在古代思想家中，"道"始终是一个最基本的范畴。老子把"道"看成是一个可以主宰万物的很神秘的东西，孔子也把自己的学说概括为"道"，并说可以用一句话来总结。荀悦吸收了原始儒家和汉代儒学的思想，从哲学上对"道"作了深入的论述，从而形成了他的哲学思想。

荀悦曾反复地说这几句话：

"立天之道，曰阴与阳；立地之道，曰柔与刚；立人之道，曰仁与义。阴阳以统其精气，刚柔以品其群形，仁义以经其事业，是为道也。"②

"《易》曰：有天道焉，有地道焉，有人道焉。"③

"《易》称：有天道焉，有地道焉，有人道焉，各当其理而不相乱也。"④

"经称：立天之道，曰阴与阳；立地之道，曰柔与刚；立人之道，曰仁与义。阴阳之节在于四时五行，仁义之大体在于三纲六纪，上下咸序，五品有章。"⑤

---

① 在我输入这篇1997年所撰写的小文的时候，我的舍友吴玉明博士从中国期刊网上给我查找了有关荀悦研究的文章。其中除了拙文的姊妹篇、已发表在1998年《南都学坛》第5期的《论荀悦在史学理论上的贡献》外，还有（1）王萍、阎庆国：《荀悦的道家思想初探》，《河南大学学报》2000年第11期；（2）张涛：《荀悦易学思想初探》，《北方论丛》2000年第6期；（3）夏增民：《试论荀悦政治思想的哲学基础》，《洛阳师专学报》1996年第4期；（4）夏增民：《荀悦政治思想简论》，《华中理工大学学报》（哲学社会科学版）2000年第5期（武汉）；（5）《荀悦的养生思想》，《现代养生》2001年第4期。在此谨表谢意！——2002年于华东师范大学博士楼20舍318房间。

② 《申鉴·政体》。

③ 《汉纪·高后纪卷第六》。

④ 《汉纪·孝武皇帝纪四卷第十三》。

⑤ 《汉纪·孝成皇帝纪二卷第二十五》。

由此可见，在荀悦看来，天地万物根源于"道"，产生于"道"，并以不同的形式体现着"道"，实施着"道"。这样，"道"在荀悦这里成了统摄一切的东西，成了宇宙的本体，发展的源泉。

荀悦认为，"道"的实施，体现于政治上，就是"在于三纲六纪，上下咸序，五品有章"，也就是社会有序，政治稳定，所谓"上下相顺，庶事治焉"①。而要实现这一点，第一，要严于律己，"夫要道之本，正己而已矣"②。具体说就是要求统治者"性""安于道"，"智""同于物"，不能"唯欲是从，唯利是务"，而应该"以道折中，不肆心，则不纵体焉，惟义而后已"。③ 第二，要善用赏罚，"整众以威，抚寡以宽，道也"④。第三，要统一思想，"放邪说，去淫智，抑百家，崇圣典，则道义定矣"⑤。

"道"在社会伦理上，则体现为推行仁义。"夫道之本，仁义而已矣。五典以经之，群籍以纬之，咏之歌之，弦之舞之。"⑥仁义的实质对于社会来说就是各个阶层要互相体贴照顾。"自天子达于庶人，好哀乐，其修一也。丰约劳佚，各有其制，上足以备礼，下足以备乐。夫是谓大道。天下国家一体也。君为元首，臣为股肱，民为手足。下有忧民，则上不尽乐；下有饥民，则上不备膳；下有寒民，则上不具服。"对于个人是"恕""正"。"恕者，仁之术也；正者，义之要也。至哉！此谓道根，万化存焉尔。"⑦

"道"不仅构成了荀悦的世界观，而且也是荀悦的方法论。在荀悦看来，人们要认识世界改造世界，首先就是要了解"道"，遵循"道"。"通于天人之理，达于变化之数，故能达于道。"⑧又说，"治世所贵乎"、"达道于天下"，"道顺"。具体说就是要顺从事物的发展规律："人承于天地，故动静顺焉。顺其阴阳，顺其日辰，顺其度数。"再详细说，就是要"修六则，以立道经：一曰中，二曰和，三曰正，四曰公，五曰诚，六曰通。以天

---

① 《汉纪·孝哀皇帝纪上卷第二十八》。
② 《汉纪·孝元皇帝纪中卷第二十二》。
③ 《汉纪·孝哀皇帝纪上卷第二十八》。
④ 《申鉴·时事》。
⑤ 《申鉴·时事》。
⑥ 《申鉴·政体》。
⑦ 《申鉴·政体》。
⑧ 《汉纪·孝元皇帝纪下卷第二十三》。

道作中,以地道作和,以仁德作正,以事物作公,以身极作诚,以变数作通。《易传》曰:通其变。又曰:变则通。是谓道实"①。

二、政治思想

荀悦把统治者即"君臣"看作是构成政治的主要因素。"非天地不生物,非君臣不成治。首之者,天地也;统之者,君臣也哉。"②为此,他对历史上的统治者予以总结,分成六种,"有六主,亦有六臣"。"有六主"即有六种统治首脑。这就是:

王主:"体正性仁,心明志固,动以为人,不以为己"。

治主:"克己恕躬,好问力行,动以从义,不以纵情"。

存主:"勤事守业,不敢怠荒,动以先公,不以先私"。

哀主:"悖逆交争,公私并行,一得一失,不纯道度"。

危主:"情过于义,私多于公,制度殊限,政令失常"。

亡主:"亲用谗邪,放逐忠贤,纵情遂欲,不顾礼度;出入游放,不拘仪禁;赏赐行私,以越公用;忿怒施罚,以越法制;遂非文过,知而不改,忠信拥塞,直谏诛戮"。

"有六臣"即有六种大臣。这就是:

王臣:"以道事君,匪躬之故。达节通方,立功兴化"。

良臣:"忠顺不失,夙夜匪懈,顺理处和,以辅上德"。

直臣:"犯颜逆意,抵失不挠,直谏遏非,不避死罪"。

具臣:"奉法守职,无能往来"。

嬖臣:"便辟苟容,顺意从谀"。

佞臣:"倾险谗害,诬下惑上,专权擅宠,唯利是务"。

可见,统治者自身素质和行为对政治产生着极大的作用。"六主有轻重,六臣有简易,其存亡成败之机,在于是矣!"③

---

① 《申鉴·政体》。
② 《申鉴·杂言》。
③ 《汉纪·孝昭皇帝纪卷第十六》。

强调统治者的重要,并不否认被统治者的作用。荀悦把被统治者即人民、百姓看作是国家的中心、政治的对象。"民存则社稷存,民亡则社稷亡。故重民者,所以重社稷而承天命也。"①又说,"足寒伤心,民寒伤国"②。

有了统治者的"君臣",有了被统治者的"民",这样就有了政治。政治就是统治者管理被统治者,用荀悦的话说就是"人主承天命以养民者也"③。

那么,怎样"承天命以养民",亦即怎样治理政事呢?在荀悦看来,政治主要是解决以下五件事:

一是解决吃饭即生存问题,所谓"兴农桑以养生"。荀悦说,民不怕死,也不乐生,所以不能用死来威吓,也不能用好话来哄骗。只有进行生产,使百姓有饭吃。"故在上者,先本民财,以定其志。"为此,统治者要身体力行,"帝耕籍田,后桑蚕宫"。做到"国无游民,野无荒业,财不虚用,力不妄加"。

二是选定正确的价值观念,造就一个诚实正直的文化氛围。用荀悦的话说,就是"审好恶以正其俗"。这就要求统治者要实事求是,"听言责事,举名察实";要谨严慎行,"肃恭其心,慎修其行";还要不用情不受贿,"请谒无所听,财赂无所用"。

三是推行教化,"宣文教以章其化"。也就是进行正面疏导,让百姓知道哪些该做哪些不该做,哪些可以做哪些不可以做。"教化之行,引中人而纳于君子之途。"这里的"中人"是指一般的百姓,即大多数的被统治者;"君子"即懂得"礼教荣辱"的人。这就是说,进行社会教育的目的是使多数人服从接受社会秩序。

四是建立军队,进行武力镇压和威慑。"立武备以秉其威"。军队是统治者的主要工具。建立军队的目的,一是对国内的极端分子,即"谋乱"的"小人"予以"惩之",二是对外防御外来之敌,"以遏寇虐"。

五是奖善罚恶,"明赏罚以统其法"。赏罚是政治统治的最主要的工具。"赏罚,政之柄也。"其目的是"赏以劝善,罚以惩恶"。其方式是让

---

① 《申鉴·杂言》。
② 《申鉴·政体》。
③ 《申鉴·杂言》。

人知荣辱懂羞耻。"荣辱者,赏罚之精华也。"为此,统治者必须"审信慎令","不妄赏",也"不妄罚"。在《汉记·孝景皇帝纪卷第九》篇里,荀悦批评汉景帝对江都王刘非"以军功封赐天子旌旗"是"过矣"。因为"唯器与名不可以假人"。

以上五件事是政治的主要内容。但要做好这些事情,荀悦认为还要许多附加的条件。这些条件是:

"屏四患"。摒弃四种有害的行为:"伪"、"私"、"放"、"奢"。因为这四种行为都危害了社会的秩序。"伪乱俗,私坏法,放越轨,奢败制。四者不除,则政未行也。"

"惟修六则,以立道经"。六则为"中""和""正"、"公"、"诚"、"通"。以此六则作为行为的价值标准和目标。详如上所述。

"惟恤十难,以任贤能"。"十难"就是十种不良的心理,如"不知"、"不进"、"不任"、"不终"、"以小怨弃大德"、"以小过黜大功"、"以小失掩大美"、"以讦奸伤忠正"、"以雅说乱正度"、"以谗嫉废贤能"。只有注意废除,才能选出贤能的人才。"十难不除,则贤臣不用,用臣不贤,则国非其国也。"

"惟察九风,以定国常"。就是要注意观察民风民情,从而判断国家的发展轨迹和前途。

此外,还需要"惟慎庶狱,以昭人情","惟稽五赦,以绥民中",等等。

荀悦在全面探讨和论述政治时,还针对当时的社会情况提出了二十条政治改革的建议。荀悦改革的目标是"尚和贵敦"。具体说,"放邪说,去淫智,抑百家,崇圣典,则道义定矣!""去浮华,举功实,绝末伎,同本务,则事业修矣!"改革的具体内容,政治上有"明考试","公卿不拘为郡,二千石不拘为县","议州牧","月正听朝";军事上"置尚武之官";法律上"生刑而死者但加肉刑"、"德刑并用","避仇有科","禁数赦令","正尚主之制";经济上"议禄","议专地","议钱货";宗教上"约祀誉重","天人之应";文教上"崇内教","备博士","至德要道","复内外注记者"。可以说,这既是当时社会政治问题的反映,也是荀悦的施政纲领,只可惜没有实施。

三、伦理思想

荀悦的伦理观承袭了孔子的"仁义"和董仲舒的"三纲六纪",是当时社会的一种普遍的伦理观。他说:"仁义之大体在于三纲六纪,上下咸序,五品有章。"①但同时,荀悦对"仁义"和"三纲六纪"的伦理观又作了自己独到的解释。

荀悦特别看重互利,即"相与"。原始儒家的"仁义"思想发展到西汉武帝时,董仲舒以"三纲六纪"予以阐释,结果成了约束人民实行专政的工具。荀悦则强调人民要尽自己的义务的同时,也强调人民的权利,即统治者所应承担的义务。"问君以至美之道道民,民以至美之物养君。君降其惠,民升其功。此无往不复,相报之义也。"又说:"上以功惠绥民,下以财力奉上。是以上下相与。"统治者和被统治者之间是一个互相帮助互相有利的关系,统治者用自己的智慧为人民百姓制订发展目标和途径,被统治者用自己的劳动为官僚贵族提供物质和财富。当然,统治者的作用是主要的,起着主导的作用。所以荀悦又说:"圣王以天下为忧,天下以圣王为乐。凡主以天下为乐,天下以凡主为忧。圣王屈己以申天下之乐,凡主申己以屈天下之忧。申天下之乐,故乐亦报之;屈天下之忧,故忧亦及之。天下之道也。"由此,荀悦强调统治者的责任。作为统治集团的首脑,要不断地反省自己。"夫要道之本,正己而已矣。"②要先公后私。"动以为人,不以为己","动以从义,不以纵情","动以先公,不以先私"。而作为首脑股肱的臣属则应该尽"忠":"夫忠臣之于其主,犹孝子之于其亲,尽心焉,尽力焉。进而喜,非贪位;退而忧,非怀宠。结志于心,慕恋不已。进得及时,乐行其道。"③

荀悦推崇"平直真实"的伦理关系。这种伦理关系的特点是"去浮华,举功实,绝末伎,同本务"④。具体说就是"百姓上下皆反其本,人人

---

① 《汉纪·孝成皇帝纪二卷第二十五》。
② 《汉纪·孝元皇帝纪中卷第二十二》。
③ 《汉纪·孝文皇帝纪下卷第八》。
④ 《申鉴·时事》。

亲其亲,尊其尊,修其身,守其业,于是养之以仁惠,文之以礼乐,则风俗定而大化成矣!"①要实现这一境界,荀悦认为必须要求真务实。"故德必核其真,然后授其位;能必核其真,然后授其事;功必核其真,然后授其赏;罪必核其真,然后授其刑;行必核其真,然后贵之;言必核其真,然后信之;物必核其真,然后用之;事必核其真,然后修之。一物不称,则荣辱赏罚,从而绳之。故众正积于上,万事实于下。先王之道,如斯而已。"②据此,荀悦特别反对当时社会中的游侠之风。他说,"世有三侠,德之贼也。一曰游侠,二曰游说,三曰游行。立气势作威福,结私交,以立强于世者,谓之游侠。饰辩辞,设诈谋,驱逐于天下,以要时势者,谓之游说。色取仁,以合时好,连党美,立虚誉,以为权利者,谓之游行。此三游者,乱之所由生也。伤道害德,败法惑世,夫先王之所惧也。"游侠之风危害了社会秩序,侵害了社会的正常的伦理道德。"上不明,下不正,制度不应,纲纪废弛。"其直接危害在于造成虚伪失真。"以毁誉为荣辱不核其真,以爱憎为利害不论其实,以喜怒为赏罚不察其理。上下相冒,万事乖错。"因此,荀悦主张废除游侠之风,求真务实。"故大道之行,则三游废矣!是以圣王在上,经国序民,正其制度,善恶要于公罪而不淫于毁誉;听其言而责其事;举其名而指其实。"③

在社会伦理关系中,荀悦反对特权、贵族阶级的超常行为,反对他们拥有特权。刘邦称帝建邦于长安后,经常拜见其父。其父则以为刘邦已经贵为皇帝,而自己则是人臣,不让刘邦参拜。荀悦对此大为不满。他说:"孝,莫大于严父。""古之道,子尊不加于父母。"④史载,"(惠帝)四年十月立皇后张氏,帝长姊鲁元公主女也。太后欲为重亲,故配帝。"荀悦对此乱伦的婚配很不赞成。"姊子而为后,昏于礼,而黩于人情,非所以示天下,作民则也。群臣莫敢谏,过哉!"⑤对当时社会中皇家公主在婆家不尊妇道仗势欺人的情况,荀悦极为不满。他说:"宗周之礼,以阴承阳违天,以妇凌夫违人。违天不祥,违人不义。"⑥又说:"男替女

---

① 《汉纪·孝武皇帝纪一卷第十》。
② 《汉纪·孝元皇帝纪中卷第二十二》。
③ 《汉纪·孝武皇帝纪一卷第十》。
④ 《汉纪·高祖皇帝纪卷第三》。
⑤ 《汉纪·孝惠皇帝纪第五》。
⑥ 《申鉴·时事》。

凌,则淫暴之变生矣。礼自上降则昏乱于下者众矣！三纲之首,可不慎乎?"①

在社会伦理行为中,荀悦所头痛的是有志不得伸,有力不得行。这一表现在"难言",即不敢再说话。因为"言出于口,则咎悔及身"。考其原因,"其故多矣"！"举过扬非则有干忤之祸,劝励教诲则有刺上之讥。下言而当则以为胜己,不当贱其鄙愚。先己而明则恶其夺己之明,后己而明则以为顺从。违下从上则以为谄谀,违上从下则以为雷同。与众共言则以为专美,言而浅露则简而薄之。深妙弘远则不知而非之,特见独知则众以为盖己,虽是而不见称。与众同之则以为附随,虽得之不以为功。据事不尽理则以为专。必谦让不争则以为易穷。言不尽则以为怀隐,尽说竭情则以为不知量。言而不效则受其怨责,言而事效则以为固当。或利于上不利于下,或便于左不便于右,或合于前而忤于后。或应事当理,决疑定功超然独见,值所欲闻,不害上下,无妨左右,言立策成,终无咎悔。若此之事,百无一遇。其知所见,万不及一也。"正因如此,就是孔子也"愤叹'予欲无言'也"②！

二是表现于"不容",即不能在社会上生存。世道险恶,仁人志士很难存活。"夫独智不容于世,独行不畜于时,是以昔人所以自退也。虽退犹不得自免,是以离世深藏！""虽隐身深藏犹不得免",只好装疯卖傻,或者像屈原自沉,"悲之甚也！""悲夫,以六合之大,匹夫之微,而一身无所容焉,岂不哀哉！"③

四、教育思想

荀悦认为,教育之所以必要,主要在于主客观两个方面。客观上在于人"有三品",即有三个层次差别。"上下不移,其中则人事存尔。命相近也,事相远也。则吉凶殊也。故曰:穷理尽性,以至于命。"④这就

---

① 《汉纪·孝元皇帝纪上卷第二十一》。
② 《汉纪·孝哀皇帝纪下卷第二十九》。
③ 《汉纪·孝成皇帝纪二卷第二十五》。
④ 《申鉴·杂言下》。

是说，人有上中下三个层次。其中"唯上智与下愚不移"，只有中人可能变好也可能变坏，只有通过教育才能使之弃愚就智。"人有不教而自成者；待教而成者，无教化则不成者；有加教化而终身不可成者。故上智下愚不移；至于中人，可上下者也。"① 又说，"教化之废，推中人而坠于小人之域；教化之行，引中人而纳于君子之途。"② 主观上在于人是学而知之。人只有学习，才能掌握知识。"生而知之者寡矣，学而知之者众矣。悠悠之民，泄泄之世，明明之治，汶汶之乱，皆学废兴之由。敦之不亦宜乎？"③

如何实施教育，也就是说在教育中传授什么东西呢？从荀悦的论述看，教育主要是从三个方面着手。一是进行世界观、历史观和人生观的教育，即进行思想教育。这就是要"达道于天下"。具体说就是要宣传儒家文化："放邪说，去淫智，抑百家，崇圣典，则道义定矣！"④ 二是进行知识的传授，包括政治、地理、历史等。"宜崇其教，以先内政，览列图，诵列诗，遵典行。"⑤ 三是进行榜样和实例的教育。"不闻大论，则志不宏；不听至言，则心不固。思唐虞于上世，瞻仲尼于中古，而知夫小道者之足羞也；想伯夷于首阳，省四皓于商山，而知夫移志者之足耻也；存张骞于西极，念苏武于朔垂，而知夫怀闾室者之足鄙也。"⑥

很可贵的是，荀悦看到教育并不是万能的。"有加教化而终身不可成者"。又说："善难而恶易，纵民之情，使自由之，则降于下者多矣！"⑦ 因此，在进行教育即正面诱导的同时，必实施刑法，对屡教不改的予以惩罚。"或曰：善恶皆性也，则法教何施？曰：性虽善，待教而成；性虽恶，待法而消。唯上智与下愚不移，其次善恶交争，于是教扶其善，法抑其恶。"⑧ 又说："故凡政之大经，法教而已矣。教者阳之化也，法者阴者

---

① 《汉纪·汉高后纪卷第六》。
② 《申鉴·政体》。
③ 《申鉴·杂言上》。
④ 《申鉴·时事》。
⑤ 《申鉴·政体》。
⑥ 《申鉴·杂言下》。
⑦ 《申鉴·杂言下》。
⑧ 《申鉴·杂言下》。

符也。"①至于教育与刑法如何使用,荀悦认为应视情况而定。"或先教化或先刑法,所遇然也。拨敌抑强则先刑法,扶弱绥新则先教化,安平之世则刑教并用。大乱无教,大治无刑。"②荀悦受礼制思想侵蚀,认为教育只用于贵族,刑法只用于百姓:"礼教荣辱,以加君子,化其情也;桎梏鞭朴,以加小人,治其刑也。"③显然这是一种荒谬的说法。

五、历史思想

荀悦看到了历史是在不断发展的,而且,历史的发展是由简单到复杂,由低级到高级的:"教初必简,刑始必略。事渐也,教化之隆,莫不兴行,然后责备;刑法之定,莫不避罪,然后求密。"④在历史的发展中,人并不能随心所欲。荀悦总结人与历史的关系,指出,存在着三种关系:"夫事之性,有自然而成者;有待人事而成者,有失人事不成者;有虽加人事终身不可成者:是谓三势。凡此三势,物无不然。"⑤可见,在这三种关系中,人是很微小的。人并不能随心所欲。荀悦这样说,反映了他对当时恢复刘汉政权的信心不足。他的目的是劝汉献帝要看开一些。

但荀悦在历史发展面前并不悲观。相反,他经常持一种积极进取的精神。他说:"圣人之道,必则天地,制之以五行,以通其变。"⑥又说:"权不可预设,变不可先图,与时迁移,应物变化。"⑦他号召人们尽人事听天命:"故君子尽心力焉,以任天命。"⑧荀悦在长期的隐居生活之后,以49岁的年龄出任曹操的镇东将军府做幕僚,目的是拯救汉室,"志在献替",体现了他尽人事听天命的人格理想。

---

① 《申鉴·政体》。
② 《汉纪·孝元皇帝纪下卷第二十三》。
③ 《申鉴·政体》。
④ 《申鉴·时事》;《汉纪·孝元皇帝纪下卷第二十三》。
⑤ 《汉纪·汉高后纪卷第六》。
⑥ 《汉纪·孝元皇帝纪下卷第二十三》。
⑦ 《汉记·高祖皇帝纪卷第二》。
⑧ 《汉纪·高后纪卷第六》。

六、养生思想

荀悦认为,人们只要按照事物的规律去做事、锻炼就可以长寿。"夫惟寿则惟能用道。惟能用道,则性寿矣!""学必至圣,可以尽性;寿必用道,所以尽命。"①在荀悦看来,"寿必用道"即养生的规则有以下几点。

1. 保持一种平静的心情和求真的精神

荀悦认为,平静的心情、稳定的情绪是养生的主要方式。"养性秉中和,守之以生而已。"平静的心情即"中和"要求人们做什么事都要适度、折中。过犹不及,都是不对的。"爱亲爱德爱力爱神之谓啬。否则不宜,过则不澹。"②也要求人们在接受什么事情时要以温和中庸的态度。饭食要吃"和羹",酸咸甘苦要匀和着,这样可以稳定情绪,"平其气";音乐要听"和声",宫商角徵相间,这样可以稳定思想,"平其志";纳谏要取"和言",臧否损益兼训,这样可以稳定社会,"平其政";做事要做"和行",趋舍动静有节,这样可以培养品德,"平其德"③。荀悦认为,平静的心情即"中和"的实质是采取一种求真务实的精神和实事求是的人生态度。"故君子本神为贵,神和德平而道通,是为保真。"④

2. 正确地锻炼身体

荀悦认为,"气功"对于身体的锻炼作用主要在于使"和":"善治气者,犹禹治水也……圣术也,夫曲者以乎申也,蓄者以乎虚也,内以乎外也。气宜宣而遏之,体宜调而矫之,神宜平而抑之。必有失和者矣。夫善养性者无常术,得其和而已矣。"荀悦不主张以吃药来保健,认为药物是用来治病的,"无疾则勿药可也"。还是应该多锻炼:"故养性者,不多服也,唯在乎当而已矣!"⑤

---

① 《申鉴·俗嫌》。
② 《申鉴·俗嫌》。
③ 《申鉴·杂言上》。
④ 《申鉴·杂言下》。
⑤ 《申鉴·俗嫌》。

3. 乐观向上,顺其自然

荀悦认为,人们只要顺从自然就可以益寿延年,不一定去向神天"祈请":"或问,祈请可否？曰:气物应感则可,性命自然则否。"这就是说,如果想了解事物的本性,那么你可以去求神祷告,如果想求长寿那就不行。由此,荀悦主张顺从自然。"持身随天,万里不逸。"①还主张乐观向上,不忧不惧。"君子乐天知命,故不忧。审物明辩,故不惑。定心致公,故不惧。"又说:"生之谓性也,形神是也。所以立生,终生者之谓命也,吉凶是也。夫生我之制,性命存焉尔。君子循其性,以备其命,休斯承,否斯守,无务焉,无怨焉。"②可见,荀悦骨子里是天命论宿命论。但这种"乐天知命"的养生思想还是有一定意义的。

七、荀悦的思想归属及其历史地位

荀悦的思想是十分丰富和复杂的。但就其整体而言,应该说还是儒家。虽然他的思想中有很多道家的成份,吸收了道家的思想因素,但是仍然是儒家的思想占主导。因为,从社会思想来讲,荀悦最强调仁礼,一方面,特别注重个人的道德品质及其政治影响,另一方面又注重礼制的约束作用;从人生的价值来讲,荀悦是沿袭孔子的思想,主张人生在世,要尽人事,听天命;从哲学思想来讲,虽然他讲阴阳,讲吐纳,但已经是经过儒学思想改造后的东西,不是纯粹意义上的道家了,而且不过是儒家天人合一思想在吸收了道家思想之后的进一步深化而已。因此,不能说荀悦的思想是道家的思想。陈启云先生在谈到这一问题时,分析说,道家有三种思想倾向,一是老子的法自然轻人事,二是庄子的关注人事,三是强调法术和长生。由此反观荀悦的思想,只有第三个倾向,但他又以儒家的思想批评道家的迷信思想和活动。对此,陈先生说:"荀悦讨论了道家通过吐纳功夫而修养长生不老之术的一些细节。他认为,这种吐纳功夫与吃药相似,至多只能达到医疗疾病的目的;当

---

① 《申鉴·俗嫌》。
② 《申鉴·杂言下》。

肉体和心灵和谐一致时,就没有必要去修炼这种功夫。在荀悦看来,理想的长生之道应该说是遵循孔门的教导,以达到身与心的和谐一致。他也严厉批评了用法术治疗疾病或避免灾祸的此类自欺欺人的迷信做法。""可是,荀悦对于迷信活动的批评却深受他的正规儒家立场的约束。"①可见,荀悦的思想虽然有道家的成份,但仍然应归属于儒家。

荀悦生于东汉末年的乱世。此时,中国思想的发展,已经由先秦诸子的百家争鸣而形成高峰又经过秦汉社会的动荡所造成的先秦诸子思想的实践而日臻成熟。可以说,荀悦时代已经不是一个出思想的时代,而是一个实践和验证思想的时代。而在这样的时代,荀悦能够一边实践,一边总结,提出自己的观点,应该说已经是很了不起的。也许正是这样的原因,使得荀悦的思想显得有点浅薄。所以,对于荀悦思想的评价就有两种不同的观点。一种是从思想理论的角度看,荀悦的思想有点过于抽象,没有对于现实社会的批判。明代王鏊在《申鉴序》中说:"其论政体,无贾谊之经制而近于醇,无刘向之愤激而长于讽。"周桂钿先生也说:"荀悦生于乱世而有经世之才,论到政体、时事,却无一言明确针对时弊的批评。"②一种是从社会实践的角度看,荀悦的思想理论性强,指导的价值更大。据《贞观政要》载,唐太宗曾下令把荀悦的《汉纪》作为礼物赐给一位地方的行政官员,说是"此书叙致简要,议论深博,极为政之体,尽君臣之义"。陈启云先生说:"部分的是由于他的著作的内在价值,部分的是由于他的学术成就的广泛影响以及荀氏贵族家族的崇高声望,荀悦在世时和他去世之后都享有很高的声誉。"③应该说,这两种评价都是有道理的。但是不管怎么评价,就荀悦所处的时代来说,荀悦能够总结过去的思想成果,并结合时代的需要,提出自己的思想,已经是一个了不起的举动。儒家思想能够得以繁荣发展,荀悦是有一定的贡献的。

---

① 陈启云:《荀悦与中古儒学》,高专诚译,辽宁大学出版社 2000 年版,第 210 页。
② 周桂钿:《秦汉思想史》,河北人民出版社 2002 年版,第 471 页。
③ 陈启云:《荀悦与中古儒学》,高专诚译,辽宁大学出版社 2000 年版,第 255 页。

论汉文化精神

儒学在汉代的发展,体现在文化教育的传承上,也体现在儒生的政治实践上,更体现在这一传承和实践中所贯彻、孕育、延续的世界观和人生观。这一世界观和人生观指导并影响了汉代社会、汉以后乃至今天的中国社会。它构成了中华文化的最基本内容。在此,我们将之称为"汉文化精神"。

一、人本主义精神

所谓人本主义精神就是以人为本,将人作为价值的目标和核心。从汉代儒生的实践看,人本主义主要有两个方面的内容。一方面,人本主义强调人民的作用,将人民的利益看作是第一要务;另一方面,人本主义又强调个人的作用,将个人价值的实现置于重要地位。正是这两者的有机结合,构成了汉文化精神的基本内容。

我们先来看以人民为本位的人本主义精神。

以人民为本位,将人民的利益看作是最重要的事物,这可以说是汉代儒生行为处事的准则。这主要表现在以下三个方面。

1. 保护人民的生命财产

刘邦起兵打天下时,带着军队西入关中,途径南阳,包围了宛城,在陈恢的建议下,约请南阳守军投降,封南阳守齮为殷侯,封陈恢为千户。南阳境内的丹水、湖阳、析、郦等城"皆降,所过毋得卤掠,秦民喜"。由此看出,陈恢导演的这出戏,其目的是免除南阳的战火之灾,从而保护人民的生命财产不受祸害。延光在并州刺史任上,改革陋习,使人民在寒冬"温食",不至于冻死,也体现了对人民生命的爱惜。

2. 将人民的利益置于第一位

《后汉书·任延传》载,东汉初年,历任地方官的任延又被调任为武威太守。光武帝亲自召见。又是君臣又是南阳乡亲,光武帝非常高兴,很体贴地叮嘱任延说:"到任之后,好好地侍候你的上级,不要丢掉你的官啊!"任延却不领情,说:"臣闻忠臣不死,私臣不忠。履正奉公,臣子之节。上下雷同,非陛下之福。善事上官,臣不敢奉诏。"刘秀叹息说:"你说的对!"这里任延所讲的"奉公"二字就可以看成是服务于人民的事情。"履正奉公,臣子之节"就是努力真正地为人民做事情,这是做官吏的职责。任延这样讲,连身为皇帝的刘秀只能说是对的了。据《后汉书·袁安传》载,有一年大雪下了一尺多厚,洛阳令出外视察,看到人们都在扫雪,还有要饭的人。到了袁安家门前,看到大雪封门,没有走的路,有人说袁安可能已经被冻死了。于是派人扫雪进屋,只见袁安躺在床上没动,询问他为什么不出门,袁安说:"大雪,人皆饿,不宜干人。""不宜干人"就是不应该扰乱人民,这体现了袁安爱护人民的情感。所以洛阳令就认为袁安"贤,举为孝廉"。

3. 提高人民的文化素质

保护人民的生命财产,将人民的利益置于首位,这是汉代儒生任官施政的原则,而提高人民的文化素质则可以说是人本主义精神更重要的反映。因为人民文化素质的提高会促使其自觉地保护和维护利益。值得赞扬的是,汉代儒生非常注意人民文化素质的提高。贾谊的胎教思想,张衡的科技思想,《白虎通》的三教理论,以及《后汉书·任延传》载任延任九真太守时使骆越之民结婚成家,《后汉书·宋均传》说宋均为原阳长时"立学校、禁绝淫祀",等等,都反映了为提高人民文化素质所做出的努力。

以人民为本位的人本主义精神的实质还是为巩固汉代统治者的利益。这一点我们应该看到。但是,这种以人民为本位的人本主义精神对当时人民的生存无疑起到了积极的作用。正是这种以人民为本位的精神,使广大劳动人民积极主动地参与社会实践,才创造出了辉煌灿烂的汉代文化,熔铸出了绚丽多姿的华夏精神。

我们再来谈以个人为本位的人本主义精神。

以个人为本位就是强调个人的意志在社会生活中的作用,强调个人价值观的实现。遍阅汉代历史,特别是一部后汉史,汉代儒生的这种个人主义精神确实让人赞叹和感动。他们为了追求个人的独立,追求个人价值的实现,不屈服于权势,不放纵于细微,事事处处以高扬人的价值、人的精神为己任,写下了非常动人的篇章。

1. 强调人的自觉

汉代儒生认为,人的主体的觉醒和自觉是一个人历史活动最重要的动因,作为个体的人必须要有高度的自觉性,来克服各种来自于外部的压力。只有这样,才能实现人生的价值。这用传统儒学的观点讲就是要"慎独"。《后汉书·杨震传》载,汉安帝永初二年(公元 108 年),杨震为荆州刺史、东莱太守。任官途中经昌邑县。县令王密是过去杨震推荐而成为茂才的。王密晚上就拿着金子送给杨震。杨震说:"我知道你的为人,而你不知我的为人。这是什么原因呢?"王密没听懂意思,说:"现在已是深夜,没人会知道我送你金子的。"杨震很生气地说:"天知、地知、子知、我知,何谓无知?"王密这才惭愧地拿着金子走了。杨震的这种拒贿,可以说是其自觉的高度体现。而《后汉书·陈寔传》所载的事,则反映了汉代儒生对人的自觉的重视。史载:"时岁荒民俭,有盗夜入其室,止于梁上,寔阴见,乃起,自整拂,呼命子孙,正色训之曰:'夫人不可不自勉。不善之人,未必本恶,习以性成,遂止于此。梁上君子者是矣!'盗大惊,投地稽颡归罪。寔徐譬之曰:'视君状貌,不似恶人,宜深克己反善,然当此由贫困。'令遗绢二匹。自是一县无复盗窃。"

2. 强调人的自尊

维护个人的尊严,不屈不挠,可以说是人本主义能否贯彻下去的一大考验。汉代儒生在这方面做出了榜样。《后汉书·高获传》载,欧阳歙被囚于狱。高获为救之,自己也戴上铁枷去狱中,要求赦免欧阳歙。当时光武帝虽然没有赦免,但是召见了高获。对他说:"敬公,朕欲用子为吏,宜改常姓。"高获说:"我的姓是父母给的,不能因为你是皇帝就可以改姓。"然后,拂袖而去。《后汉书·樊英传》载,顺帝时,召樊英进见,但一直不去。后来地方官将樊英押送到洛阳。樊英没办法,只有装病不起。又被押送至殿,对皇帝不施礼。顺帝很生气,说:"朕能生君,能杀君,能贵君,能贱君,能富君,能贫君,君何以慢朕命?"樊英则说:"臣受命于天,生,尽其命,天也;死,不得其命,亦天也。陛下焉能生臣?焉能杀臣?臣见暴君,如见仇雠,立其朝犹不肯,可得而贵乎?虽在布衣之列,环堵之中,晏然自得,不易万乘之尊,又何得而贱乎?陛下焉能贵臣,焉能贱臣?臣非礼之禄,虽万钟不受也。若申其志,虽箪食不厌也。陛下焉能富臣,焉能贫臣?"顺帝的责备语气可以说是专横无道,而樊英的反诘可谓回肠荡气,淋漓尽致地展示了一个自尊自立的人格。

3. 强调人的自主

所谓人的自主,即人能够掌握自己的命运,成为自己人生的主宰。这可说是人本主义又一最基本的要求。汉代儒生看到了这一点,并努力去实践。《后汉书·樊英传》载,"河南张楷与英俱征",他见樊英无所建树,就批评樊英:"天下有二道,出与处也。吾前以子之出,能辅是君也,济斯人也。而子始以不訾之身,怒万乘之主,及享受爵禄,又不闻匡救之术,进退无所据矣。"张楷的批评虽是为樊英的前途担心,但也正好代表了当时汉代儒生的人生观:进退有据,出入自主。这既体现了原始儒家的思想,又体现了主体意识的独立的精神。这种精神在当时并不是孤立的,而是一种普遍的社会现象。这一点我们可以在《后汉书·逸民传》里寻找到很多的例子。即使是那些身居高位的人,实际上也不乏这种精神。《后汉书·梁竦传》载:梁统曾感叹说:"大丈夫居世,生当封侯,死当庙食。如其不然,闲居可以养志,《诗》、《书》足以自娱。州郡之职,徒劳人耳!"这又是一种独立自主的实例。

4. 强调人的责任

汉代儒生重视人的自觉、尊严和自主,但不是极端的个人主义,而是有为国家为民族自愿的献身精神。正如上述梁统所讲的,"大丈夫居世,生当封侯,死当庙食"。为此他们不惜牺牲身家性命。《史记·晁错》记载,晁错建议削藩,其父从颍川专门赶到京城告诫他:"上初即位,公为政用事,侵削诸侯,别疏人骨肉,人口议多怨公者,何也?"晁错也明白这一点,但却义无反顾:"固也!不如是,天子不尊,宗庙不安。"他的父亲无奈地说:"刘氏安矣,而晁氏危矣!"《后汉书·李膺列传》记载,党锢事发后,人们劝李膺逃命,他说:"事不辞难,罪不逃刑,臣之节也。吾年已六十,死生有命,去将安之?"于是自投狱中被拷打死。其视死如归之情实令人赞叹。而陈寔的自动投狱则更反映了他的责任感。"吾不就狱，众无所恃"，颇有一种领袖的风范。而荀悦、荀彧等人眼看着汉室衰微，却毅然置身于政治生活中企图依靠曹操来复兴汉室，不仅反映了他们强烈的责任感和历史使命感，而且也体现了他们的自觉、自主的人格。

综上所述，可以看出，以人民为本位和个人为本位并不是矛盾的，而是统一的，是相互联结的。一方面，以人民为本位需要个人主体性的巨大的发挥。另一方面，个人价值观和人生观的实现和展示则要求以人民为核心、为目标。

二、礼治精神

所谓礼，原本指人与人或国与国交往的一种仪式。所谓礼制则是将这种人与人或国与国交往的一种仪式予以规范化和制度化让大家去学习和遵守。原始儒家将礼制予以加工改造，升华为一种社会思想、理想，然后予以推行和实施，这就是礼治精神。

作为一种社会思想的礼治精神，其实质是强调社会的有序，坚持社会的秩序。这种社会的有序或秩序，在儒家看来就应是上下有序内外有别。用孔子的话讲就是君君、臣臣、父父、子子。汉代儒家在孔子思想的基础上，又增加了妻妻的内容。可见，礼制的有序社会或社会秩序是一个具有严格等级制度的社会。礼治精神所主张和坚持的社会秩序是一种亲和的社会关系。在这种社会里，正如贾谊在《新书·礼》中所讲："君仁臣忠，父慈子孝，兄爱弟敬，父和妻柔，姑慈妇听"，充溢着爱，洋溢着和，没有仇恨，没有争讼。"君仁则不厉，臣忠则不二；父慈则教，子孝则协；兄爱则友，弟敬则顺；夫和则义，妻柔则正；姑慈则从，妇听则婉。"《汉书·卓茂传》载：西汉哀、平之时，卓茂任密令，治理得非常好。"道不拾遗，蝗不入境。视民如子，举善而教，口无恶言，吏民亲爱，不忍欺之"。但有一个人向卓茂告状，说有一个亭长接受了他的米肉的贿赂。卓茂问他："这个亭长是答应了你什么要求呢，还是你有事要求他呢，还是平常有感情而赠送他呢？"告状的人说："我听说贤明的君主执政，使人民不畏惧官吏，官吏也不拿取人民的财物。现在我畏惧官吏，官吏又接受我的东西，所以来告他！"卓茂听了很生气，说："汝为敝民矣！凡人所以群居不乱，异于禽兽者，以其有仁爱礼义，知相敬事也。汝独不与修之，宁能高飞远走，不在人间耶？吏顾不当乘威力强请求耳！亭长素善吏，岁时遗之，礼也。"这个告状的人还不服气："既然是这样，法律为什么要禁止这些呢？"卓茂笑着说："律设大法，礼顺人情。今我以礼教汝，汝必无怨恶，以律治汝，汝何所措其手足乎？一门之内，小者可论，大者可杀也。且归念之！"告状的人采纳了卓茂的教训，那个接受米肉的亭长也对卓茂很感激。从这件事中我们可以看出，一方面，追求亲和秩序是汉儒努力实现的政治理想；另一方面，在汉代儒生看来，礼治精神是人类社会的最高目标，是人区别动物的本质特征。

礼治涉及社会各个阶层和每一个人，因而它是一个内容复杂的社会操作系统。仅就《礼记》所反映的内容看，礼治就有以下方面的内容：冠礼、婚礼、丧礼、祭礼、射礼、朝聘。此外还有人君之礼、人臣之礼、人子之礼、男女之礼、少长之礼、主客之礼。

礼治系统这么复杂，要真正地得到贯彻，必须要当事者分清主次，选择主要的来实施。从汉代儒生的论述和实践看，他们认为礼中最大的是孝，"夫孝，天之经也，地之义也，人之行也。君子务本，本立而道生"。在儒家看来，只有行孝，人们才会行礼。所以汉代特别注意孝，以孝廉选拔官吏，以孝教化民众，甚至连皇帝的谥号都冠以孝字。我们考察汉代儒家，可说都是有孝行的。此外，他们非常重视男女之别，男女之礼。进而发展为注重妇道。《后汉书·樊英传》载：樊英"尝有疾，妻遣奴婢拜问，英下床拜。（陈）寔怪而问之。英曰：妻，齐也，共奉祭祀，礼无不答"。

礼治精神的贯彻还要求当事者拥有自觉精神。即无论是国君也好，无论是大臣也好，无论是平民也好，都依赖于他们的慎微谨行。事实上，汉儒也确实这么做的。《刘宽传》载：延熹八年（公元165年），南阳太守刘宽，"典历三郡，温仁多恕。虽在仓猝，未尝疾言遽色。尝谓：齐之以礼，民免而无耻。吏人有过，但用蒲鞭罚之，示辱而已，终不加苦。事有功善，推之自下；灾异或见，引咎克责。每行县止息亭传，辄引学官、祭酒及处士、诸生，执经对讲。见父老，慰以农里之言，少年勉以孝悌之训。人感德兴行，日有所化"。

如此烦琐的礼仪,如此重要的制度,不仅依靠个人的实践,而且还要靠教育去推行贯彻。《后汉书·刘昆传》载:刘昆在"王莽世,教授弟子恒五百余人。每春秋乡射,常备列典仪,以木瓠叶为俎豆,桑弧篙矢,以射'菟首'。每有行礼,县宰辄率吏属而观之"。至于东汉太学、辟雍所举行的礼仪就更频繁更隆重了。通过这些隆重的礼仪活动,来宣传和贯彻礼治精神。

从汉代儒生的实践中看,他们在贯彻礼治精神的同时,并没有放弃法制,而且还特别崇行乐治。《后汉书·祭遵传》记载了一个很典型的例子。祭遵非常讲究礼。"遵为人廉约小心,克己奉公,赏赐辄尽与士卒,约束严整,所在吏民不知有军。取士皆用儒术。"但他却又执法从严,决不姑息。他跟从光武征战做军书令,驻地中有一个小孩犯法,祭遵按律杀了他。刘秀封他为"刺奸将军",并对手下的人说:"你们应当防备祭遵,我的房东的小孩儿犯法还被杀,一定不会与你们讲情的。"这样一个人又特讲乐:"对酒设乐,必雅歌投壶。"当时的范升称赞他说:"虽在军旅,不忘俎豆,可谓好礼悦乐,守死善道者也。"可以说,礼与法、乐的结合使得礼制的实施更具有可行性。礼作为基本的目标和规范指导人们应该做什么,而法在后面告诫人们不该做什么,音乐则在前面诱导人们可以做什么。一个社会的管理系统由此而可以操作和运行了。

礼治的实施和礼治精神的发扬,对当时和此后的社会产生了巨大的影响。第一,它促进了当时社会的稳定和繁荣。礼治亲和社会秩序的本质就是前述的以人民为本位的人本主义的贯彻,所以礼制虽是一种等级制度,毕竟对当时的人民来说是有益处的,受到了人民的支持和拥护;礼治精神的贯彻则又体现了以个人为本位的人本主义精神,特别是礼乐的勃兴,更有利于人的主体性的发挥和个人价值的实现。因此,在汉代涌现了大批的仁人志士,建功立业,创造了丰富灿烂的文化。

第二,礼治精神一定程度上表现了爱国主义精神。据《后汉书·郑范陈贾张列传》载,建武八年(公元32年),郑众奉命持节使匈奴和亲,"众至北庭,虏欲令拜,众不为屈。单于大怒,围守闭之,不与水火,欲胁服众。众拔刀自誓,单于恐而止。乃更发使,随众还京师"。郑众这种不屈礼于匈奴的精神,虽是为当时汉政府,反映了当时的夷夏之别的观念,但在一定程度上具有爱国的性质,是爱国主义的一种体现。

第三,礼治精神构成了中华文化的一个重要方面,它不仅在当时,甚至在今天都有着巨大的影响。礼治精神作为一种讲究亲和秩序的行为规范,它不仅切实可行,而且也深入人心,影响深远。有时甚至与法相抗衡。《后汉书·李充传》:"充后遭母丧,行服墓次,人有盗其墓树者,充手杀之。"这种出于孝的违法行为,并没有得到治罪。由此可见,情大于法,礼大于法,构成了中华文化的一个传统。

第四,礼治精神是一套完整的社会管理理论。在社会管理中,礼治精神所讲的亲和政策,并不是盲目的无原则的退让,也不是不顾人类主体没有人性的堵塞和镇压。它是建立在亲情伦理之上的由人的血缘伦理而逐渐升华提高的人际伦理、社会秩序。它既来自于人的自身,又返利于人的自身,最易为人接受和执行,也最易深入人的心灵。它不仅明确了人们该干什么,而且用法禁止人们不该干什么,用乐诱导人们可干什么。可以说,它是一个实事求是的社会管理理论。因此,无论在过去还是在今天乃至今后,礼治精神作为传统文化的精华不仅吸引着学者们去研究探讨,而且也会在社会管理实践中永远地被推行实施下去。

三、天人合一精神

天人合一是汉儒在儒学发展中提出的一个重要思想。这一思想认为,自然的发展与人类的发展是互相影响互相作用的,人们应根据自然的变化来调整并规范自己的言行。

从汉代儒生思想看,天人合一具有世界观的意义。天是万物的起源。《白虎通·天地》:"天者何?天之为言镇也。居高理下,为人镇也。地者,易也,言养万物,怀任交,易变化也……精者,为三光;号者,为五行。行生情,情生汁中,汁中生神明,神明生道德,道德生文章。"天生出万物,更重要的是也生成了人类社会。但同时,他们又认为,天地万物也像人类社会在运转着。《白虎通·五行》:"言五行者,欲言为天行气之义也。地之承天,犹妻之事夫,臣之事君也。谓其位卑,卑者亲事,故自周于一行,尊于天地。"由此可见,天人合一一方面强调天是万物的起源,另一方面又强调人事的作用。这实际上就陷入了二元论。既认为万物来源于天,又比照着人类。天人合一认为,自然的发展变化体现着、制约着人类社会的发展变化。当日月四时正常运行时,说明人世间的一切都正常,君明臣贤、百姓勤耕和睦;而当人事出了问题,君昏臣奸,百姓反叛时,日月四时也会出现反常,给以警告。京房说:"古帝王以功举贤,则万化成瑞应者;末世以毁誉取人,故功业废而致灾异。"也就是说,人之善将得到天之更大的善,人之恶将得到天之更大的恶。可见,天人合一的世界观又具有宗教神学的性质。

天人合一思想具有方法论的意义。从儒学的实践看,天人合一思想成了当时人们的行为准则并且成为他们解释汉代制度的理论依据。如《白虎通·乡射》解释说,乡射礼,"天子所以亲射何?助阳气,达万物也。春气微弱,恐物窒塞,不能息达者。夫射自内发外,贯坚入刚,象物入刚,故以射达之也"。《辟雍》:"天子立辟雍何?所以行礼乐,宣德化也。辟者,璧也,象璧园,又以法天;于雍水侧,象教化流行也。辟之为言积也,积天下之道德也。雍之为言壅也,壅天下之残贼,故谓之辟雍也。"

天人合一思想还具有劝谏的作用。只要出现异常的自然现象,人们就会检讨皇帝的言行政策是否有失误。建武七年发生了月晦、日食,太中大夫郑兴上书刘秀:"《春秋》以天反时为灾,地反物为妖,人反德为乱,乱则妖灾生。往年以来,谪咎连见,意者执事颇有缺焉……今孟夏,纯乾用事,阴气未作,其灾尤重。夫国无善政,则谪见日月,变咎之来,不可不慎……今公卿大夫多举渔阳太守郭伋可为大司空者,而不以时定;道路流言,咸曰朝廷欲用功臣。功臣用则人位谬矣。愿陛下上师唐虞,下览齐、晋,以成曲己从众之德,以济群臣让善之功。"又如《后汉书·周举传》记载:"阳嘉三年河南、三辅大旱,五谷灾伤,天子亲自露坐德阳殿东厢请雨","以举才学尤深,特下策问"其原因。这时,尚书周举上书指出皇帝为政的三点错误。一是"废文帝、光武之法,而循亡秦奢侈之欲";二是"内积怨女,外有旷夫";三是"皇嗣不兴,东官未立"。可见,借助自然的变异和灾害警告皇帝成为一个行之有效的办法。

除了用以劝谏皇帝,天人合一也成为考核官员的一种办法。西汉"永光、建昭间,西羌反,日蚀又久青无光,阴雾不精"。京房于是建议"考功课吏法"。《后汉书·鲁恭传》载:鲁恭任中牟令,由于推行仁化,郡国大治。当时"郡国螟伤稼,犬牙缘界,不入中牟。河南尹袁安闻之,疑其不实,使仁恕掾肥亲往廉之。恭随行阡陌,俱坐桑下,有雉过,止其旁。旁有童儿。亲曰:儿何不捕之？儿言,雉方将雏。亲瞿然而起,与恭诀曰:'所以来者,欲察君之政迹耳。今虫不犯境,此一异也;化及鸟兽,此二异也;竖子有仁心,此三异也。久留,徒扰贤者耳。'还府,具以状白安。是岁,嘉禾生,恭便坐庭中。安因上书言状,帝异之。后拜侍御史"。在两汉历史著作中,像这样的事情记载得非常多。

分析天人合一思想的根源,一是在于当时处于农耕社会。农业的播种、收获全仰仗于自然。如果人们顺应自然,及时播种,适时耕作,那么人们就可以解决吃饭问题,否则,生存就成了大问题。因此,依靠自然、适时劳作的生产方式和观念就导致了天人合一思想的产生。二是当时科学技术还没有发展到人们可以完全解释说明自然现象和社会现象的程度,对自然的变化,尤其是灾害使人们产生了原始的宗教意识。三是随着社会的发展,尤其是秦统一后社会的巨变,借助于这种原始的宗教意识对皇帝和官吏予以监督和考核,就成了当时社会上的学者和思想家唯一可行的选择。正是这些因素促使了思想家、学者将天人合一的思想进一步理论化系统化,形成了观念,进而指导人们的实践,终于孕育为一种精神文化现象,一种文化精神。

从实而论,天人合一的文化精神还是有一定的积极性的。因为,第一,它依据自然的变化推及人世,虽然自然与人是两种物质、两种运动,但毕竟有着极为密切的关系。因而天人合一精神带有唯物的因素。第二,它的目的是监督督促以皇帝为首的官僚要清正廉洁,坚持礼制,实行仁政。这在当时高度集权统治和民主意识淡薄的时代里,无疑是一个比较有效的方式。第三,天人合一思想的实施促使人们去研究自然,推动了古代自然科学的发展。有汉一代,仅天文现象的记载就极为详细。至于张衡对天文、地质的研究,张仲景对病理的研究,更是举世公认的。当然,无可否认,天人合一精神也有其消极的意义。第一,天人合一过于强调环境因素对人的影响,特别注重对环境影响人世问题的研究,因而形成了古代天人关系之学。其结果是使汉代带有宗教迷信特色的术数学非常发达。可以说,这是中国传统文化的糟粕。第二,天人合一强调自然对人世的影响,将风马牛不相及的自然变化归因于人事,使人产生了软弱的心理,也使人产生了自责的心理。而软弱和自责无疑限制了人的创造性和主动性,滞涩了中国历史的发展和进步。第三,天人合一精神过于强调人对于自然的迎合而忽视甚至不敢对自然开发利用,阻碍了中国古代科学技术的进一步发展。

综上所述,可以看出,人本主义、礼治和天人合一是汉代儒学基本的世界观和人生观,它构成了汉文化精神的基本内容。在儒学的实践中,人本主义、礼治和天人合一是互相联系互相统一的。人本主义与礼治互相依赖互相作用,互为条件又互为中心。这成为汉代儒学世界观和人生观的核心。而天人合一则成为实施和推行世界观、人生观的基本方法论。

参考文献

《史记》,司马迁,中华书局点校本。
《汉书》,班固,中华书局点校本。
《后汉书》,范晔,中华书局点校本。
《贾谊新书》,贾谊著,卢文弨校,诸子百家丛书《贾谊新书扬子法言》,上海古籍出版社1989年版。
《贾谊集》,上海人民出版社1976年版。
《四书五经》,上海书店版本1985年版。
《礼记译注》,杨天宇,上海古籍出版社2004年版。
《晁错及其著作》,北京卫戍区某部六连理论小组,中华书局1975年版。
《盐铁论》,桓宽,上海人民出版社1974年版。
《盐铁论校注》,王利器校注,中华书局1992年版。
《白虎通德论》,班固,四部丛刊初编子部,上海商务印书馆缩印,江安傅氏双鉴楼藏元刊本。
《白虎通疏证》,[清]陈立撰,吴则虞点校,中华书局1994年版。
《论衡》,王充,北京大学历史系《论衡注释》本,中华书局1979年版。
《论衡》,王充,四部备要子部,上海中华书局据明刻本校刊。
《前汉纪》,荀悦,四部丛刊初编史部,上海商务印书馆缩印,无锡孙氏小渌天藏明刊本。

《申鉴》，荀悦，四部备要子部，上海中华书局据《汉魏丛书》本校刊。
《中国哲学发展史》秦汉卷，任继愈，人民出版社1985年版。
《汉代思想史》，金春峰，中国社会科学出版社1987年版。
《秦汉的方士与儒生》，顾颉刚，上海古籍出版社1978年版。
《秦汉思想史》，周桂钿，河北人民出版社2002年版。
《荀悦与中古儒学》，陈启云著，高专诚译，辽宁大学出版社2000年版。
《贾谊评传》附《陆贾晁错评传》，王兴国，南京大学出版社1992年版。
《桓谭、王充评传》，钟肇鹏、周桂钿，南京大学出版社1993年版。
《桑弘羊评传》，晋文，南京大学出版社2005年版。

后　　记

　　奉献在读者诸君面前的这本小册子《汉代思想史专题论稿》撰写于 20 世纪 90 年代,主要是我阅读汉人著作的笔记心得。

　　这些文字不多,但反映了我治学的心路历程。我从大二开始就喜欢史学理论的课题,阅读了很多相关的论著。20 世纪 80 年代中期,正值学术界掀起史学理论热,我的喜好得到了加强。80 年代末至 90 年代初,我开课《史学概论》,主讲了十几遍。其时方感觉单纯理论之空洞,于是就想在专门史方面做点研究,以实验所掌握的史学理论观点。考虑到所在学校的优势,放弃了世界近现代史的研究,选择两汉作为研究的切入点。于是请教著名的易学研究专家韩连武先生,承蒙他的厚爱,他就为我开列出汉代人的著作清单。其时我准备一本一本读下来;每读一本,就抽绎其史学思想。当撰写了《王充的史学思想》之后,发现其社会学思想和理想人格等问题尚未有人关注,于是又写就了相关的文字。后来,又相继阅读了《新书》、《申鉴》、《汉纪》、《盐铁论》、《礼记》等等。1997～1999 年间,我在陕西师范大学攻读硕士学位,那时感觉自己所缺的是关于学术史的知识,于是后来幸运地师从华东师范大学的胡逢祥先生,从事 20 世纪学术史的学习和研究。这样,由理论到实际,再到学术,我的知识结构有了较为合理的构建。但遗憾的是我的阅读计划只限于本书所谈到的部分,其他汉人典籍只能期待以后阅读和论析。

　　这些文字既是时代文化发展的折射,同时也是我个人成长的记录。

20世纪80年代后期,学术界掀起文化热和国学热。在这一热潮中,本来就比较喜欢传统文化的我,也深受感染。在古典文献的阅读之中,我才知道《大学》、《中庸》原本是《礼记》中的章节。20世纪90年代,我进入而立之年,"三十而立"的观念使我有种做一点事情的冲动,甚至也有一些"逝者如斯夫"的惶恐。那时,懵懵懂懂的我突然好像懂事了很多。我似乎理解了王充的"三累三害"的说法,也理解了贾谊孤独寂寞的灵魂;我渴望礼治制度的秩序和人情,希望有一种既切于人情又合乎事理的中庸精神;我佩服贾谊、晁错、桑弘羊和荀悦的胆识和献身精神,更欣羡王充那闲云野鹤于生活、殚精竭虑于学术的智慧和学识。在与汉代圣贤跨越时空的思想交流中,净化了我的心灵,培育了我的精神,化解了我的郁闷,使我的人生和学术有了长足的升华。

这些文字的出版,与我新近完成的《汉画像的社会学研究》恰恰成为姊妹篇。这些文字主要论述汉代圣贤的思想,属于精英文化层面;而《汉画像的社会学研究》则主要通过汉画像来研究民间思潮,属于民众文化层面。前者主要讲述"修齐治平",属于社会管理层面;后者则讲述财色婚媾,属于社会民众生活层面。由此,一精英一民众,一雅一俗,恰成为汉代社会的缩影。希望通过这两部书稿,对汉代文化生活及其精神的了解提供一个生动有趣的线索。

这些文字中有关贾谊的礼治思想方面的部分,是我在陕西师范大学攻读硕士的学位论文(我的导师是著名先秦秦汉史专家、时任陕西师范大学校长的赵世超博士),有关《礼记》和《白虎通》礼治思想方面的文字曾经用来作为我所参与的国家"九五"社会科学资助基金项目《河南汉代文化研究》的一部分,其他一些文字也曾以不同的名义发表。此次纂辑出版,也是将过去散存的文字有所集中,便于查阅。

值此出版之际,谨向曾经指导过我论文的导师赵世超、萧正洪、臧镇、常金仓、尚国君、陈学凯诸位先生表示感谢。借此机会,也向曾经多次编发这些文稿的刘太祥兄表示感谢。1990年代,我还不懂计算机的使用,所以这些文字都是我爬格子的产物。而将其转换成Word文档,主要是由我的妻子邢淑萍和儿子郑笑楠敲打出来的,在此向他们表示我深情的谢意。本文稿的出版得到了河南大学出版社刘小敏女士的鼎力支持,并幸运地得到著名秦汉史专家朱绍侯先生的审稿和雅正(现在的"绪论"就是在朱先生的亲自指导下重新撰写的),谨向他们表示诚挚的谢意。

郑先兴

2007 年 7 月 10 日初稿

2008 年 7 月 22 日修改